O
PROJETO
AURAVANA

PADRÃO DE ESPECIFICAÇÃO DA SOCIEDADE
VISÃO GERAL DO SISTEMA

Identificador de Referência do Documento: SSS-SO-002-PT(BR)

Data da Distribuição dos Documentos: Abril 2022

auravana.org

Para citar esta publicação:
- *A Visão Geral do Sistema.* (2022). Projeto Auravana, Norma de Especificação da Sociedade, SSS-SO-002-PT(BR) [auravana.org]

Para citar um artigo nesta publicação *(os autores e o título do artigo serão alterados)***:**
- Grant, T. (2022). *O modelo de comunidade do mundo real*. A visão geral do sistema. Projeto Auravana, Norma de Especificação da Sociedade, SSS-SO-002-PT(BR) [auravana.org]

ISBN: 979-8-9861436-0-6

auravana.org

SAUDAÇÕES

Em um esforço para proporcionar a maior clareza e valor possível, o Projeto Auravana formatou o sistema para a sociedade proposta (do tipo, 'comunitário') em uma série de padrões de especificações. Cada padrão é tanto um componente do sistema total unificado, como pretende ser uma base para uma profunda consideração reflexiva da própria comunidade, ou falta dela. Esses padrões formais estão "vivendo" na medida em que são continuamente editados e atualizados à medida que novas informações se tornam disponíveis; a sociedade nunca está estabelecida, seu desenho e operação situacional existe em um estado emergente, pois evolui, à medida que evoluímos, necessariamente para nossa sobrevivência e florescimento.

Juntos, os padrões representam um modelo replicável, escalável e abrangentemente "útil" para o design de uma sociedade onde todos os requisitos humanos individuais são cumpridos mutuamente e de forma otimizada.

As informações contidas nesses padrões representam uma solução potencial para as questões que assolam universalmente a humanidade, e poderiam possivelmente trazer uma das maiores revoluções na vida e na aprendizagem em nosso tempo moderno. A mudança na escala necessária só pode ser realizada quando as pessoas vêem e experimentam uma maneira melhor. O objetivo do Projeto Auravana é projetar, criar e sustentar uma experiência de vida mais gratificante para todos, facilitando a realização de um melhor modo de viver.

Cooperação e aprendizado são parte integrante do que significa ser um ser humano consciente. Um ambiente social do tipo comunidade foi projetado para nutrir e apoiar o entendimento e a experiência dessa orientação valiosa.

O design para uma sociedade de tipo comunitário fornece uma maneira totalmente diferente de olhar para a natureza da vida, aprendizado, trabalho e interação humana. Esses padrões sociais buscam manter um alinhamento essencial com os entendimentos em evolução da humanidade, combinando o mundo do qual os seres humanos são parte regenerativa, com o ideal que pode ser realizado para toda a humanidade, dado o que se sabe.

A visão geral para esta forma de sociedade é urgente, considerando a miríade de crises sociais globais perceptíveis. Juntos, podemos criar a próxima geração de ambientes de vida regenerativos e gratificantes. Juntos, podemos criar uma comunidade global de nível social.

O SISTEMA DA SOCIEDADE UNIFICADO: VISÃO GERAL DO SISTEMA SOCIAL

Esta publicação é uma das seis que representam a proposta de operação padrão de um tipo de sociedade, dado o nome da categoria, "comunidade" (uma sociedade comunitária). Este documento é uma visão geral padrão do sistema social.

Toda sociedade é composta por um conjunto de sistemas centrais. Diferentes tipos de sociedades possuem diferentes composições internas desses sistemas. A composição desses sistemas determina o tipo de sociedade. O tipo de sociedade descrita pelos padrões de especificações do Projeto Auravana é uma sociedade comunitária. O padrão é uma composição de padrões de subsistemas. O padrão da sociedade Auravana pode ser usado para construir e duplicar a comunidade em nível global.

Para qualquer sociedade, existem quatro subsistemas primários de sociedade. Cada um desses subsistemas pode ser especificado e padronizado (descrito e explicado); cada subsistema é um padrão dentro de todo um padrão de especificação da sociedade. Os quatro padrões primários dos seis padrões totais são: um Sistema Social; um Sistema de Decisão; um Sistema de Materiais; e um Sistema de Estilo de Vida. Cada padrão recebe o nome de seu sistema de informação. A quinta publicação é um Plano de Projetos, e a sexta é uma visão geral de todo o sistema da sociedade. Juntos, esses padrões são usados para classificar informações sobre a sociedade, identificar configurações atuais, potenciais e operar uma configuração real. Devido ao tamanho de alguns desses padrões, eles podem ser divididos em duas ou mais publicações.

- **Este padrão de especificação da sociedade é a visão geral do sistema para uma sociedade do tipo-comunitário.**

- **Existem mais figuras (e tabelas) associadas a esta norma do que as apresentadas neste documento; as figuras que não couberam estão disponíveis gratuitamente no site do Projeto Auravana em tamanho real e, se aplicável, em cores [auravana.org/standards/models].** Tabelas que são muito grandes para serem incluídas neste documento são referenciadas com cada padrão por meio da página da Web da lista de padrões do Projeto [auravana.org/standards].
  - *Figuras e tabelas no site são nomeadas de acordo com sua colocação no padrão.*

Conteúdo

Lista de Figuras

Esta é a lista de modelos deste documento.
Há mais modelos associados a essa norma que são identificados neste documento; os modelos que não se encaixam estão livremente disponíveis através de auravana.org, em tamanho real e, se aplicável, cor.

Histórico de revisão de documentos

Também conhecido como, Histórico de versão, registro de alterações.

Este documento é atualizado à medida que novas informações se tornam disponíveis.
As informações a seguir são usadas para controlar e rastrear modificações (transformações, alterações) neste documento.

VERSÃO	DATA DE REVISÃO	SESSÃO	SUMÁRIO (DESCRIÇÃO)
2	Abril 2022	Todas	Esta publicação tem um novo primeiro artigo e um novo último artigo. Os artigos anteriores permanecem, e tiveram pequenas correções de erros e adições realizadas a eles.
			Nota: O leitor deve entender que este documento contém um alto nível de detalhes linguísticos conceituais, o leitor deve entender que este documento é um dos vários documentos que juntos fornecem uma explicação completa do sistema social proposto. Para visualizar todo o sistema social, seus conceitos e objetos, e suas inter-relações, devem ser modelados e raciocinados.
			Nota: Todas as figuras associadas a esta norma, muitas das quais não estão aqui publicadas, estão disponíveis no site do Projeto Auravana. Não é possível publicar neste meio paginado todas as figuras relacionadas a esta norma.
GERAÇÃO EM		NOME	DETALHE PARA CONTATO
Abril 2022		Travis A. Grant	trvsgrant@gmail.com

Histórico de tradução de documentos

VERSÃO	DATA DE REVISÃO	SESSÃO	SUMÁRIO (DESCRIÇÃO)
2	Abril 2022	n/a	Tradução direta.
GERAÇÃO EM		NOME	DETALHE PARA CONTATO
Abril 2022		Elizabeth Reizinger	elizabethreizinger@gmail.com

Proposta de Projeto para Desenvolver e Operar a Sociedade como uma Comunidade

Travis Grant,

Contatos de afiliação: *trvsgrant@gmail.com*

Versão aceita: 18 de Abril de 2022

Evento de aceitação: *Aceitação do coordenador do projeto*

Último ponto de integração de trabalho: *Integração do coordenador do projeto*

Palavras-chave: resumo, breve, descrição, sobre

Resumo

O Projeto Auravana existe para desenvolver e operar uma sociedade do tipo comunitário. Em vez de assumir apenas mudanças iterativas no contexto dos sistemas sociais e econômicos que estão na raiz de tantos de nossos desafios, este projeto procurou analisar e redesenhar sistematicamente a sociedade humana, começando com a definição do que constitui um indivíduo realizado . Em vez de tentar remendar e reformar os sistemas existentes, este sistema social proposto resolve os muitos desafios atuais e iminentes, auto-induzidos, por meio de um design que torna esses desafios obsoletos. O sistema social proposto para a comunidade aborda todas as principais áreas que influenciam o comportamento humano e a estabilidade ecológica, rastreando os problemas de raiz até as estruturas de condução e, a partir daí, as influências ambientais e os mecanismos de resposta que os causam. A proposta apresenta novas estruturas para as influências ambientais que condicionam e predispõem valores orientados para a realização e sistemas de melhoria da vida. O projeto prevê uma sociedade orientada para a sustentabilidade ecológica e a satisfação de todas as necessidades humanas individuais - uma sociedade projetada e operada por meio de cooperação social mutuamente benéfica. Esta proposta é para um tipo de sistema social que funcione para todos e para a Terra, da qual todos dependem. O Projeto Auravana representa a integração e evolução compartilhada do que é possível no nível social através da cooperação global. Na vida, compartilhar abre novas possibilidades de inspiração e criação. Como a humanidade pensa e trabalha em conjunto, e o que ela faz, acabará por fazer a diferença. A otimização das condições de vida de todos neste planeta é uma direção condizente com o real potencial da humanidade. O Projeto Auravana é um projeto de engenharia social e educação para a comunidade. As falhas do início do século XXI podem ser vistas claramente, bem como suas soluções sistemáticas.

Resumo Gráfico

1 Introdução

O Projeto Auravana está aqui para transformar a sociedade planetária em uma comunidade, que pode em parte ser descrita como uma sociedade sem dinheiro, sem estado e sem classes, onde as necessidades humanas são atendidas globalmente no nível mais alto e mais igual de satisfação possível. Esta é uma direção proporcional ao nosso potencial como humanos. Aqui, 'comunidade' é o nome da categoria, o identificador classificatório, de um tipo de sociedade. Como um tipo de sociedade, "comunidade" é um sistema para otimizar e satisfazer globalmente todas as necessidades humanas, sem comércio ou coerção. Uma sociedade do tipo comunitário projetou, otimizou e sustentou a satisfação das necessidades humanas em nível global. Aqui, é possível usar um conjunto de padrões sociotécnicos para criar e operar uma sociedade que funcione bem para todos. Este projeto busca sustentar um conjunto de padrões e uma rede de sistemas de cidades operacionalizada que seja capaz de atender adequadamente aos requisitos sociotécnicos humanos globais. Aqui, a igualdade de condições ótimas (para suporte sociotécnico) traz consigo mais segurança individual, dignidade e liberdade. Na comunidade, todos os bens e serviços estão disponíveis para todas as pessoas sem a necessidade de qualquer meio de troca, como dinheiro, créditos, fichas, escambo, etc. Para que isso seja alcançado, todos os recursos tornam-se patrimônio comum de todos os habitantes da terra. A produção de dinheiro e mercadorias foi projetada fora da sociedade, e todos os meios de produção são comumente sem dono e globalmente coordenados. A desejabilidade de viver e o acesso à satisfação das necessidades humanas é efetivamente igual, em sua otimização, em toda a rede da cidade, com preferências locais determinando condições e estéticas localmente personalizadas. O Projeto propõe uma abordagem viável para conceber, operar e fazer a transição para uma comunidade no nível social. Muitas vezes, a primeira reação das pessoas a essa proposta de projeto é que o tipo de sociedade proposto não é possível, isto na verdade é um mecanismo do Estado-mercado que faz as pessoas acreditarem que não podemos sair do sistema para uma comunidade melhor. Em parte, as pessoas veem o sistema social proposto como impossível porque não conheciam ou acessavam a explicação (padrões) de como ele provavelmente é concebido. Para entender como tal sociedade poderia funcionar, é necessário compreender a nova configuração da sociedade que é detalhada por um conjunto de padrões. Através do desenvolvimento e aplicação de padrões comunitários é possível criar e operar uma sociedade sem dinheiro, sem Estado e sem classes.

A natureza humana no seu melhor é sua propensão a ser social pensando e se preocupando com outros seres humanos. O que torna a vida no estado-mercado tão ruim é que os indivíduos, juntos, fundaram seu sistema social na natureza humana em seu pior estado. Na comunidade, a remoção dos incentivos estruturais destrutivos para realizar ações prejudiciais, corruptas e cumulativas na sociedade levou à remoção dessas características da sociedade, revelando o bem subjacente e o cuidado individual, autodirecionado.

O Projeto Auravana coloca o estudo e a engenharia da sociedade em uma base de ciência de sistemas. A humanidade entrou agora em uma nova fase de desenvolvimento experiencial, uma evolução de faculdades superiores e uma extensão sociotécnica mais profunda. No lugar da desesperança e da falta de coordenação, a ideia animadora do Projeto Auravana é uma concepção entusiástica das oportunidades para nossa existência terrena e das possibilidades ilimitadas da natureza humana. A melhoria da humanidade de geração em geração, física, mental e moralmente é reconhecida como o grande objetivo supremamente digno de esforço contribuído. A humanidade está em um processo de evolução [social]. Aquelas coisas que são problemáticas em termos de sofrimento e miséria acabarão sendo superadas. Pode levar tempo, mas eventualmente alcançamos a comunidade, globalmente.

Muitas pessoas querem saber sobre o funcionamento de uma sociedade sem dinheiro, sem Estado, sem classes - uma sociedade sem dinheiro ou troca, sem governos e sem injustiças socioeconômicas. Muitas pessoas querem saber sobre o desenvolvimento de padrões para a comunidade. Agora é possível desenvolver os padrões sociotécnicos para a concepção e operação de uma sociedade do tipo comunidade. Enquanto, simultaneamente, desenvolve e executa um plano de transição para ver a plena realização. Comunidade na escala social é agora uma meta viável. No passado, histórias fictícias eram compartilhadas sobre um futuro tão possível. Hoje, há uma suficiência de conhecimento e comunicação em tempo real de que é possível conceber esse tipo de sociedade em um conjunto de padrões e operacionalizá-lo por meio de uma rede de serviços de habitat.

A otimização das funções sociotécnicas em escala social requer um conjunto unificado de padrões de nível social, incluindo documentação, visualização, simulação e cálculos que possam ser compreendidos por indivíduos e aplicados por organizações. Esses padrões compreendem e podem orientar a mudança dos sistemas sociais; eles explicam um novo modo de produção. Para alinhar com mais precisão a realização da sociedade com uma visão ideal e satisfatória, é necessário um sistema de informação unificado que inclua o mundo real e um conjunto de padrões nele, que possam educar os pensamentos dos indivíduos, bem como orientar suas ações, comportamentos e materiais criações para uma comunidade global. O objetivo do trabalho em comunidade é projetar e sustentar a satisfação das necessidades humanas de forma otimizada em nível global. Auravana é um daqueles projetos que busca entender a psicologia humana, a história material, a natureza e o comportamento, e evoluir a sociedade, portanto, florescendo para toda a humanidade. Todos os humanos são retirados da pobreza com acesso otimizado a tudo o que a humanidade e a Terra têm a oferecer.

Existe agora uma integração suficiente de informações sociotécnicas para explicar a concepção e o funcionamento de tal sociedade. Em parte, o objetivo do Projeto Auravana é conceituar inteligentemente e atualizar com segurança uma sociedade do tipo comunidade, conforme detalhado em um conjunto de padrões sociais globais representativos da comunidade. Aqui, o conceito de 'comunidade' significa todas aquelas coisas boas que a comunidade representa para as pessoas saudáveis, bem como, um tipo de configuração da sociedade (leia-se: uma sociedade do tipo comunidade). O Estado-mercado (capitalismo) é outro tipo de sociedade, e é o tipo de sociedade ativa entre a população global do início do século XXI.

A comunidade é um sistema baseado não na escassez global, como o Estado-mercado, mas na adequação globalmente projetada da satisfação das necessidades humanas. As funções do Estado-mercado são obsoletas na comunidade, embora não durante a transição. Não há venda nem compra; em vez disso, os recursos são transformados em bens e serviços necessários e circulados pelo habitat por equipes de habitat coordenadas localmente. Na comunidade, os produtos e serviços são produzidos e distribuídos de forma diferente do que no Estado-mercado, o que resulta em diferentes condições e diferentes usos de recursos. Na comunidade, há produção para uso e nenhuma produção para lucro. Não há sacrifício de qualidade de objeto ou serviço na forma de obsolescência programada e desigualdade social; em vez disso, há otimização dos produtos e serviços necessários para a vida. Um dos maiores potenciais desse tipo de sociedade é a redução significativa de anos de trabalho-serviço ao longo do tempo devido à conscientização e otimização da informação global.

Em última análise, não é dinheiro ou coerção que as pessoas precisam, mas acesso livre às necessidades da vida e auto-realização. Conseguir isso é um desafio de engenharia sociotécnica que exige coordenação de contribuição para equipes transdisciplinares que coordenam a realização global por meio dos recursos comuns da Terra e dentro de sua capacidade de carga. Uma sociedade do tipo comunidade opera dentro de uma abordagem de sistemas unificados que utiliza os métodos da ciência e apoio à decisão (e possível, IA) para chegar à decisão mais ideal e apropriada a qualquer momento para a produção planejada do habitat. Ao contrário da implementação da tecnologia em condições de Estado-mercado, a comunidade opera com preocupação humana e contabilidade ambiental. O influxo em tempo real de dados quantitativos e qualitativos fornece feedback em tempo real, permitindo um planejamento otimizado.

Supõe-se que um sistema sociotécnico baseado em transparência, educação, contribuição, responsabilidade e computação pode ser justa e, portanto, realmente facilitar o planejamento global de realização humana. Um sistema sociotécnico pode ser projetado para ser suficientemente imparcial para alinhar efetivamente os sistemas do mundo real com a satisfação das necessidades humanas. Assume-se também que existem recursos suficientes no planeta para proporcionar uma alta qualidade de acesso à vida, tecnologia e suporte exploratório a todos. A solução para o abuso de autoridade e acumulação por meio do comércio, tão presente no início do século XXI, é: transparência e responsabilidade, dados precisos e educação, modelagem visual e compreensão. Uma orientação comunitária, que resulta em novas condições do tipo comunitário.

O que não existe na comunidade:

- Propriedade (sem privatização)
- Mercado
- Dinheiro/créditos/tokens
- Comércio
- Classes socioeconômicas
- Coerção
- Estado
- Nação
- Classes (sem distribuição desigual de acesso)

Na comunidade tem abundância de:

- Atendimento de necessidades humanas projetada, otimizada e sustentada em nível global.

Na comunidade existe:

1. Um sistema de informação social orientado pela experiência de vida humana e valores comunitários.
2. Um sistema econômico [de decisão] baseado nas necessidades humanas e nos recursos disponíveis.
3. Um sistema material com uma rede de sistemas integrados de habitat-cidade.
4. Um estilo de vida de hábitos e prazer na educação, contribuição e lazer.
5. Uma vida de bem-estar florescente. Na comunidade existe o bem-estar global e a regeneração ecológica.

2 O Projeto Auravana

O Projeto Auravana é um esforço de contribuição para o desenvolvimento de uma 'sociedade do tipo comunitário' por meio de um conjunto de padrões sociotécnicos para sua concepção e funcionamento. Aqui, a comunidade é uma organização de nível social que facilita a satisfação das necessidades humanas e orienta os indivíduos para seus mais altos potenciais. O desejo de se comprometer a trabalhar para a realização humana global é forte em muitos de nós, e nosso esforço coordenado trará à existência uma sociedade que funciona bem para todos. O Projeto Auravana existe para conceituar e atualizar a comunidade na escala social. O Projeto Auravana busca desenvolver uma sociedade que seja razoavelmente automatizada, baseada em contribuições, opere sem comércio ou coerção e atenda aos requisitos de satisfação das necessidades humanas globais dentro da capacidade de suporte da ecologia. Efetivamente, o propósito do Projeto é trazer com segurança à existência uma sociedade sem mercado e sem Estado - uma sociedade que atende a todas as necessidades humanas sem comércio ou coerção. O Projeto inclui uma organização de estabelecimento de padrões sociais em conjunto com uma operação de equipe de serviço de habitat. Durante a transição, há também uma equipe de transição. Portanto, os principais objetivos do projeto são desenvolver, fazer a transição e operar uma sociedade do tipo comunitário. No que diz respeito à transição, este é um projeto para redesenhar a estrutura da sociedade em uma comunidade em escala global, usando um modelo que reconhece o mundo real onde os humanos podem ter maiores e melhores estados de realização.

A declaração de visão proposital primária do Projeto é:

- O Projeto Auravana [Consórcio] existe para criar e operar uma rede comunitária de sistemas urbanos sócio-economicamente integrados por meio do projeto colaborativo, desenvolvimento, teste e aplicação de um padrão de especificação aberto e emergente informado por indivíduos propositadamente motivados, realizados em seu desenvolvimento para uma dinâmica potencial mais elevada de experiência para si e para todos os outros.

As principais entregas do projeto são:

1. Um padrão unificado de sistemas de informações sociais:
   - Um padrão de especificação social [incluindo todas as informações fornecidas] para um tipo de sociedade conhecido como 'comunidade'; em que todos os indivíduos são realizados, dado o que se sabe sobre recursos, demanda,

tecnologia e capacidade humana.
2. Uma rede de sistemas cooperativos de serviços de habitat:
   - Uma rede de serviços de habitat onde as pessoas contribuem e vivem suas vidas com acesso a tudo o que a humanidade e o planeta tem a oferecer.

Uma sociedade do tipo comunitário é conceituada por meio de um padrão de especificação social, e operacionalizada por um sistema de serviço de habitar. Quando outra sociedade, como o Estado-mercado, está operando, então o Projeto também tem uma equipe de transição para coordenar as diferentes sociedades. Auravana pode ser considerada uma organização de estabelecimento de padrões sociais e, como qualquer organização de padrões profissionais, os grupos de trabalho desenvolvem os padrões sócio-técnicos [especificação social].

O Projeto Auravana pode ser visto como um consórcio, um acordo formalizado por padrões e formado entre uma combinação de indivíduos e organizações para desenvolver abertamente e aplicar cooperativamente um padrão explicitamente explicado para a conceituação e operação da sociedade. Este sistema social proposto funciona para todos os indivíduos e para a Terra, da qual todos os indivíduos dependem. Por meio de uma abordagem de sistemas [todos], o design facilita a compreensão e a transição de questões complexas e inter-relacionadas para uma consideração social e ambiental em larga escala e, finalmente, para o florescimento humano global.

O projeto intencional de uma sociedade do tipo comunitário oferece a cada indivíduo do planeta um conjunto de oportunidades de vida altamente

Figura 1. *Análise simplificada de tarefas do projeto para desenvolver uma sociedade do tipo comunitário.*

JUNTOS, TRABALHAMOS PARA CHEGAR AQUI

DESENVOLVIMENTO DA COMUNIDADE

SÍNCRONO
Análise, Pesquisa & Desenvolvimento

TAREFAS

- Construção da rede comunitária *e transição para*
- Construção da cidade comunitária *e transição para*
- Pesquisas humanas e análise local
- Análises de Interface Estadual e Plano "Político"
- Análise de Interface de Mercado e Plano de "Negócio"
- Desenvolvimento de relacionamento e divulgação
- Desenvolvimento de triagem e orientação
- Mídia, educação, conferências e experiências virtuais
- Simulação de sistema integrado da cidade
- Levantamento de recursos do mundo real
- Programação do sistema de decisão
- PADRÃO SOCIAL Unificada e atualizada continuamente
- Estrutura de coordenação de formação e contribuição da equipe

EXPERIÊNCIA

TEMPO/ MEMÓRIA

enriquecidas, baseadas no que é possível hoje (através da união da realização humana e do conhecimento científico), e direcionadas para uma nova era de florescimento e sustentabilidade para todos. Especificamente, a visão envolve a construção e operação de uma rede comunitária global com sistemas integrados de cidades localizadas, incluindo uma infinidade de tecnologias inovadoras e ecologicamente corretas aplicadas diretamente ao sistema vivo. Com razão, espera-se que a implementação desta proposta reduza drasticamente o sofrimento e a violência no planeta, ao mesmo tempo que facilite a elevação do bem-estar da população global e a maximização da qualidade de vida de todos. Além disso, o design do sistema apoiará a adaptação intelectual e emocional dos indivíduos a uma sociedade orientada para a vida e tecnicamente capaz. O Projeto introduz a ideia de comunidade como um tipo de sociedade.

O empoderamento tecnológico que tornou a humanidade, pela primeira vez na história, capaz de destruir a biosfera, permitiu simultaneamente que a humanidade proporcionasse uma qualidade de vida a todas as pessoas superior à que qualquer um experimenta no início do século XXI; e fazê-lo em harmonia sustentável com a biosfera. Esse poder tecnológico deu à humanidade a necessidade e a capacidade de evoluir rapidamente seus valores coletivos e como ela navega pela vida como espécie. Em parte, o Projeto Auravana existe para facilitar e elucidar essa evolução.

Figura 2. *Conjunto de modelos de tempo de tarefa mostrando os requisitos para fazer a transição e viver em comunidade.*

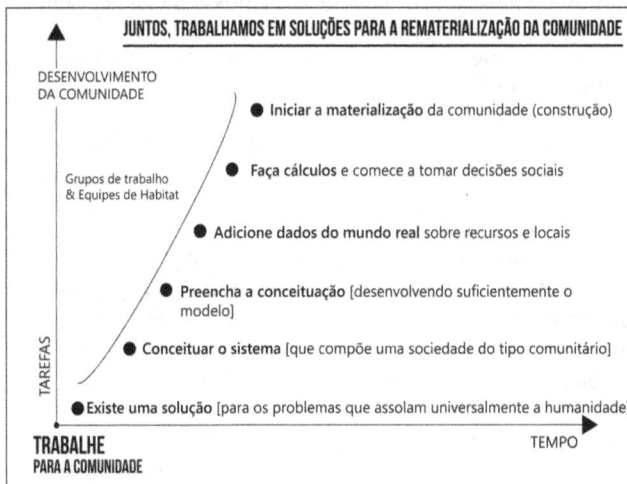

É mais provável que o florescimento humano surja e se sustente dentro de um sistema socioambiental onde a realização é coordenada de forma cooperativa e todos os recursos são declarados patrimônio comum de todos os habitantes da Terra. Uma premissa fundamental (suposição) deste projeto para a comunidade é a percepção [sócio-individual] dos recursos da Terra como patrimônio comum de todas as pessoas do mundo e a possibilidade de atender às necessidades de acesso de todos de maneira otimizada, dados esses recursos. Aqui, para otimizar o acesso, uma sociedade do tipo comunidade é projetada para incluir o rastreamento de recursos mundiais, o uso de uma colaboração compartilhada e um sistema operacional algorítmico e a contabilização das necessidades humanas (requisitos) no contexto de contribuições (capacidades). O sistema [de informação social] emerge, no nível material, em uma rede de sistemas integrados de cidades capazes de apoiar uma população da comunidade global em alinhamento sustentável com a capacidade de suporte de seu ambiente, ao mesmo tempo em que atende às necessidades humanas globais. Para conseguir isso, o design adaptativo do projeto combina uma ênfase na satisfação das necessidades individuais e na auto-integração, uma abordagem orientada a sistemas e uma confiança informada nos princípios subjacentes da natureza.

Em vez de assumir apenas mudanças iterativas no contexto dos sistemas sociais e econômicos que estão na raiz de tantos de nossos desafios, embarcamos em uma análise e redesenho da civilização humana, começando com a definição do que constitui uma sociedade realizada. Em vez de tentar consertar e reformar os sistemas existentes, estamos resolvendo nossos muitos desafios auto-induzidos atuais e iminentes, por meio de um design que torna esses desafios obsoletos. Por meio do desenvolvimento holístico, os elementos condicionantes que predispõem um padrão de comportamento são deslocados para a realização regenerativa, emergente e global de nosso verdadeiro potencial. Nossos projetos específicos para o desenvolvimento holístico da comunidade abordam todas as principais áreas que influenciam o comportamento humano e a estabilidade ecológica, rastreando os problemas de origem até as estruturas de condução e, a partir daí, as influências ambientais e os mecanismos de resposta que os causam. Esses "projetos" (uma metáfora para nossas especificações de projeto) então propõem novas estruturas para essas influências ambientais que, em vez disso, condicionam e predispõem valores orientados para a realização e sistemas que melhoram a vida. Temos os modelos e ferramentas à mão para projetar e construir um presente digno do potencial da humanidade. Juntos, estamos interessados e trabalhando para formular e formalizar um tipo diferente de sociedade da qual todos podemos nos orgulhar.

Cooperação e descoberta são uma parte inerente do que significa ser humano. O ambiente comunitário, aqui, foi projetado para nutrir e apoiar a experiência e a evolução desse entendimento. Na comunidade, os indivíduos buscam a vida e o aprendizado em seu próprio ritmo e de acordo com seus próprios interesses, paixões e preferências. O design para a comunidade fornece uma maneira satisfatória de olhar (ou seja, uma perspectiva de maior potencial) a natureza da vida, aprendizado, trabalho e interação humana: representa o potencial para uma vida vivida com significado e propósito. Aqui, os projetos buscam manter um alinhamento essencial com o entendimento em evolução da humanidade sobre si mesma e o mundo do qual os humanos são uma parte regenerativa. Assim, o projeto propõe uma sociedade global com uma função específica – apoiar o bem-estar da ecologia da Terra enquanto melhora o padrão de vida de todos os habitantes. O projeto existe para abrir e compartilhar gratuitamente um padrão de cooperação social global.

A realização de todos os seres sencientes é um caminho eterno a seguir. E assim, os colaboradores se uniram para compartilhar nossas descobertas e evoluir os entendimentos da humanidade para que suas criações se alinhem mais ao bem-estar e florescimento de toda a vida senciente neste planeta e no universo. Aqui, o cumprimento da contribuição do trabalho traz alegria na vida. Compartilhar abre novas possibilidades de inspiração e criação. Como pensamos e trabalhamos juntos, e o que fazemos, acabará por fazer a diferença. Notavelmente, nossa direção também está em perfeito acordo com os aspectos e ideais espirituais encontrados na maioria das religiões em todo o mundo. O que diferencia nossos esforços, no entanto, é que nos propomos a traduzir esses ideais em uma realidade de trabalho no presente.

Fundamentalmente, o Projeto propõe um padrão aberto, formal e desenvolvido de forma colaborativa de 'Comunidade' que deve ser operado como a [única] organização de coordenação social para a população global. Entre a comunidade há um reconhecimento de que as resoluções sociotécnicas para o atendimento das necessidades humanas devem ser contabilizadas em nível global (porque os recursos são globalmente comuns) e categoricamente reconhecidas para priorização (porque os recursos e os corpos humanos são finitos). É relevante notar aqui que todas as partes interessadas podem ser consideradas em todas as decisões por meio de um sistema de decisão social baseado em padrões. Assim, as ações tomadas sobre essas prioridades criam modificações estruturais no ambiente, que são realimentadas nos comportamentos dos indivíduos e na experiência de vida.

A visão geral do projeto para a comunidade é urgente, considerando a miríade de crises sociais globais perceptíveis. Francamente falando, os atuais modos de operação da humanidade são insustentáveis e sua trajetória é (estruturalmente falando) muitas vezes autodestrutiva. Os problemas que a humanidade vê no início do século 21 não são isolados ou solucionáveis no nível dos próprios problemas; são as expressões inevitáveis das estruturas de poder subjacentes e dos sistemas de valores que conduzem o comportamento humano a externalizar o poder e o dano. Quando dividida ideologicamente, e separada por fronteiras e crenças, não é possível à humanidade aplicar soluções relevantes aos fundamentos da sociedade. Aqui, é possível reconhecer que a redução das ameaças globais requer a aplicação de evidências ao invés de opiniões pessoais. Um padrão deve começar a identificar e projetar de acordo com o que todos os humanos têm em comum. Nada menos do que um redesenho fundamental das estruturas de poder global, que surge com uma mudança fundamental de paradigma nos valores globais e na visão de mundo, é adequado para resolver os desafios da humanidade, evitar as catástrofes iminentes e facilitar o surgimento de um mundo proporcional ao nosso verdadeiro potencial de ser humano. Por meio da padronização social, é possível criar a próxima geração de ambientes humanos regenerativos e satisfatórios, nos quais os indivíduos se desenvolvem em direção aos seus mais altos potenciais por meio de atividades nas quais são inspirados e engajados. Observe que este não é um sistema futuro nebuloso que não pode ser imaginado ou entendido; é algo que pode ser definido conceitual e tecnicamente.

Existe uma relação entre os seres humanos e seu ambiente. Como os sistemas são projetados e usados em relação a esse relacionamento é significativo. Os sistemas projetados com o objetivo de permitir o florescimento humano e atender às necessidades humanas provavelmente garantirão um ambiente seguro que atenda efetivamente aos requisitos humanos globais.

O mundo pode ser melhorado não apenas identificando circunstâncias malignas e reduzindo-as ou eliminando-as na próxima iteração (ou seja, desfazendo circunstâncias prejudiciais), mas também projetando para o bem-estar humano com consideração ecológica. Uma ciência social que mede e constrói contribuição, planejamento e escolha consciente (ou seja, escolha que leva em conta recursos espaciais, necessidades humanas e um ambiente do mundo real) será mais potente em potencial do que uma sociedade de hábitos e crenças inconscientes. Os seres humanos podem ser atraídos para visualizar o futuro, em vez de apenas serem movidos pelo passado (inércia). Padrões sócio-técnicos são pré-requisitos para a construção da sociedade atual e de quaisquer sociedades futuras imaginadas.

3 A organização do Projeto Auravana

O Projeto Auravana inclui tanto uma organização de definição de padrões sociais (SSO; a.k.a, uma organização de desenvolvimento de padrões, SDO) quanto uma organização de operações de serviços de habitat. Auravana é um projeto de engenharia de nível social de código aberto para padrões e operações da comunidade. O projeto coordena uma organização de definição de padrões sociais que propõe um modelo unificado para a realização humana global. O tipo de sociedade que está sendo proposto e projetado para existir é o de acesso cooperativo a um serviço de habitat onde as necessidades humanas são globalmente satisfeitas por meio de contribuições e recursos comuns. Os membros do grupo de trabalho usam uma plataforma de design colaborativo para identificar e desenvolver (ou seja, criar) padrões, enquanto os membros da equipe de habitat [serviço] aplicam (ou seja, operacionalizam) padrões que melhoram o bem-estar humano com recursos físicos e organização social apropriada. As pessoas colaboram na operação de uma sociedade do tipo comunitário, contribuindo para grupos de trabalho que mantêm padrões e, simultaneamente, equipes de serviço de habitat que fazem trabalho físico como parte de um sistema de serviço de habitat [sociedade].

3.1 O padrão informativo [sistema de serviço]

A concepção de um "padrão" é amplamente reconhecida como a base da operação sócio-técnica funcional da sociedade moderna e de qualquer sociedade de avanço técnico suficiente. Os padrões sócio-técnicos mantêm a sociedade sócio-técnica unida. Eles especificam as características ou requisitos de desempenho de inúmeros aspectos do mundo sócio-técnico em escala humana. Para construir com segurança ambientes sociotécnicos complexos e potencialmente perigosos, há a exigência de padrões, certificação e monitoramento por pessoas e protocolos competentes. Para atender aos objetivos de compreensão do usuário, os padrões de especificação incluem descrições e explicações acompanhadas de visualizações e simulações. No que diz respeito à comunidade como um tipo de sociedade, os padrões demonstram como a humanidade pode acessar e participar da otimização global de seu próprio florescimento. Aqui, por meio da padronização, a sociedade é projetada, desenvolvida, operada e, em última análise, coordenada de forma colaborativa para o benefício de todos os habitantes. A lógica de coordenação estrutural da comunidade é informada de forma compartilhada (comum), explícita (documentada e planejada) e contribuída (responsavelmente).

Uma sociedade sócio-técnica é arquitetada por meio de padrões, especificam seu raciocínio, construção e funcionamento. Um padrão de especificação social é uma referência técnica [documento] que todos podem apontar como uma descrição e explicação de um sistema social. Um desenvolvedor e/ou operador deve ser capaz de lê-lo e chegar a um entendimento do próprio sistema social. Os padrões existem para serem usados e, se não forem usados, serão arquivados. Assim, no contexto da usabilidade, os padrões representam a especificação (com raciocínio) para a operação selecionada da próxima e/ou atual iteração da sociedade.

Por meio de padrões sociais do tipo comunitário, a satisfação das necessidades humanas na escala social torna-se uma opção para nós – agora é uma opção para nós criarmos um sistema socioeconômico melhor, porque temos um conjunto de padrões baseados na comunidade. O Projeto Auravana existe para desenvolver e facilitar a adoção de um conjunto unificado de padrões de nível social para concepção e operação.

3.1.1 Organização de estabelecimento de padrões

As organizações que estabelecem padrões são os meios da sociedade de compartilhar descobertas e integrar o trabalho com o propósito de desenvolver, coordenar, revisar, produzir e operar padrões sociotécnicos e, assim, especificações que se destinam a atender às necessidades de um grupo de adotantes afetados. E, no caso deste projeto, os afetados são uma população global humana e a ecologia planetária. O Projeto Auravana existe para desenvolver, produzir e distribuir o padrão de especificação social de código aberto para uma sociedade global do tipo comunidade. As organizações de definição de padrões são compostas por pessoas que desenvolvem, publicam e coordenam padrões. A organização de definição de padrões Auravana [consórcio] é composta por grupos de indivíduos contribuintes que são responsáveis pelo desenvolvimento (ou seja, definição) de padrões por meio de processos de colaboração e coordenação. As atividades de desenvolvimento de padrões nesta organização são baseadas em ciência de sistemas, acesso equitativo e transparência.

No nível de padrões, o Projeto Auravana [Consórcio] é uma organização global de membros de grupos de trabalho profissionais que estão contribuindo ativamente e organizados com base em artigos (que são compostos em padrões). Em outras palavras, a organização é composta por pessoas que estão contribuindo para o sistema de informação para a comunidade trabalhando em seu padrão de informação. Dentro do Projeto Auravana existe uma estrutura de grupo de trabalho de coordenação de projeto em tempo integral dedicada às tarefas informacionais de desenvolvimento do padrão social. Projetos, coordenadores e grupos de trabalho têm um escopo que define os limites pelos quais as decisões podem ser tomadas. Os escopos são definidos pelos grupos de trabalho na forma de padrões formalizados, que informam sobre mudanças nos fluxos informacionais e espaciais através da sociedade humana. Dessa forma, as responsabilidades do Projeto Auravana incluem a distribuição de um sistema de informação social do tipo comunitário [padrão], desenvolvido por meio de grupos de trabalho.

No grupo de trabalho, os colaboradores trabalham nos documentos sociotécnicos reais e nos subconjuntos de informações. Os membros do grupo de trabalho trabalham em cada cláusula de uma norma e tornam o documento atualizado e utilizável. Para gerar uma nova iteração da sociedade, é essencial saber 'como' a sociedade opera atualmente. Diante do que se sabe, uma sociedade sociotécnica de tamanho populacional suficiente opera com base em padrões estabelecidos por organizações (de pessoas e máquinas).

Existe um processo padronizado para o desenvolvimento e ciclo de vida dos padrões. Nela, os escopos (aqueles que delimitam os projetos em um nível de informação coordenado) podem ser divididos em subescopos e atribuídos a subcoordenadores. Cada documento de padrões é subcomposto por um conjunto de artigos que representam a descoberta, compreensão e operação da sociedade. Cada artigo é uma entrega principal do grupo de trabalho, com subgrupos de trabalho possivelmente presentes. Em outras palavras, os padrões de especificação são um conjunto de artigos desenvolvidos por grupos de trabalho (et al.) que são usados como padrões formais para o entendimento, construção e funcionamento especificados da sociedade pelas equipes de contribuição e pela população usuária em geral.

Para ser de aplicabilidade global, um padrão social deve manter as seguintes características:

Figura 3. *O layout conceitual padrão de um padrão social por uma organização de definição de padrões que responde pela engenharia fundamental da sociedade.*

1. Escalável – cada vez mais utilizável e aplicável a populações maiores sem violência e artefatos incidentais.
2. Aberto/acessível – comércio/dinheiro não é necessário para contribuir ou usar.
3. Duplicável – é suficientemente acessível para que possa ser duplicado por outros facilmente.

3.1.1.1 Padrão de especificação social

Um padrão de especificação social detalha (ou seja, é) o sistema de informação [unificado] para uma sociedade intencionalmente projetada. Todo tipo de sociedade é antes de tudo um sistema de informação antes de qualquer outra coisa. Para criar com segurança o tipo de sociedade que imaginamos, o sistema de informação deve ser concluído. Um padrão de especificação social é um documento [publicado] que uma população usa para entender e projetar a sociedade; em que, seu design é continuamente reprojetado à medida que melhores/mais informações se tornam disponíveis. Cada novo padrão (ou atualização de um padrão) pode ser visto como uma proposta para a próxima iteração da sociedade.

O termo "padrão de especificação social" refere-se a um conjunto de informações/documentação com as seguintes propriedades:

1. Padrão: Padroniza conhecimentos e procedimentos sociotécnicos para fazer e entregar o sistema. Os padrões garantem que os resultados desejados sejam alcançados. Uma especificação é um documento que fornece aos operadores as atividades de operação. Um padrão descreve a melhor maneira de fazer algo, dado o que é (1) conhecido e (2) foi integrado por aqueles com competência
2. Especificação: Especifica o design e a seleção do sistema. As especificações garantem que as ações sejam rastreáveis. Uma

Inter-relações do Padrão do Sistema da Sociedade

O modelo mostra sobreposições e inter-relações entre os padrões fundamentais do sistema individual e sua conexão com um padrão unificado representativo da coação e operação da sociedade.

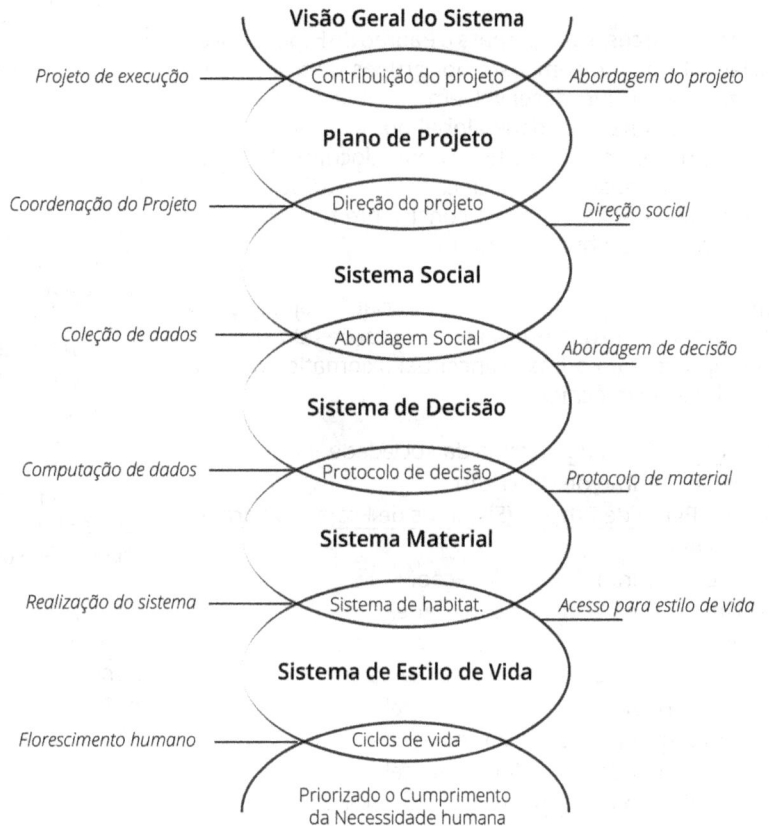

Figura 4. *Um sistema de informação social do mundo real é subdividido em um conjunto de sistemas padrão e documentação que o acompanha. Existem inter-relações e sobreposições aos subsistemas [normas]. A visão geral do sistema se relaciona com o Plano do Projeto, porque contribuição é a execução do Plano do Projeto, e também, para executar o projeto, os indivíduos devem primeiro tomar conhecimento e depois entender o sistema para o qual estarão contribuindo. O Plano do Projeto inclui três seções: abordagem do projeto, direção do projeto e execução do projeto. A direção do projeto está presente tanto no Plano do Projeto quanto no Sistema Social, pois todos os projetos têm direções definidas que são compreendidas e explicadas em um Sistema Social. A direção de um Sistema de Decisão é caracterizada por protocolos computacionais, e de um sistema material é caracterizada por protocolos instrucionais. O Sistema Social tem: direção social, orientação social (valores) e abordagem social (metodologia). A abordagem social passa a ser a abordagem com que as decisões são resolvidas. Nele, os dados de um sistema de informação social são computados juntos para calcular e descobrir como otimizar o atendimento das necessidades humanas. O sistema de decisão usa protocolos para resolver problemas em soluções viáveis. O sistema de materiais possui protocolos de projeto, bem como protocolos operacionais em nível de serviço de habitat. Os sistemas de serviços de habitat fornecem serviços para o estilo de vida com acesso ao florescimento humano.*

especificação é um documento de fonte única que fornece orientação aos construtores e operadores durante as atividades de desenvolvimento e construção.

3. Social: Aplicável em nível social/global; engloba todos os sistemas axiomáticos da sociedade.

No nível de contribuição para o Padrão de Especificação Social, o Projeto é composto por grupos de trabalho de código aberto que desenvolvem e publicam o padrão social para uma sociedade global do tipo comunidade. Esses grupos de trabalho criam documentos que fornecem requisitos, especificações e raciocínio que podem ser usados de forma consistente no nível social para a realização humana mútua.

Em alto nível, qualquer padrão social [projeto] pode ser dividido em suas principais publicações do sistema, que representam a base conceitual axiomática de uma sociedade sociotécnica:

1. A Visão Geral do Sistema da sociedade.
   • Um padrão de descrição.
2. Um Plano de Projeto (Sistemas de Projetos) para a sociedade.
   • Um padrão de coordenação.
3. Um Sistema Social da sociedade.
   • Um padrão social fundamental.
4. Um Sistema de Decisão da sociedade.
   • Um padrão social fundamental.
5. Um Sistema Material da sociedade.
   • Um padrão social fundamental.
6. Um Sistema de Estilo de Vida da sociedade.
   • Um padrão social fundamental.

Nota: Cada uma dessas normas é composta por vários artigos. Cada artigo é o produto de um ou mais grupos de trabalho. Modelos (figuras), desenhos e simulações são associados a artigos em cada padrão.

Dado o que é conhecido, um padrão de especificação social pode ser subcomposto por 6 publicações primárias, das quais, o item da lista de publicações nº 1 é uma visão geral do sistema (SO) e o item da lista de publicações nº 2 é o plano de projeto social (PP) . Portanto, a composição de identificação e configuração de um Padrão de Especificação Social (SSS) são os seguintes conjuntos de informações de nível superior:

Padrão de Especificação [contém informações específicas]	Identificador [SSS-NomePadrao-Versão]
Visão Geral do Sistema	SSS-SO-###
Plano de Projeto	SSS-PP-###
Execução do Plano do Projeto	SSS-PP-Project-Execution-###
Sistema Social	SSS-SS-###
Sistema de Decisão	SSS-DS-###
Sistema Material	SSS-MS-###
Habitat do Sistema Material	SSS-MS-Habitat-System-###
Sistema de Estilo de Vida	SSS-LS-###

Nota: A versão mais atualizada de cada padrão pode ter um número de versão diferente (###) das demais. Por exemplo, a versão mais atualizada e atual do Plano do Projeto pode ser 005, enquanto a visão geral do sistema pode estar em 004. Verifique o site do projeto (https://auravana.org/standards) para obter a versão mais atualizada de cada padrão.

O Projeto Auravana propõe um modelo societário completo "tipo comunidade" composto por quatro padrões de sistema societário, um plano de projeto para a transição e operação da sociedade, bem como um documento de visão geral para apoiar a compreensão de toda a operação societária.

Esses sistemas (padrões) são a base fundamental de qualquer sociedade. Aqui, um sistema econômico está contido no sistema de decisão e diz respeito a decisões sobre recursos. Observe que não é verdade afirmar que a base fundamental de qualquer sociedade seja qualquer um de seus subsistemas individualmente (por exemplo, seu sistema social individualmente, seu sistema econômico individualmente etc.). Toda sociedade é composta por esses sistemas fundamentais, que podem ser compreendidos e engendrados por indivíduos nela contidos, ou não. Na comunidade, o padrão social [sistema] para uma sociedade do tipo comunidade é um produto sociotécnico funcional. Esta entrega padronizada é subdividida pelos subsistemas de informação primários de qualquer sociedade, em um conjunto de artigos de padrões (incluindo figuras, tabelas e simulações) representativos e utilizáveis pela sociedade para entender, construir e operar. Para compreender, construir e operar a sociedade de forma coerente, todos esses sistemas devem ser reconhecidos e contabilizados (de preferência, de forma unificada).

É a resposta mutuamente unificada e coesa de uma população ao desenvolvimento da sociedade, por meio da padronização, que permite a realização de todo o potencial dos indivíduos (ou seja, acesso à agência). Quando começamos a unificar todas as informações, fica mais claro o entendimento de que todos podemos viver uma vida melhor por meio da cooperação na escala social. Para arquitetar uma sociedade, é essencial ter alguma idéia de como cada sociedade é organizada. Na primeira camada de divisão, toda sociedade é composta por quatro sistemas principais (social, decisão, material e estilo de vida). A formação e configuração interna desses sistemas classifica o tipo de sociedade. É claro que toda sociedade também pode ter uma visão geral e um(s) plano(s) de projeto. Estamos dizendo que podemos conhecer e projetar intencionalmente esses sistemas inter-relacionados em um único padrão de especificação social, representando todo o sistema social; o sistema como é construído atualmente, e o sistema social como poderia ser construído, dado o que é conhecido e disponível.

3.1.1.2 Um padrão social do tipo comunidade

Praticamente falando, uma comunidade é uma organização informacional e física operando em conjunto deliberadamente e formando um todo em evolução. O Projeto propõe um conjunto de padrões que podem representar uma teoria de campo unificada da comunidade; eles são um tratado de [toda] sociedade humana realizada (dado o que é conhecido). Por meio de padrões sociais do tipo comunitário, a satisfação das necessidades humanas na escala social torna-se uma opção para nós – agora é uma opção criarmos um sistema socioeconômico melhor, porque temos um conjunto de padrões baseados na comunidade. Em um nível prático, eles especificam a composição e operação de uma rede adaptativa de "comunidade" de sistemas de cidades sócio-economicamente integrados (e indivíduos auto-integrados). Em outras palavras, as quatro especificações representam uma descrição do que é necessário para construir e operar a comunidade como compreensível por meio de um conjunto de padrões de sistema; que fornecem o raciocínio e a evidência de por que a comunidade é assim construída. A operacionalização do padrão leva ao feedback, que leva a melhores padrões. Ao longo do tempo, a sociedade é reconstruída como uma forma mais otimizada de comunidade através da aplicação do modelo "vivo" atualizado. A natureza espiralada em evolução do sistema social proposto permite que a humanidade supere rapidamente as insuficiências em seus projetos anteriores.

O Projeto Auravana existe para propor uma solução unificada para o desenvolvimento de uma sociedade sem comércio (sem dinheiro) e sem Estado (sem coerção)

UM PADRÃO DE ESPECIFICAÇÃO SOCIAL

O modelo descreve a estrutura axiomática e a configuração de um padrão de especificação social.

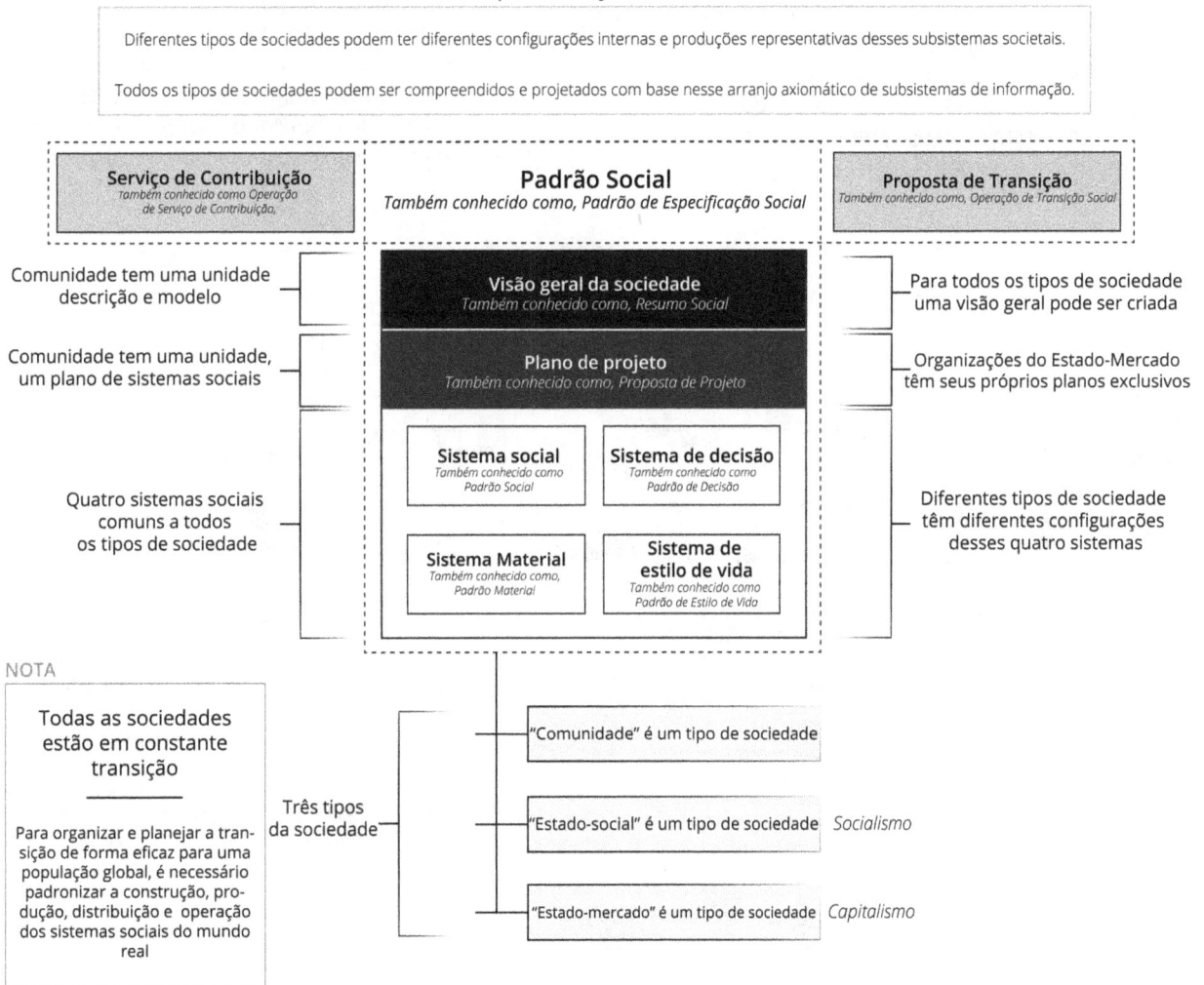

Figura 5. *Um padrão de especificação social é contribuído e transferido por meio de um plano de projeto que inclui os padrões para a próxima iteração [baseada na comunidade] da sociedade.*

em algum momento nas próximas décadas, por:

1. Desenvolvimento e manutenção de padrões.
2. Desenvolvimento e manutenção de serviços de habitat.
3. Desenvolvimento e uso de relacionamentos de Estado-mercado.

Na comunidade, a produção e o consumo são baseados na necessidade (e preferência), e não na renda de alguém (do comércio), lucro anterior (dos ativos) ou coerção (do poder sobre os outros). Em outras palavras, na comunidade, a realização (consumo) é baseada na necessidade (humanos, recursos e serviços), e não inclui incentivos ou protocolos baseados na renda (dinheiro), na propriedade (bens) ou na autoridade (punição). .

O Projeto Auravana coordena o desenvolvimento do padrão societário para um tipo de sociedade com várias características exclusivas da "comunidade"':

1. Um sistema social baseado no acesso compartilhado cooperativamente a recursos comuns e, portanto, sem comércio (e, portanto, sem dinheiro/sem mercado). Em uma sociedade do tipo comunidade, não há propriedade e nem comércio de propriedade (seja por outra propriedade ou por dinheiro).

- Na comunidade, todos os bens e serviços estão disponíveis para todas as pessoas sem a necessidade de qualquer forma de troca, incluindo dinheiro, créditos ou permuta. Em vez de regulamentação governamental, existe uma estrutura de equipe de serviço de padronização baseada em contribuições. Nesse contexto, os indivíduos da população compartilham um conjunto de direções (propósitos), orientações (valores) e abordagens (métodos) com padrões consequentes de pensamento, comportamento e construções físicas.

2. Um sistema social baseado em um padrão sociotécnico formalizado e desenvolvimento de código aberto e, portanto, sem coerção (e, portanto, sem Estado). Aqui, não há coerção do Estado. Nesse contexto, os recursos (informacionais e espaciais) e os produtos da produção são patrimônio comum de todos.

- Na comunidade, a justiça é tanto distributiva (de acesso) quanto restauradora (de realização), ao mesmo tempo em que responde tanto pelo indivíduo (humano) quanto pelo social (sociedade) dos indivíduos. A restauração da realização e o acesso a todos os serviços que a

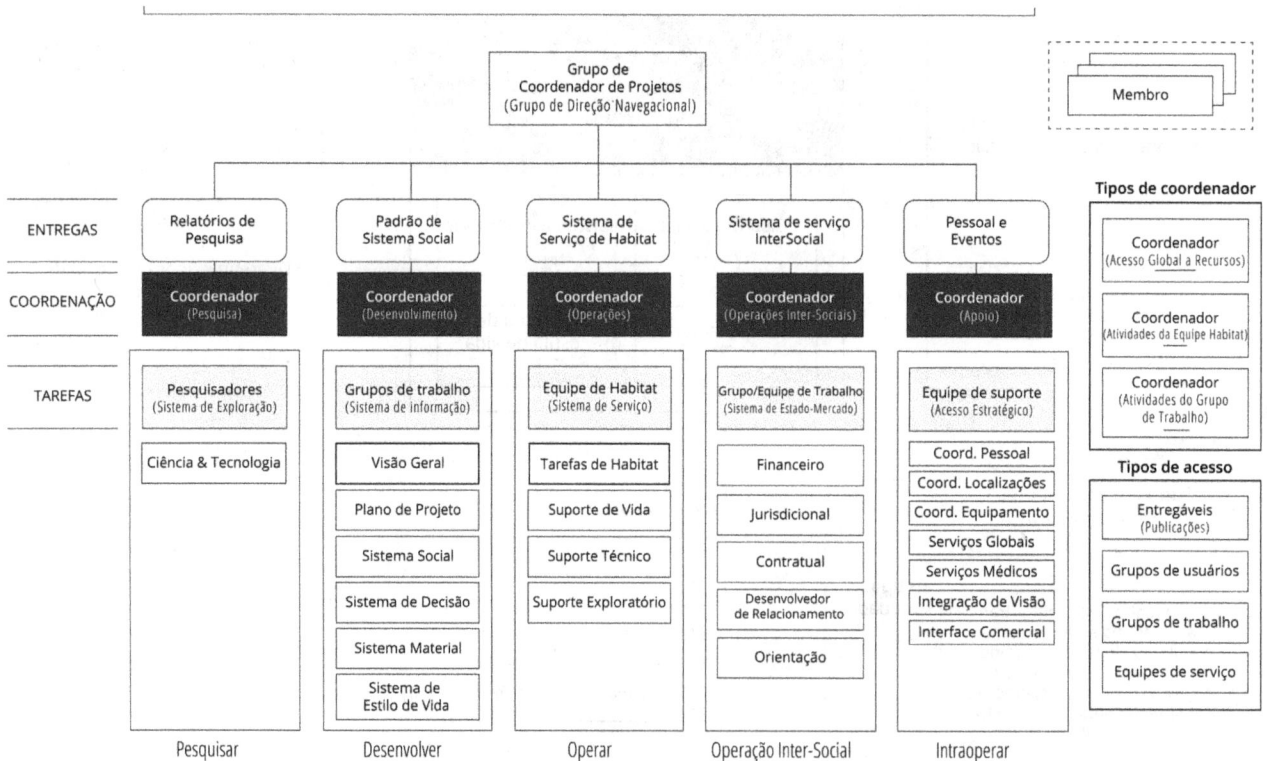

Figura 6. *Estrutura organizacional simplificada de um projeto para desenvolver e operar a comunidade na escala social.*

humanidade tem a oferecer estão disponíveis para todas as pessoas sem a necessidade de ameaça (tributação) ou comércio (mercado). Em vez de coerção governamental, há uma estrutura de equipe de serviço de habitat baseada em contribuição. Nesse sentido, os indivíduos de uma comunidade compartilham um conjunto de direções (requisitos), orientações (objetivos) e abordagens (processos) com padrões consequentes de pensamento, comportamento e construções físicas.

• O Projeto Auravana [Consórcio] segue a orientação de valores do próprio sistema social da sociedade e, portanto, é de código aberto.

3. Um sistema de transição social permite a transição do Estado-mercado para a comunidade. É relevante notar aqui que a transição para a comunidade na escala societária levará anos, pode

ocorrer de maneira diferente em diferentes locais do planeta e provavelmente envolverá aspectos do Estado e do mercado.

• A transição para a comunidade provavelmente requer o uso das ferramentas da sociedade disponíveis naquele tipo de sociedade que está sendo transferida.

A sociedade proposta pode ser caracterizada como operacional sem mercado (ou seja, sem comércio e dinheiro) e sem Estado (ou seja, sem coerção e poder sobre os outros). Este sistema social é direcionado para a realização humana global e a regeneração ecológica, e isso é possível através da concepção e operação de um modelo social unificado onde o ambiente do mundo real, incluindo as necessidades humanas, recursos materiais e o que é possível, é contabilizado no mesmo nível, níveis individual e social juntos.

O Projeto Auravana produz o padrão social para a

Montagem do Sistema de Serviço de Habitat de Recursos Contribuídos pelo Usuário

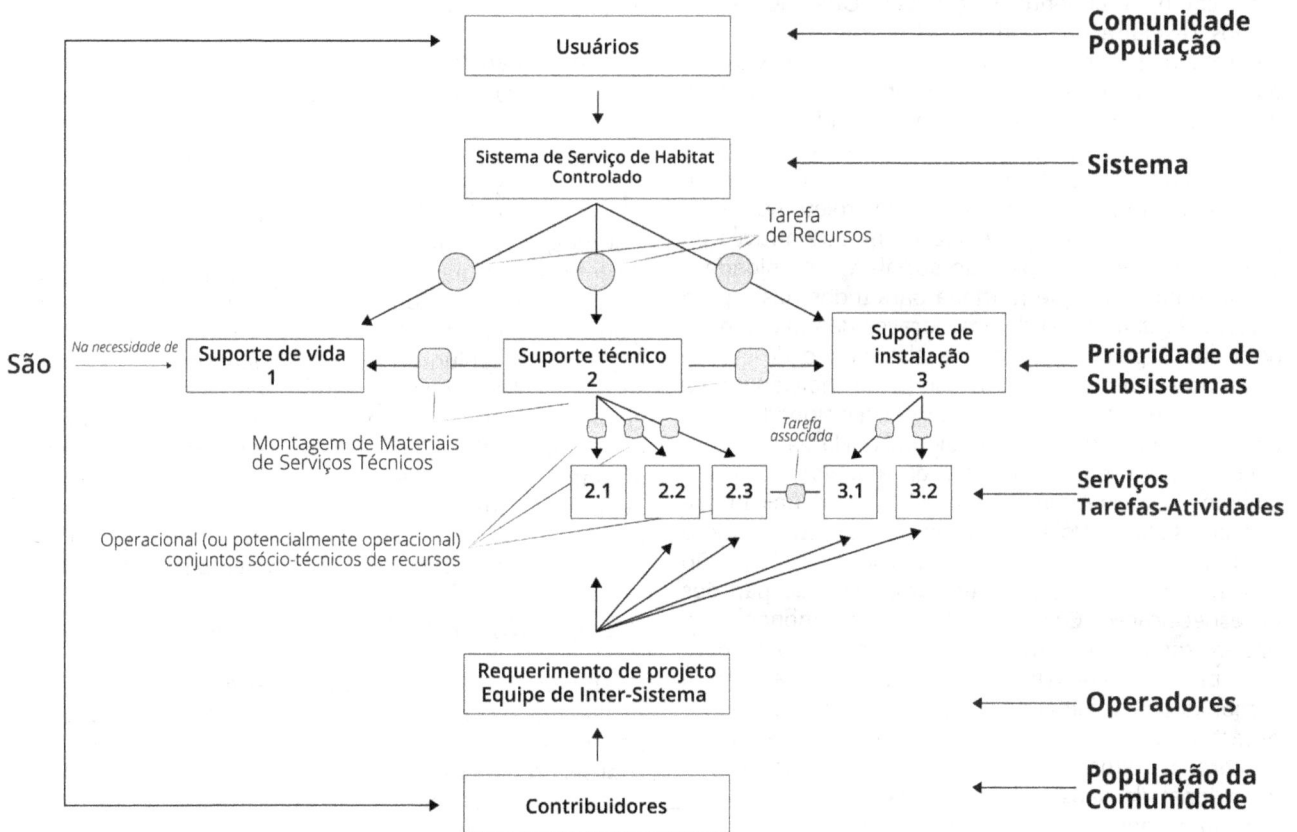

Figura 7. *Modelo mostrando uma montagem do sistema de serviço de habitat alocando recursos a subsistemas para acesso dos usuários por meio da contribuição da comunidade.*

derivação lógica e operação técnica de um sistema social do tipo comunidade. Esse padrão social apresenta uma versão alternativa da sociedade, na qual as antigas inadequações da guerra, pobreza, fome, dívidas e sofrimento humano desnecessário são vistas como solucionáveis no nível dos sistemas sociais. Qualquer coisa menos resultará na continuação do mesmo catálogo de problemas inerentes à civilização moderna. Assim, o projeto apresenta como padrão um sistema social novo e atualizado, diferente de tudo o que já foi experimentado – descreve uma sociedade capaz de sustentar a realização mútua de todos os indivíduos do planeta. O padrão social publicado do Projeto detalha a derivação lógica e a operação técnica deste sistema, que pode ser categorizado como uma "sociedade do tipo comunitário". O projeto apresenta uma visão de sociedade orientada para a sustentabilidade ecológica e a satisfação de todas as necessidades humanas - uma sociedade projetada e operada através da cooperação social e valores comunitários.

O padrão proposto para uma sociedade do tipo comunitário representa uma versão alternativa do presente que exige um redesenho direto de nossa cultura, na qual as antigas inadequações da guerra, pobreza, fome, dívida e sofrimento humano desnecessário são vistos não apenas como evitáveis, mas como totalmente inaceitável. Qualquer coisa menos resultará na continuação do mesmo catálogo de problemas inerentes à civilização moderna. Assim, o padrão proposto apresenta um sistema socioeconômico novo e atualizado que é diferente de tudo que já foi tentado antes – ele descreve uma sociedade capaz de sustentar a realização humana globalmente mútua neste planeta que todos compartilhamos. O Projeto Auravana prevê uma sociedade projetada e operada através da co-conceituação e cooperação social. A comunidade é um sistema social que funciona para todos nós e para a Terra da qual dependemos. Através da aplicação de uma abordagem de [todos] os sistemas, o design da sociedade facilita a compreensão [pelos indivíduos] e a transição de crises complexas e inter-relacionadas para uma consideração social e ambiental em larga escala.

Em um esforço para fornecer a maior clareza e utilidade possível, a organização de definição de padrões sociais, Projeto Auravana, formatou o projeto para a sociedade proposta (ou seja, sua derivação lógica e operação técnica) em uma série de padrões de especificação. Cada padrão é um componente do projeto total, bem como pretende ser uma base para uma profunda consideração reflexiva de sua própria comunidade [ou falta dela]. Juntas, essas especificações "vivas" representam um modelo replicável, escalável e abrangentemente "útil" para uma comunidade intencional de satisfação de necessidades (composta por uma rede integrada cidade-comunidade versus rede cidade-estado) abrangendo o globo. É importante notar que esses padrões estão "vivos" na medida em que são continuamente atualizados à medida que novas informações se tornam disponíveis. A comunidade

nunca é estabelecida; seu design existe em um estado emergente, pois evolui à medida que evoluímos, o que é necessário para nossa sobrevivência e florescimento. Em essência, a principal entrega do projeto é um novo sistema para tornar o sistema existente obsoleto – é nossa intenção evoluir continuamente a nós mesmos e aos sistemas dos quais somos parte integrante.

O padrão proposto para a comunidade sugere uma solução potencial (e em evolução) para os problemas que assolam universalmente a humanidade, e poderia trazer a maior revolução na vida e no aprendizado em nossos tempos modernos. A mudança na escala necessária só pode ser realizada quando as pessoas veem e experimentam uma maneira melhor. A menos que imaginemos, embora o mais importante, descreva explicitamente (tanto conceitualmente quanto tecnicamente) o mundo que queremos, como vamos criá-lo?

O design do sistema da sociedade foi separado em alto nível em quatro padrões principais; cada um detalhando um aspecto primário [axiomático] diferente de sua formação e operação, incluindo sua estrutura e padrões de organização.

A proposta do padrão de informação social para a comunidade é composta pelos cinco principais sistemas de qualquer sociedade:

1. Um padrão de Sistema Social
2. Um padrão de Sistema de Decisão
3. Um padrão de Sistema Material
4. Um padrão de Sistema de Estilo de Vida
5. Um padrão de Plano de Projeto

Juntos, esses cinco padrões formam um modelo de informação adaptável e unificado para o estudo, implementação e operação de uma comunidade globalmente em rede (definida sócio-economicamente). A norma, em conjunto, é uma proposta com potencial de ser desenvolvida e operada para a população da sociedade global. Cada um dos sistemas do modelo (cada padrão) tem uma consequência no comportamento humano e, juntos, sua atualização forma padrões emergentes de comportamento. Sua organização específica pela população de uma sociedade provavelmente organiza um padrão específico de comportamento na sociedade.

3.2 O habitat material [sistema de serviço]

O ambiente material é onde o sistema de serviços de habitat (cidade) existe fisicamente e é composto por membros contribuintes da população que são coordenados em grupos/equipes de tarefas associadas a um modelo de priorização em camadas do habitat, começando com:

1. Suporte a Vida (LS),
2. Suporte de Tecnologia (TS), and
3. Suporte Exploratório (ES).

Os membros da equipe que atuam no habitat operacionalizam o padrão social desenvolvido pelos grupos de trabalho. As equipes no habitat tomam decisões de alteração de habitat e realizam operações de alteração de habitat. As equipes de operações do habitat trabalham no habitat para reconfigurar e manter seus sistemas de suporte ao serviço.

4 Desafios para entender

Pode haver uma curva de aprendizado substancial quando se trata de adquirir uma compreensão abrangente do que realmente está sendo proposto pelo Projeto. É importante lembrar que essa proposta de comunidade no nível social representa uma visão de mundo [linguística] inteiramente diferente da maioria (se não de todas) outras visões de mundo presentes na sociedade moderna. Fundamentalmente, o desenho da Comunidade descreve uma forma de viver e de compreender a realidade inteiramente divergente das muitas visões de mundo e estruturas socioeconômicas expressas entre a população do planeta no início do século XXI. Isso pode representar um desafio motivador significativo para os interessados em nossa direção comum. A leitura dos artigos em combinação com a visualização dos modelos associados (figuras) é uma das melhores maneiras de abordar uma compreensão abrangente do sistema.

> **NOTA:** *Os padrões de especificação são densos em conteúdo, e alguns indivíduos que lêem os artigos e veem os modelos pela primeira vez podem sentir que estão aprendendo uma nova linguagem e integrando uma nova visão de mundo, o que leva tempo e requer processamento interno.*

Os padrões são a espinha dorsal muitas vezes ignorada de todas as sociedades sociotécnicas. A comunidade na escala social é um projeto de construção de vida a longo prazo que precisa de sua ajuda. Os padrões fornecem uma compreensão em nível de código-fonte de como a sociedade poderia operar em direção à realização humana global sem o Estado-mercado.

Em um nível de pré-requisito, para entender completamente a operação concebida de comunidade é necessário entender modelagem de conceito (conceituação) e animação de objetos (simulação). Aqui, "comunidade" é uma concepção, e o "habitat" é uma simulação.

O sistema social do tipo comunitário descrito pelos padrões é simples e complexo – é "simplexo" podemos dizer. Enquanto os conceitos simples unificam nossa compreensão, a compreensão complexa permite a criação. Aqui, simplicidade significa conceitos que unificam e reúnem conhecimentos e ideias aparentemente díspares. Conceitos simples permitem explicar o máximo com o menor número possível de suposições. No entanto, para adquirir uma compreensão abrangente para fins de projeto e construção, é necessária complexidade. As especificações são longas e complexas, e claro que seriam, pois descrevem um sistema socioeconômico. No entanto, muito do texto é, na verdade, um raciocínio para a derivação e seleção do sistema, que é um requisito para teste, construção e um entendimento diferenciado, mas não para um entendimento superficial. Todo o raciocínio presente nos padrões poderia ser removido e o sistema poderia ser visualizado de forma bastante simples. O sistema provavelmente será visto como complexo para alguém vindo de um paradigma de pensamento totalmente diferente, mas quando é entendido, na verdade é bastante simples.

Tratado sobre a Comunidade como um Tipo de Sociedade

Travis A. Grant,

Contatos de Afiliação: *trvsgrant@gmail.com*

Versão aceita: 18 de Abril de 2022

Evento de aceitação: *Aceitação do coordenador do projeto*
Último ponto de integração de trabalho: *Integração do coordenador do projeto*

Palavras-chave: comunidade, sociedade comunitária, sociedade planetária, ambiente humano cooperativo, padrões sociais, visualização social, engenharia social, desenvolvimento social, cidades integradas, cidades totais, rede unificada de cidades, realização humana global, realização humana mútua

Resumo

Comunidade é um tipo de configuração do sistema social. É possível entender como os humanos podem cooperar para a realização mútua em nível global, vendo todos os recursos e necessidades como comuns e desenvolvendo um sistema de informação útil para a realização humana mútua. Aqui, o raciocínio discursivo é fornecido para essa configuração específica de um sistema social, em oposição à seleção e codificação de outras configurações. É possível para a humanidade organizar seus sistemas informacionais e espaciais para sustentar a realização humana mútua e a regeneração ecológica. A construção de uma sociedade sustentada do tipo comunidade requer uma exposição sistemática e discussão dos fatos e princípios envolvidos, e as conclusões necessárias, para chegar à comunidade. Este artigo descreve a comunidade descrevendo o que é comunidade e como a sociedade pode se tornar e operar como uma comunidade. Um tratado completo sobre comunidade deve incluir uma discussão sobre comunidade, o que contrasta com a comunidade e o que a comunidade é, em um nível experiencial. A maior parte da população de uma sociedade do tipo comunidade vive em sistemas integrados de cidades (também conhecidos como sistemas de cidades totais), onde um espaço de vida foi projetado de forma inteligente e apropriada para atender às necessidades e desejos de maior potencial da população. Uma população pode contribuir abertamente para a operação de um sistema de informação e infraestrutura social que atenda a todas as necessidades humanas, de forma otimizada. Para conseguir isso, uma estrutura social sem dinheiro e sem coerção é proposta. Esta é uma proposta para um sistema social que funcione efetivamente sem comércio, sem mercado e sem coerção. Comunidade é capaz de realizar este feito.

Resumo Gráfico

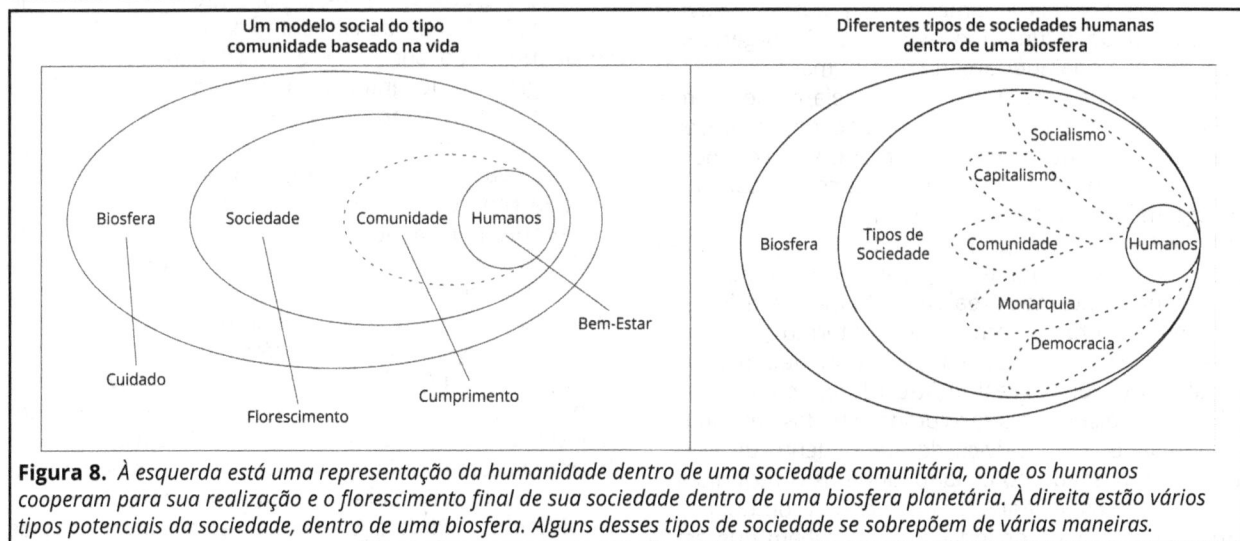

Figura 8. *À esquerda está uma representação da humanidade dentro de uma sociedade comunitária, onde os humanos cooperam para sua realização e o florescimento final de sua sociedade dentro de uma biosfera planetária. À direita estão vários tipos potenciais da sociedade, dentro de uma biosfera. Alguns desses tipos de sociedade se sobrepõem de várias maneiras.*

1 O que é comunidade?

O que é comunidade? Geralmente, quando as pessoas falam sobre comunidade, elas se referem a uma organização de indivíduos intencionalmente comprometidos em apoiar uma visão compartilhada, que inclui a participação em um conjunto compartilhado de atividades – é um grupo de pessoas que têm algo em comum e interagem. Uma comunidade compartilha informações e pode ser confiada em tempos de dificuldades. Aqueles na comunidade podem ser ditos ter uma direção semelhante, ou pelo menos orientação, para a vida. Indivíduos na comunidade se sentem amigáveis e pacíficos uns com os outros. A maioria das pessoas, quando ouvirem a palavra comunidade, imaginarão a experiência de compartilhar um conjunto comum de relacionamentos importantes, enquanto ganham prazeres semelhantes na vida.

Quando aqueles de nós projetando um sistema de vida integrado pensam sobre a comunidade, pensamos na comunidade como um conceito mais complexo e enriquecedor. Certamente, envolve a ideia de comunalidade na relação, mas em que contexto estamos imaginando essa comunalidade para existir? Para cada tipo de organização social com indivíduos intencionalmente comprometidos com uma direção compartilhada, existe comunidade? A comunidade é apenas um compartilhamento de visão e ação, e possivelmente localização, ou há mais? Um grupo de pessoas pode se unir porque tem uma maneira semelhante de perceber, entender e agir no mundo, mas, "comunidade", em nossa opinião, vai além apenas da ideia de ter uma direção compartilhada e orientação na vida. Diz mais sobre um grupo de pessoas do que que elas estão conectadas umas com as outras de alguma maneira importante que orienta a vida. Na escala do nosso sistema de vida, a comunidade diz algo sobre as especificidades da percepção, compreensão e navegação realizadas por aqueles que estão compartilhando informações, comportamentos e recursos no relacionamento. Em outras palavras, a comunidade é um tipo específico de organização humana, não qualquer organização humana.

No projeto de um sistema vivo (ou seja, como vivemos juntos neste planeta), a comunidade não representa qualquer grupo de indivíduos com uma visão de mundo semelhante e um conjunto de padrões comportamentais em algum local ou espaço semelhante. O termo, em vez disso, refere-se a um grupo de indivíduos que mantêm essas relações comuns, e as relações são orientadas para intencionalmente maior realização, bem-estar e florescer para todos. Portanto, comunidade é o termo que usamos para descrever a estrutura organizadora de um sistema social de "vida" onde a realização e o florescimento e todos os recursos disponíveis são compartilhados em comum. Comunidade é um serviço de atendimento de acesso ao habitat baseado no usuário, onde os contribuidores também são os usuários (e vice-versa). A comunidade é um ambiente onde os indivíduos percebem que estão interconectados com um mundo real, que pode ser configurado para o benefício de todos, levando em conta tanto o indivíduo [necessidades] quanto o mundo real [social]. É um conjunto de inter-relações em que todos provavelmente florescerão. A comunidade é uma solução compartilhada (uma plataforma de realização informacional-espacial) sobre a qual toda a humanidade "pode se apoiar". Os humanos podem prosperar mais e ter mais acesso como membros de uma sociedade global do tipo comunidade. A comunidade é um tipo de sociedade onde os indivíduos trabalham juntos e acessam lado a lado em direção a uma visão e objetivos comuns que todos entendem (visualmente) e podem concordar (conceitualmente)

Na verdade, a origem etimológica da palavra "comunidade" vem da palavra em latim "communis", que significa "coisas compartilhadas por todos, ou mantidas em comum por todos". É sabido há muito tempo que compartilhar fomenta a comunidade [forte]. Tradicionalmente, o que era mantido em comum eram recursos fundiários e ambientais. Hoje, no entanto, o compartilhamento de recursos mundiais inclui informações como recurso. Comunidade representa um reconhecimento de que compartilhar recursos e manter o toda a terra em comum, é necessário para o florescimento de todos.

A palavra "comunidade", em si, pode ser dividida em "comm", defendendo a comunhão na comunhão (uma conexão comum), e a segunda parte é "unidade", defendendo a interação harmoniosa do todo (uma integralidade), que emerge para o indivíduo na experiência de "fluxo" na vida cotidiana e "unidade" na vida interna. Assim, como conceito, a "comunidade" é caracterizada pela conexão e integração. Conexão refere-se a uma relação, e a integração refere-se ao significado dado a uma relação (a fusão de contexto e intenção). E assim, a comunidade, neste sentido muito refinado, é um conjunto de relações significativamente integradas. Se, no entanto, "conexão" significa o processo de criação e recebimento de informações, e "integração" significa o processo de re-alinhamento a um padrão de informação menos denso, então "comunidade" refere-se ao processo socialmente coordenado de conexão e integração de informações para nossa própria evolução. Além disso, se a primeira parte da palavra significasse "conexão", e a segunda parte significava "coesão" ou "coerência", então a palavra "comunidade" poderia representar um modelo altamente conectado e coerente para a vida humana – um modelo de vida onde os seres humanos percebem com precisão sinais ambientais e constroem em alinhamento com sua realização. Claro, coisas semelhantes foram ditas sobre o próprio universo, que ele está conectado e coerente. O universo é uma dinâmica perfeita de movimento e informação. É uma totalidade ininterdita do movimento fluindo, e podemos conectar nossos sistemas vivos em harmonia com essa integralidade para que nós também possamos experimentar o fluxo em nossos próprios movimentos. Podemos formar e dissolver nossas criações para nos alinharmos mais com uma forma potencial de experiência maior. Em todo o universo há um movimento do todo com o qual podemos nos alinhar, e nosso modelo de informação para a própria comunidade representa nossa forma mais coerente desse alinhamento. Assim, se definirmos a comunicação como a replicação da percepção na mente de outras pessoas, então a comunidade (como comunicação + unidade), é a replicação coerente de uma compreensão unificada de como todos nós poderíamos experimentar vidas mais bem realizadas. Fundamentalmente, quanto maior a qualidade da informação a que estamos expostos e compartilhamos entre nós, mais eficaz e eficiente experimentaremos a realização em nossas vidas, pois há menos processamento cognitivo que temos que fazer para tornar nossa experiência coerente.

Com uma definição conceitual de comunidade em mente, quando falamos de comunidade, perguntamos: Em que escala estamos compartilhando recursos para nossa realização mútua? Em que escala nos sentimos comumente conectados e integrados, e mantemos um estado de fluxo e semelhança em nossas vidas? Em que escala estamos experimentando relacionamentos significativos? Na escala social, o econômico, o ecológico, o tecnológico, o planetário. Veja, na comunidade entendemos que estamos todos conectados individualmente dentro de um todo mais integrado e abrangente, estamos juntos nesta terra. E com a realização em mente, perguntamos ainda: "Como nos sentimos e nos comportamos em um espaço quando percebemos que tudo naquele espaço é comumente conectado e integrado, em todas as escalas?"

Comunidade significa conexão e integração em todas as escalas de influência. E assim, para nós, a comunidade é um tipo de organização socioeconômica "viva" que compartilhamos entre nós como uma especificação unificada para o cumprimento. Claro, se houver uma falta de reconhecimento do sistema socioeconômico existente e experiente, então eu poderia facilmente ver como a ideia de comunidade poderia se tornar degradada e domesticada para significar algo semelhante a "um simples grupo de atividades" (por exemplo, "comunidade" do tênis), ou, uma rede de compartilhamento de informações (por exemplo, uma "comunidade" social online). Se alguém tem pouca consciência da influência e da própria construção de suas vidas dentro de um contexto socioeconômico maior, então parece apenas que sua ideia de comunidade seria limitada e conformada com a caixa dentro da qual sua consciência [do que é comunidade, e poderia ser] reside. A comunidade é um componente crucial (ou seja, raiz) para a experiência dessa vida física em si, e assim, quando nosso potencial compartilhado de realização não for reconhecido, então a noção

Figura 9. *Decomposição de alto nível de um sistema social do tipo comunitário; onde, tudo existe dentro de uma biosfera. Juntos, a humanidade pode produzir e usar um sistema de informação para organizar a sociedade sob a condição de, pelo menos, realização humana mútua. Aqui, as decisões são tomadas em conjunto usando um modelo social unificado que é orientado para sustentar a realização humana mútua entre a rede da humanidade. A materialização de uma sociedade de tipo comunitário assume a forma de uma rede de sistemas urbanos altamente integrados dentro dos quais as equipes inter-sistemas conduzem e sustentam o meio ambiente por meio de operações do tipo projeto. Cada sistema urbano, e em conjunto, a rede de sistemas urbanos, possui um conjunto de processos operacionais projetados para recuperar, sustentar e planejar o projeto futuro do meio ambiente. Cada sistema urbano é um ambiente de habitat controlado para, pelo menos, realização humana mútua. Grupos de trabalho sociais [informações] desenvolvem o padrão do sistema de informação, e as equipes de inter-sistemas de habitat usam esse padrão social ("aura") para operar a natureza sociotécnica dos ambientes, incluindo as cidades.*

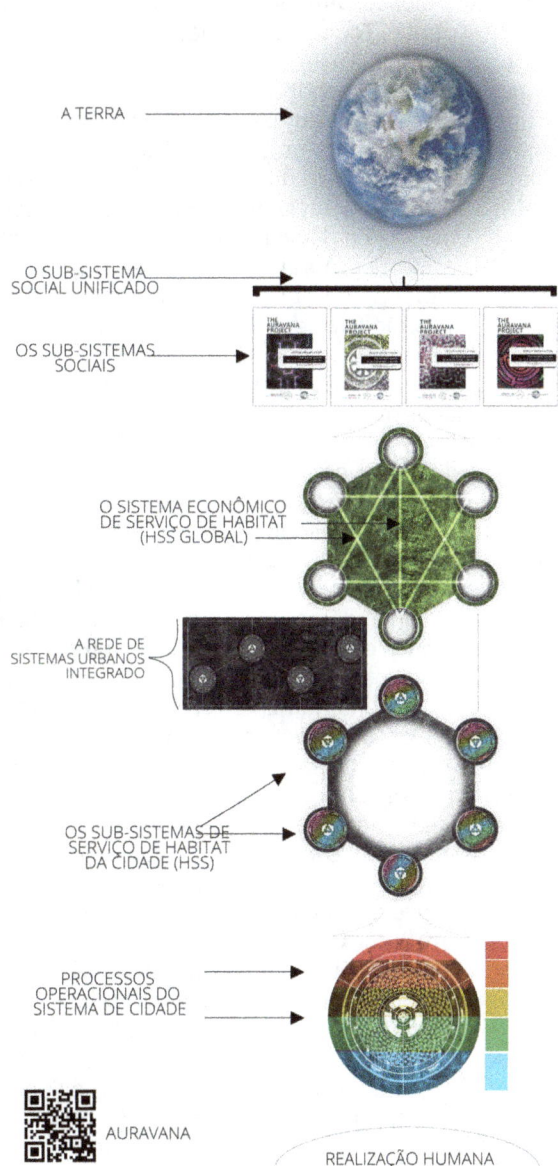

de "comunidade" provavelmente aparecerá de uma maneira altamente distorcida, e muitas vezes divisional. Ilhas (formadas por seres humanos) competindo por recursos e atenção em um jogo de escassez praticado no campo chamado de mercado se autodenominam "comunidades": as comunidades de negócios; as comunidades online/virtuais, as comunidades de conhecimento; comunidades corporativas, a comunidade que tem a ver com o campo de carreira de alguém; as comunidades raciais; comunidades de grupos de atividades; e também a ideia de comunidades corporativas de bairro. Algumas pessoas até sentem como se sua nação ou campo político representassem sua comunidade. Aqui, a palavra "comunidade" é composta em uma forma que identifica especificamente um contraste em grupo social ou atributo humano. Em outras palavras, estabelece um conjunto divisional de relações porque foi criado para identificar diferenças, em vez de integrar semelhanças.

Somos uma humanidade, em uma terra, e todos viemos da mesma fonte. Todos temos necessidades comuns, que podemos satisfazer sinergicamente em comum. A comunidade é um reconhecimento de que há diferenças entre nós, mas não estrutura essas diferenças na forma como somos cumpridos cooperativamente neste planeta finito. A divisão da comunidade no nível mais holístico (ou seja, o nível de nossa ecologia socioeconômica), em grupos isolados de busca de recursos e atenção com sua própria "comunidade", nos separa de nossa experiência de nossa humanidade na Terra. Rotular uma posição socioeconômica por grupo social ou atributo humano é altamente divisional, e é provável que desconecte um grupo de humanos de suas relações fundamentadas na vida, como a detecção inata fora da nutrição através dos sinais de sabor (torna-se um campo de dieta de moda versus outro), ou o sentido inato de cooperar para a eficiência dos recursos (torna-se um grupo político/econômico contra outro).

Em um nível pessoal, a menos que coloquemos a atenção em nossas próprias conexões e integrações, é improvável que entendamos a padronização inconsciente com a qual estamos operando ou que podemos ter absorvido internamente da cultura em geral, que pode estar involuntariamente reconstruindo um ambiente de menor potencial, e possivelmente grande sofrimento. Aqui, chegamos à conclusão de que quando encontramos uma fonte para nossas conexões e integrações dentro, não precisamos tirar um do outro.

Em nível social, a comunidade é vivenciada através do compartilhamento de um sistema de vida unificado para nossa realização, envolvendo uma perspectiva de que todos os recursos são mantidos em comum. Certamente, uma vida de florescimento mútuo é mais do que viável quando consideramos todos os recursos da Terra como a herança comum de todas as pessoas do mundo, e coordenamos de forma cooperativa e inteligente seu uso para o cumprimento de todos. Aqui, a natureza é nosso fenômeno comum, e podemos trabalhar com a natureza na formação contínua da comunidade para otimizar nosso uso de recursos e o potencial de nossa experiência vivida.

A comunidade é sobre ajudar a todos os eus a experimentar [a mesma] vitalidade otimizada e elevada, saúde, bem-estar e vidas enriquecidas com oportunidades [iguais] de autodesenvolvimento e contribuição. Através da criação cooperativa e operação da comunidade, maximizamos a qualidade de vida de todos. Diz-se que a comunidade representa interconectividade significativa em todas as escalas. Aqui, reconhecemos que somos (em algum grau relativo) a totalidade de todas essas expressões de vida em que estamos em uma inter-relação. As coisas no universo estão conectadas, no nível mais profundo. No momento em que começamos a pensar em outros humanos como inimigos é o momento em que começamos a nos separar, e nos dividir em campos concorrentes de "comunidade", e rotular o nosso como a exceção. Qualquer exceção que nossa sociedade fizer à nossa realização do mundo real comum provavelmente gerará divisão dentro de nossa sociedade, e abrirá um caminho para que a realização "sua" seja violada.

Algumas pessoas realmente querem manter sua limitada definição de comunidade, pois se eles fossem integrar essa definição mais expansiva e holística, então eles teriam que admitir para si mesmos que o que eles estão participando agora é realmente faltar no que eles acreditam que tem - há a experiência de "dissonância cognitiva". A participação em um grupo de atividades, um grupo de apoio ou uma rede de compartilhamento de informações não é equivalente à participação na comunidade na escala do nosso sistema de vida. Para despertar nossas sensibilidades, nos perguntamos: "Como é ter um conjunto profundamente satisfatório de relações socioeconômicas?" E aqui, passamos a reconhecer que a comunidade real é mais satisfatória do que um substituto nutricionalmente deficiente. É um pouco como o que a sociedade do início do século 21 fez com a comida e o sabor. A sociedade do início do século XXI tem cultivado o sabor e nutrição fora dos alimentos (por isso não tem sabor e pouca nutrição), ao mesmo tempo em que adicioná-lo a alimentos que não comeríamos de outra forma. A sensação que alguém pode ter ao participar de sua "comunidade" dividida é superficial à experiência realizada, saborosa e nutricional da comunidade na escala do nosso sistema de vida. Que, não deve tirar nada da alegria recebida atualmente de ter parceiros de atividade e um grupo de apoio; é apenas dizer que, até certo ponto, estamos nos enganando quando se trata da experiência de realização. Veja, há mais na comunidade do que apenas o compartilhamento de experiências igualmente alegres de uma maneira estruturalmente dividida e isolada.

Quando olhamos como vivemos juntos neste planeta, experimentamos os comportamentos que reconhecemos como uma vida vivida através de agentes da "comunidade" em todas as escalas de relacionamento?

Considere como nosso uso da linguagem pode mascarar um estado ainda maior de realização. Talvez ter parceiros de atividade e/ou grupos de apoio seja a melhor maneira de você ser realizado em um ambiente fundamentalmente insatisfatório, e assim você deseja chamar essas atividades pelo nome que você dá à maior forma de realização que você pode imaginar. Mas observe aqui também, como a linguagem está escondendo um estado de realização mais real, ignorando o sistema de vida maior no qual seus divertidos ativações e grupos de apoio existem.

Percebemos que a comunidade é uma conexão dos indivíduos que se integram continuamente e formam uma unificação de energias voltadas para um propósito mais expansivo e cumpridor. Esse propósito é evoluir continuamente e conscientemente para o nosso maior potencial de realização de toda a vida, o que envolve a experiência de maior conexão e integração em nossas próprias vidas, e não significa a perda de nossa própria individualidade. Na comunidade, vivemos com um desejo proposital por uma experiência mais expansiva e satisfatória, e compomos essa experiência em alinhamento com a natureza em todas as escalas. Esse propósito abrange o eu, e está ao mesmo tempo, além do eu. Até certo ponto, você pode até dizer que o propósito da comunidade é fornecer um ambiente propício onde todos nós, individualmente, despertamos para nosso propósito maior e expressamos nossos maiores potenciais. No entanto, se seguimos ou não nosso propósito tem a ver com o poder que temos, que tem a ver com estrutura, que tem a ver com a consciência, e o feedback de nossas ações, como sinais sentidos, nesse nosso ambiente comum. E assim, em seu funcionamento, a comunidade é um conjunto de relações definíveis, operando juntas deliberadamente e formando um todo em evolução, o que beneficia o indivíduo e o todo juntos.

Essencialmente, estamos dizendo que as relações sociais, econômicas e outras em um sistema vivo orientam esse sistema em uma direção particular. Todo sistema socioeconômico tem uma direção identificável, e um conjunto de padrões de valor e rotinas que se replicam através das mentes dos indivíduos e orientam sua continuidade. Para a comunidade, ao perceber todas as escalas de comunalidade, essa direção é uma de nossa própria realização, bem como o florescimento de toda a vida, que podemos então dizer, é experimentada como um estilo de vida de fluxo otimizado e semelhança.

Fluxo é a experiência de nossas maiores capacidades potenciais de desempenho no mundo, é semelhante ao que vemos acontecer em atletas como snowboarders que se tornam um com a prancha e a montanha à medida que sua consciência se expande e seu foco se estreita para o agora. É por isso que o Estado também é às vezes conhecido como unidade, pois sob certas condições de consciência, esses sentimentos de estar verdadeiramente na iteração do momento podem se tornar tão expansivos que parece que abrange todos, e ao mesmo tempo é englobado por todos. A comunidade, como o snowboarder, está em constante movimento, e é uma consciência da totalidade do movimento que

lhe dá estabilidade, como algo em espiral, como um tornado, que não tem permanência, mas através de seu movimento dinâmico, através de sua estrutura, tem grande poder para reestruturar um ambiente para nossa realização (ou falta dele).

Se simplesmente seguirmos nosso próprio caminho particular de crescimento e desenvolvimento, eventualmente nossas maiores capacidades potenciais de conscientização e desempenho começam a entrar em operação, e eles estão tão radicalmente conectados e integrados, que a experiência deles se torna sua própria motivação. E aqui, percebemos que essas capacidades potenciais mais elevadas são mais facilmente despertadas, inseridas e sustentadas, dado um ambiente propício – um ambiente projetado para dar conta da conexão e da integração, para o nosso cumprimento, em todas as escalas. Além disso, sem uma ampla lembrança (ou seja, conhecimento) da relação simbiótica entre a humanidade e seu meio ambiente, seria extremamente difícil desenvolver soluções viáveis para nossos muitos problemas sociais e econômicos.

As pessoas ignoram o fato de que seus mal-entendidos, confusões conceituais e sinais ambientais incorretamente integrados têm um impacto em suas vidas e na vida das pessoas ao seu redor. Sua consciência limitada, refletida por sua linguagem, confirma sua experiência a uma limitação artificial e potencial reduzido. Para muitos de nós, nossas rotinas subconscientes e comportamentais foram formadas em um estado de caos. E temos que ter uma realidade e uma conversa sobre isso. Trata-se realmente de uma detecção precisa e resposta ao nosso ambiente; se resume ao conhecimento e reconhecimento de que não estamos condenados para sempre, podemos começar a nos integrar com nossa realidade comum em tempo real para nossa realização.

O que fizemos até agora não está funcionando. Onde focamos nossa intenção com a repetição é o resultado. Há muitos agora que se concentram no lucro, que não é o princípio organizador da comunidade.

Estamos sempre em transição tão lenta da sociedade para um foco na realização e no potencial. Estamos todos em uma experiência. Sim, vivemos em uma experiência. Isso, neste momento, aqui, é um experimento em design socioeconômico. Não é como se estivéssemos indo para um projeto experimental, já estamos em um. Em vez disso, estamos essencialmente dizendo, achamos que este não está funcionando, então precisamos mudar a forma como funciona, e por causa da lógica e evidência por trás do que propomos, esperamos que essa nova especificação estrutural produza melhores resultados em termos de regeneração ecológica, bem-estar humano e a realização experimentada de toda a vida neste planeta. Já estamos em um experimento, não achamos que está funcionando muito bem, e assim, vamos mudá-lo através de um design atualizado e testável que torna o sistema atual obsoleto. As sociedades são experimentos, para alguns, são até laboratórios. Podemos ver pelas escolhas que tomamos, os resultados que temos, e podemos aprender com eles.

PERGUNTA: *E se não houvesse limites artificiais para o que poderíamos compartilhar e como poderíamos cooperar?*

2 As normas de especificação explicadas

A.k.a., O que é um padrão de especificação social?

Aqui na Terra, a experiência humana não pode ser separada do ambiente socioeconômico, a dinâmica ecológica em que a experiência está ocorrendo. Na natureza, há loops de feedback contínuos e influentes entre organismos individuais e seu ambiente. Hoje, nos posicionamos em espaços e habitações que têm horrivelmente interrompido loops de feedback, de tal forma que perdemos a noção de nossos ambientes construídos influenciam nossas vidas. Quando pensamos em viver neste planeta, e na criação das organizações, serviços e tecnologias que proporcionam nossas necessidades, desejos e preferências, então começamos a ver a ideia de comunidade emergir em um tipo de projeto socioeconômico, um tipo de sistema de vida, ou "sociedade". Em parte, uma "sociedade" é um sistema dinâmico e emergente no qual uma população vive e se comporta com um propósito, mantendo um conjunto de relações que sustentam sua existência contínua.

Aqui, no nível social, a comunidade se constrói em torno da intenção do indivíduo para o auto-desenvolvimento e realização mútua da vida. E, no entanto, quando estamos cercados de situações insatisfações é fácil culpar a sociedade; é muito mais desafiador olhar para nós mesmos. A nível social, a comunidade se torna uma estrutura para ajudar os seres humanos a fazer sentido, facilitar a conexão e a integração, atender às intenções (ou seja, "expectativas") de realização e de oferecer oportunidades de auto-crescimento e contribuição. Poderia ser visualizado como um veículo social e organizacional para desenvolver potencial humano e facilitar a realização humana. Funciona porque estamos todos nos conectando e nos integrando [na expressão de um modelo unificado para o nosso e de todos os outros de maior desenvolvimento realizado]. Se desejamos manter nossa realização, devemos manter uma organização socioeconômica que facilite a sensibilidade às nossas necessidades, bem como o cumprimento suficiente dessas necessidades, que juntamente com nossa experiência de comunidade, são a base do nosso bem-estar.

E assim, na comunidade, estamos continuamente nos perguntando: "Quais são os melhores meios de lidar com nossas necessidades, hoje e bem no futuro?" Reconhecemos que nosso futuro depende de informações relevantes no agora, e como as aplicamos. Precisamos de um espaço de precisão e coerência para avançar no futuro de forma inteligente (de modo que nossas decisões estejam cumprindo para nós mesmos e para os outros).

Aqui, é importante reiterar que a "comunidade" que alguém pode conhecer atualmente como seu bairro local, seu clube de atividades, sua organização de caridade, sua plataforma social, sua aldeia, sua nação, ou seu grupo étnico não são a comunidade que conhecemos e estão se referindo quando falamos sobre comunidade. Cada uma das organizações acima mencionadas faz parte de um sistema socioeconômico maior, mas nem aquela organização isolada, nem seu contexto socioeconômico maior, são o que conhecemos como comunidade. Reconhecemos que a divisão da comunidade em organizações socioeconômicas expressamente contrastadas pode facilmente nos levar a odiar [uns aos outros].

A comunidade não é diferente de pessoas diferentes (não é estratificada), é algo que podemos identificar e definir em comum. Juntos, podemos expressar nosso projeto para a comunidade através da identificação e integração coerente de um sistema de vida socioeconômico comum – um sistema que, logicamente, verificável e experiencialmente orienta para uma maior realização mútua. Aqui, os projetos são comunicados por meio de especificação – um ato de esclarecimento de processos e outras relações (a fim de garantir um padrão de comunicação e construção, coerente, e improvável de produzir falhas de comunicação e construções instáveis).

No entanto, nós, na comunidade, estamos continuamente deixando de lado nossas próprias noções de "comunidade". Atualizamos nosso espaço de informação, que é nosso modelo unificado de realização, à medida que aprendemos mais sobre nós mesmos e o mundo em que vivemos. Aqui, reconhecemos a possibilidade de servir involuntariamente fins que não significariamos intencionalmente promover, e assim, permanecemos abertos e investigamos novas informações.

Agora, perguntamos, se a comunidade (ou, qualquer sociedade de fato) foi definida dentro de uma série de especificações de design, como seriam estruturadas e o que identificariam?

Atualmente, nossa percepção da comunidade (como

Figura 10. *Representação de alto nível da sociedade; do sistema solar; para a biosfera; para um sistema de informação unificado; aos sistemas integrados da cidade; para uma rede de sistemas urbanos integrados.*

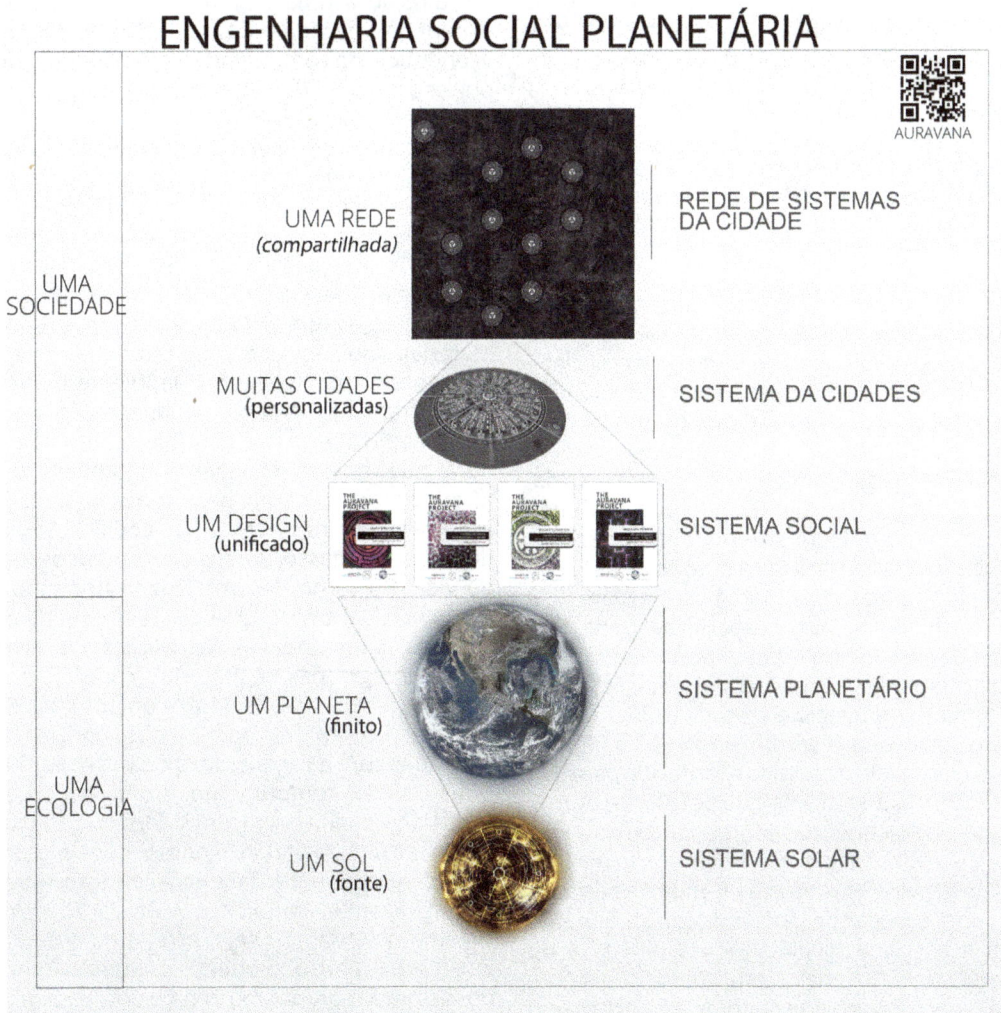

ENGENHARIA SOCIAL PLANETÁRIA

AURAVANA

UMA SOCIEDADE

UMA REDE (compartilhada) — REDE DE SISTEMAS DA CIDADE

MUITAS CIDADES (personalizadas) — SISTEMA DA CIDADES

UM DESIGN (unificado) — SISTEMA SOCIAL

UM PLANETA (finito) — SISTEMA PLANETÁRIO

UMA ECOLOGIA

UM SOL (fonte) — SISTEMA SOLAR

expressão social) envolve a separação projetada do sistema vivo em quatro categorias primárias e interrelacionadas de "especificação do sistema". Do nosso ponto de vista, qualquer sociedade humana, como um sistema de organização da vida com um conjunto de interações ambientais persistentes (incluindo sociais), pode ser dividida nessas quatro categorias de sistemas, ou estruturas de sistemas. Cada uma das quatro estruturas representa um aspecto diferente da sociedade, e para nossos propósitos, de "comunidade". Na comunidade, vemos essas separações como "viewports" (ou seja, janelas) em nosso espaço de informação unificado. Na verdade, você poderia olhar para qualquer sociedade através dessas quatro diferentes viewports, e vir a entendê-la mais muito, e sua influência sobre você. E é aqui, através da especificação do sistema, que podemos projetar e testar o potencial de cumprimento da comunidade - como qualquer sistema, podemos definir seus parâmetros e como ele funciona. Através da especificação, podemos definir a orientação do nosso sistema vivo para (e não longe) de uma maior experiência de realização.

Comunidade representa um significado humano comum (social, decisório, material e estilo de vida) e dentro de nosso propósito social comum para a realização humana global. Os quatro sistemas concebidos que compõem o padrão de especificação do Projeto Auravana para a comunidade são, em nenhuma ordem particular e resumidamente:

NOTA: *Além dos quatro sistemas a seguir, há um plano de projeto completo [sistema] que coordena a execução de um projeto de nível social.*

O padrão de especificação do sistema social descreve a estruturação organizada do ambiente social; estruturação social da comunidade. Um sistema social é um agrupamento de unidades de individuação (unidades de consciência) formando uma rede cooperativa na qual a informação é compartilhada e integrada por meio de uma estrutura. Essencialmente, o sistema social identifica nossos interesses alinhados e o que temos socialmente em comum. É um sistema organizador de navegação social que especifica uma direção, orientação e abordagem para nossas vidas (para nossa experiência socialmente coordenada). Esta especificação detalha o propósito da existência da comunidade (uma direção), seu sistema de valores (uma orientação) e sua abordagem (uma metodologia e métodos). Aqui, esses conceitos, suas relações e entendimentos, são definidos e modelados. O raciocínio discursivo é fornecido para sua seleção, em oposição à seleção e codificação de outros conceitos; e suas consequências são evidenciadas.

O padrão de especificação do sistema de decisão [econômico] descreve a estruturação formal de decisões envolvendo um espaço de informação abrangente que se resolve em uma modificação da dinâmica de estado do ambiente material. Com efeito, o sistema de decisão é projetado para estruturar e coordenar o fluxo de recursos para acessibilidade global a todos os bens e serviços. Um sistema de decisão é uma coleção de componentes de processamento de informações – geralmente envolvendo humanos e automação (por exemplo, computação) – que interagem em direção a um conjunto comum de objetivos. Para navegar em comum, devemos também decidir em comum. Aqui, mantemos um relacionamento com recursos que se concentra no acesso em vez da posse, maximizando as vantagens do compartilhamento e incentivando o interesse cooperativo, em vez de competitivo. Todas as métricas relevantes para a realização humana e o bem-estar ecológico são levadas em consideração na alocação de recursos, otimizando a qualidade de vida para todos, garantindo a persistência dos bens comuns. Os processos de decisão do sistema produzem tarefas que são executadas por uma equipe intersistema (também conhecida como "interdisciplinar") envolvendo o planejamento coordenado e a operação de projetos. Por meio desse processo de decisão abrangente e transparente, sabemos exatamente o que precisa ser realizado para sustentar e evoluir nossa realização. Aqui, por meio de decisões e cooperação formalizadas, podemos reestruturar continuamente a comunidade em direção a uma dinâmica de potencial superior de experiência de vida para todos. Observe que o "sistema econômico" da comunidade é englobado principalmente por seu sistema de decisão – um sistema econômico é um sistema de decisão.

O padrão de especificação do sistema material descreve as estruturas, tecnologias e outros processos que construímos em torno de nós mesmos e em nosso ambiente materializado, em nosso habitat ecológico. O sistema material codifica e expressa nossas decisões resolvidas. Quando uma decisão se resolve em ação, essa ação é especificada para ocorrer no sistema material. Aqui, nosso comportamento influencia o meio ambiente e, por sua vez, o ambiente influencia nosso comportamento [social]. À integração coerente e a visualização aberta dos sistemas materiais é importante para que nossas criações mantenham o mais alto nível de cumprimento para todos os indivíduos. Essa especificação representa a codificação de nossas decisões em nosso ambiente formando nossos estilos de vida em torno de um sistema unificado de serviço de habitat dentro do qual existe uma rede de sistemas urbanos integrados. A visualização e simulação de nossas integrações de materiais conectados é essencial para a manutenção de um conjunto de construções materiais complexas projetadas para se manterem alinhadas com a regeneração do nosso estado de maior potencial de cumprimento. Como tal, o sistema de materiais detalha o que tem sido, o que é e o que poderia ser construído [a partir do nosso modelo de informação] em nosso ambiente. Esta especificação retrata, através da linguagem e símbolos, a visualização e simulação do sistema material (ou seja, a rede de sistemas urbanos integrados). Para qualquer coisa que deve ser construída no sistema material, há uma parte escrita, uma parte de desenho, e uma parte de simulação, que também é como a especificação do sistema material é, em si, dividida.

E, finalmente, o padrão de especificação do sistema de estilo de vida descreve as orientações e interesses comportamentais comuns dos indivíduos entre a comunidade, ao mesmo tempo em que identifica os ciclos aos quais eles entram que compõem o movimento diário em suas vidas. Um estilo de vida é como gastamos nosso tempo; é nosso padrão de vida no mundo expresso por nossas atividades, interesses e compreensões. Essa especificação fornece uma reflexão fundamentada sobre nosso modo de vida, como vivemos nossos valores e as maneiras pelas quais expressamos nossa visão de mundo. Logicamente deriva e discursivamente defende a experiência de vida que todos temos em comum: todos nós participamos de comunidades de prática, todos temos interesses e necessidades, todos nós contribuímos através de nossa participação, todos buscamos a auto-integração e o autodesenvolvimento, somos todos ativos às vezes e inativos em outros momentos, todos nós descobrimos e adaptamos através de nossas experiências, todos nós temos padrões rotineiros de comportamento , e todos nós entramos em um ciclo. Aqui, aprender é algo que fazemos através da experiência de vida e algo que influencia a experiência de vida. Como seria sua vida em uma comunidade onde bens e serviços são abertamente coordenados para serem acessíveis sem a necessidade de qualquer forma de troca? É interessante pensar sobre como um estilo de vida pode ser em uma sociedade orientada para o auto-desenvolvimento e contribuição, e não estratificada pela idade e pelo posicionamento de poder de si mesmo sobre os outros.

Simplificando, essas normas expressam a derivação lógica e o funcionamento técnico de um sistema "comunitário" vivo. Eles são a documentação "viva" a ser usada em sua definição, raciocínio, construção, operação, e duplicação compartilhada. E ainda assim, não são representações estáticas de nada. Adaptamos e evoluímos à medida que observamos e aprendemos mais.

Para nós, há o surgimento da comunidade quando esses quatro sistemas organizadores primários existem em relação harmoniosa, operando juntos de forma conectada e coerente para nossa realização adaptativa e mútua. E assim, quando usamos a palavra "comunidade", estamos nos referindo a um tipo específico de design social, de decisão, material e estilo de vida. Investigamos um tipo específico de modelo de informação social. Investigamos um modelo onde o feedback é contabilizado e as relações são experimentadas como elas são, unificadas e harmoniosas. Aqui, o feedback evolui o espaço da informação, permitindo a geração de um ambiente onde nossos comportamentos e construções possam se alinhar intencionalmente com nossa realização.

Juntos, esses sistemas representam um espaço de informação unificado que descreve o "sistema operacional" de código aberto e livre de uma sociedade do tipo comunidade. Estamos, metaforicamente falando, em uma "era digital" onde podemos reprogramar rapidamente os sistemas ao nosso redor para otimizar nossa realização e distribuir prosperidade de forma regenerativa. Consequentemente, pode-se ver as especificações como a adoção do sistema operacional da natureza aplicado ao nosso florescimento intencional. Também pode ser útil considerar as especificações como algo semelhante ao que os físicos chamam de "TOE", que é uma sigla que significa "teoria de tudo". Para os físicos, um TOE é uma descrição unificada e coerente de toda a natureza. E assim, pode-se também dizer que o padrão de especificação, como um modelo de informação unificado representando a comunidade, representa uma teoria de toda forma de organização humana realizada na natureza, dado o que se conhece atualmente. Certamente, se é uma teoria de uma forma ótima de organização humana, então ela deve explicar o que experimentamos e sabemos.

Para conhecer a realização, viver em plenitude e sustentar a ecologia do nosso planeta, precisamos resolver juntos para a sociedade (como uma comunidade). Assim, o Projeto Auravana propõe uma grande teoria unificada como solução para a realização humana e sustentabilidade ecológica; da mesma forma que os físicos têm um modelo padrão que unifica todos os entendimentos físicos. Um dos objetivos do Projeto Auravana é trazer essa grande síntese unificada de comunidade para a humanidade. Ao fazer isso, a humanidade terá um instrumento de alinhamento acionável, um plano, para uma melhor navegação e como podemos compartilhar o planeta de forma sustentável.

Essencialmente, os padrões de especificação representam nossa descrição e explicação da comunidade como um conjunto de inter-relações comuns e persistentes e integrações que orientam para o cumprimento e são capazes de serem dimensionadas até a população do planeta sem causar instabilidade (devido a imprecisões no design e falta de alinhamento com processos naturais). O sistema em si é escalável e eficientemente duplicado porque reflete a forma como a natureza funciona aos nossos melhores entendimentos. E ainda assim, é importante considerar que a comunidade se desenvolve quando nós, como indivíduos, despertamos para o nosso próprio crescimento e autodesenvolvimento, tendo nossas próprias experiências e provando para nós mesmos o que é verdadeiro e real.

Um sistema social, de decisão, material e de estilo de vida faz parte da experiência cotidiana da humanidade, e se esses sistemas não forem compreendidos ou bem desenhados, então o florescimento da humanidade será significativamente menor do que seu potencial atual (ou seja, a humanidade pode ser deixada perpetuamente desejando). Sob condições sociotécnicas complexas, quando a humanidade é deficiente na compreensão desses sistemas e o que é preciso para prover o cumprimento da humanidade, então naturalmente haverá sofrimento, comportamentos mal-adutores, e des-facilidades. Uma analogia de jardim pode ser usada aqui; pode-se dizer que se um jardim não foi cuidado e cultivado com premeditação e conhecimento, então naturalmente haverá "erva daninha" ou comportamentos equivocados que interferem negativamente e diminuem a qualidade, estética e produção do jardim. Em outras palavras, quando a humanidade se torna deficiente em entender o que precisa dos sistemas que compõem sua sociedade, haverá as ervas daninhas (metaforicamente falando) que diminuem a qualidade de vida e reduzem o florescimento. Ou, dito de uma forma um pouco diferente, quando um ecossistema que fornece a humanidade é perturbado, haverá assoleações (como: "criminalidade", patologia, racismo, etc.) que aparecem entre a população humana. É útil aqui olhar para os agricultores que estão fazendo agricultura regenerativa para descobrir que as as fezes nunca são o problema; as moagens (metaforicamente falando, pensamentos e comportamentos prejudiciais) são os sintomas do colapso da realização, ou mais precisamente, uma deficiência nas estruturas sociais que orientam para a realização humana. Quando a realização está presente, a população humana pode chegar a um estado homeostático (ou hemodinâmico) onde não há oportunidade de desviá-lo o comportamento descontente nesse ambiente, permitindo assim, o florescer da espécie humana na escala de sua população global. Se organizações sociais ruins, más decisões e/ou construções de materiais ruins forem despejadas em uma ecologia natural saudável, então naturalmente haverá um ecossistema insalubre ou desequilibrado (e metaforicamente, as ervas daninhas surgem). Na agricultura regenerativa, as ervas fazem parte da maneira da natureza de regenerar um ecossistema, e na preocupação com sistemas sociais, comportamentos e pensamentos nocivos são um sinal de que algo extremamente importante está sendo perdido no design social. As situações ruins devem ser reconhecidas e entendidas, e não ignoradas, se devem servir e desempenhar seu importante papel na regeneração e restauração de um ecossistema saudável. Há uma progressão passo a passo de observar e reconhecer sentimentos e, em seguida, redesenhar para um florescimento mais ideal, que surge naturalmente em condições saudáveis e condicionamento. Doenças e comportamentos dolorosos são a manifestação de sintomas que encontraram seu nicho em um ecossistema danificado. E, no entanto, eles estão desempenhando um papel na facilitação da mudança de volta ao estado de saúde. No entanto, no início do século XXI, as profissões foram ensinadas a matar e ignorar indicadores essenciais - a polícia e a profissão de justiça foram ensinadas a matar e prender, os médicos foram ensinados a matar e mascarar, e a profissão de autoajuda tem sido ensinada a ignorar sinais como "negativos" e a redirecionar a culpa para subgrupos específicos da população. Nenhuma dessas reações infelizes ajuda a resolver o problema raiz/sistêmico real.

Então, os profissionais prendem todos os criminosos, ignoram toda a negatividade, e então, se perguntam por que ela perpetua ano após ano. Além disso, profissionais do início do século XXI rotulam pessoas e situações de maneiras que mascaram o que realmente está ocorrendo. Em muitos aspectos é uma falta de inteligência no nível social que perpetua este ciclo.

Aqui é onde a ideia de não combater o sistema existente, mas facilitar a experiência de uma forma diferente, torna-se relevante; como diz o ditado: "Construa um novo sistema que torne o existente obsoleto". E lembre-se, um sistema que funciona para todos funciona para nós também.

Karl Marx, e muitos outros, notaram o ideal de uma sociedade onde o dinheiro, a propriedade privada, o Estado e a hierarquia socioeconômica não existem mais, no entanto, ele (e outros) ainda precisam documentar o processo sociotécnico completo e socialmente padronizado, a oncepção e operação de tal sistema em um nível prático. A transição para uma sociedade do tipo comunitário tem sido prevista há muito tempo por muitas pessoas (por exemplo, Edward Bellamy). A humanidade avançou em sua compreensão da comunidade e como elaborá-la ao longo do tempo. Karl Marx e muitos outros começaram a apresentar críticas ao sistema social existente do tipo Estado-Mercado (capitalista), enquanto identificavam as características de um arranjo mais ideal. Os soviéticos e socialistas começaram a trabalhar no cálculo econômico [socialista] (ou seja, planejamento econômico central) e modelagem cooperativa sociotécnica. Os políticos [comunitários] começaram a trabalhar na mudança de política em um esforço para que os padrões da comunidade fossem adotados como método de transição. As indústrias [cooperativas] mundiais começaram a trabalhar na automação mecânica e de processos para substituir trabalhos indesejáveis por projetos melhores. Jacque Fresco, entre outros arquitetos e engenheiros, nos apresentou o sistema integrado de cidade total, a otimização da produção e a eficiência da infraestrutura. Psicólogos sociais, cientistas de sistemas e mecânicos computacionais, entre outros, ajudaram a desenvolver uma suficiência de informações e funcione bem para todos. Por meio de uma organização planejada, transparente e contribuída de pessoas educadas e conscientes, é possível desenvolver uma transição segura para a comunidade em escala social

Então, é nisso que estamos trabalhando, estamos projetando o ideal no agora. Quem não quer uma vida de integralidade e significado, de potencial, propósito e brincadeira, que são diretamente motivacionais e facilitam o acesso a um eu inteiro e integrado? E depois de ter tido algum tempo para considerar a pergunta, então pergunte a si mesmo: "Como é experimentar o fluxo na minha vida diária através da expressão de conexão e integração em cada escala de relacionamento até o maior ecológico e socioeconômico?" Se fluirmos com princípios naturais, podemos até amplificar o que somos capazes na natureza; podemos ficar ainda melhores nisso, e fazê-lo de uma forma que nos mantenha harmoniosos com o mundo natural, para que sejamos otimizados em nosso alinhamento com seu fluxo (ou seja, não estamos lutando contra o fluxo da natureza).

Na comunidade, nos tornamos exploradores, criadores e zeladores. Nossas vidas e criações passaram a envolver a consideração dos ciclos naturais de vida para que possamos construir estabilidade e resiliência em nossos sistemas. A comunidade é um modelo de convivência alinhado com nossos ciclos de vida naturais, um modelo de comunicação e integração bem-sucedidas em todas as escalas de relacionamento. Envolve a construção de um conjunto de relações alinhadas com a natureza para que possamos regenerar a abundância que não pagamos [em qualidade].

Se você fosse andar por aí e experimentar a comunidade, você poderia dizer que ela se sente aberta - uma noção de como as pessoas se tratam de forma aberta, é visualmente atraente e esteticamente agradável, e também que há muitas oportunidades para as pessoas interagirem, descobrirem e crescerem. Simplificando, é um projeto ambiental que nos eleva de todas as formas que sabemos que podemos ser erguidos em torno de uma população de outras pessoas (em um ambiente material). Como tal, é ainda mais experiente como uma coordenação aparentemente sem esforço entre as pessoas para a realização de todos, um lugar onde a sabedoria de todos pode contribuir para todo o nosso bem-estar. E é a partir deste lugar na plenitude de nossas vidas que experimentamos a criação em vez de compensação.

Quando estamos cheios e não insaciáveis, que é a reivindicação da fome e do sofrimento, então podemos ter jogo e liberdade em torno de nossa realização. Quando não nos sentimos cheios no momento, então ficamos continuamente querendo... a próxima compra... a próxima forma de entretenimento... o próximo sistema... a próxima coisa a sair... o próximo lugar para chegar... a próxima "comunidade" para se juntar, o que quer que preencha o vazio que sentimos. Entre as comunidades, no entanto, estruturamos nossa realização através da unificação de nossos padrões de especificação para que tenhamos tempo e espaço para pensar com mais cuidado sobre nossas necessidades, nossos desejos, nossas preferências e, certamente, reconsideração de nossas opiniões. Aqui, nossa suficiência significa que não temos incentivo para tomar sem respeito pelos outros. Se pegarmos o que está ao alcance sem considerar a coordenação [através da especificação] podemos perder a experiência de realização através da sinergia de nossos esforços.

Se fôssemos simplificar isso ao extremo, então poderíamos dizer, "A vida é longa, então vamos todos nos dar bem". Em vez de trocar (crenças e recursos) entre nós por alguma realização, permite projetar um sistema unificado (vivo) para nossa realização.

A parte unificada, aqui, tem reiteração. Se olharmos para a estrutura material, como vamos construir algo

integral. A experiência da comunidade é a integração de elementos externos e internos. Sem uma abordagem holística, não podemos construir comunidade, muito menos garantir que seu design seja escalável, duplicado e atualizado. Há todo um sistema subjacente de identificação, organização e coordenação que compõe a ideia que as pessoas têm em sua mente como um conjunto de arquitetura atraente. As imagens arquitetônicas que podem ter atraído você pela primeira vez para essa direção (como as publicadas pelo Projeto Vênus) são apenas a ponta do iceberg metafórico em causa da construção da comunidade. É importante estar ciente de que há uma decisão socioconômica, e um estilo de vida particular, por trás do surgimento das estruturas materiais e tecnologias que podem ter inicialmente chamado sua atenção. Temos que ir mais fundo em nosso pensamento do que o superficial.

É importante pensar não apenas na especificação do material (que inclui os edifícios, a infraestrutura e todos os outros aspectos materiais/tecnológicos do sistema urbano integrado), mas também a necessidade de organização social, decisão e design de estilo de vida. Há muito mais na criação projetada do sistema que essa direção promove do que apenas sua realização arquitetônica e tecnológica [material]. Um iceberg pode ser uma metáfora útil aqui para ilustrar ainda mais o ponto. A pequena quantidade de iceberg acima da superfície representa a arquitetura e tecnologia do material visível; a enorme massa abaixo da superfície representa o restante da comunidade como um sistema vivo, desde estilos de vida individuais até coordenação social, e algoritmos de decisão (que facilitam a realização de recursos econômicos). A arquitetura material, a parte do iceberg acima da água, é exatamente o que você vê primeiro; e embora sua especificação (ou seja, a especificação do material) seja essencial, sua criação para a negligência das outras especificações (ou seja, o social, a decisão e o estilo de vida) não levará a um projeto seguro e estável da cidade social.

Proporcionar acesso a recursos e tecnologia sozinho não resolverá problemas sociais significativos; há também a necessidade de [pelo menos] re-organização social e re-design de decisões. Precisamos de um modelo de informação recém-atualizado e mais abrangente para viver. Mais tecnologia e abundância material não é necessariamente benéfico quando a estrutura socioconstrutiva de uma sociedade, e o estilo de vida, comprovadamente produz sofrimento. Aqui, temos que prestar atenção ao sofrimento, pois o sofrimento é um sinal de que o projeto de um sistema social vivo está quebrado.

Agora, considere a metáfora do iceberg no contexto de mudança em grande escala ao longo da história. Você tem um monte de gente, algumas das quais são muito temerosas, que decidem que querem mudar o sistema socioeconômico. Então eles fazem; eles mudam o sistema, superficialmente. E agora, possivelmente depois de uma geração ou duas, eles estão de volta de onde começaram. porque essa é a natureza da desconstrução e uma insuficiência na organização auto-integrada. O sistema simplesmente voltou ao que era antes, sob um nome diferente e talvez um conjunto diferente de tecnologias. O medo e a ignorância criaram mudanças, e a mudança não fez nada, então ninguém foi realmente ajudado. Se trabalhássemos de forma integral e inteligente, tanto internamente quanto externamente, provavelmente teríamos uma qualidade de vida mais significativa e de maior qualidade como resultado.

O medo e a ignorância causam um foco nos sintomas, inibindo uma consciência mais profunda das causas e relacionamentos. Podemos facilmente nos tornar parte do problema e não parte da solução quando não vemos a situação de uma perspectiva suficientemente abrangente. A maneira como você se torna parte da solução é trabalhar para se desenvolver em uma expressão de seu potencial mais elevado e também reconstruir seu ambiente em um ambiente de maior realização de todos. Tornando-se uma parte real da solução, não uma parte fingida da solução, ou pior, uma parte do problema simplesmente introduzindo informações mais confusas e medo em um sistema já temeroso. Aqui, é sábio considerar que talvez precisemos de menos ativismo e mais atividade no autodesenvolvimento pessoal e na co-criação [uma especificação] para a realização..

É importante ressaltar que nosso trabalho não é sobre pegar com força as criações dos outros ou incendiá-los; trata-se de criar algo diferente e compartilhá-lo com os outros para que eles possam experimentar e possivelmente perceber que eles também podem re-construir suas criações em direção a uma de maior realização para todos.

3 Visualização da comunidade

Aqui, eu vou dar-lhe apenas um breve gostinho de nossa vida juntos; um gostinho de como a vida poderia ser agora, neste exato momento, se nossos pensamentos e ações se estendessem o suficiente para a nossa própria, e todas as outras, a maior realização. Veja, o futuro acontece através do agora. Assim, quando as pessoas dizem que a comunidade é algo para o futuro, então elas se tornam impotentes para o potencial de criação da comunidade no presente, ao mesmo tempo em que reduzem o provável surgimento da comunidade no futuro real. O Projeto Auravana existe, em parte, para co-criar o surgimento de uma rede municipal socioeconomicamente integrada, na qual indivíduos propositadamente orientados são cumpridos em seu desenvolvimento em direção a um estado de experiência potencial maior para si e para todos os outros.

E se você tivesse a oportunidade de participar da criação e operação de um sistema de vida onde as escolhas mais saudáveis e satisfatórias também fossem as mais fáceis de tomar? Imagine uma cidade (um espaço de convivência) onde é mais agradável andar ou andar de bicicleta, do que dirigir, graças ao layout inteligente e integrado do ambiente físico. Entre a comunidade, enquanto caminhamos pela maior parte do nosso belo espaço cotidiano, experimentamos um sistema socioeconômico vivo estruturado para coordenar decisões, e o fluxo de recursos, para nossa realização. Aqui, experimentamos um design intencional que suporta uma alta qualidade de vida para nós e para todos os outros; é um ambiente onde nossa tecnologia e economia nos servem, não o contrário. É um ambiente onde nossas criações nos proporcionam uma abundância de acesso à vida enriquecendo oportunidades, mantendo uma estrutura de apoio para viver vidas melhores - vidas alinhadas com o desenvolvimento do nosso verdadeiro potencial. É um ambiente que atrai o melhor de cada indivíduo; ele nos fornece a energia da felicidade, do bem-estar e do amor profundamente sentido um pelo outro e pelo nosso universo. A comunidade é tão projetada que oferece grandes oportunidades para exploração externa, bem como o espaço para irmos para dentro e experimentarmos nosso ser universal. Aqui, nossas decisões e ações se misturam em uma direção proporcional ao nosso maior potencial. E ainda assim, criticamente, ainda permanecemos cientes da possibilidade de cair em rotinas que desenham os piores tipos de pensamento e comportamento. Na comunidade, escolhemos intencionalmente padrões que facilitam maior realização, e usamos nossa inteligência para deixar de lado essas rotinas que poderiam nos fazer cair em padrões que restringem nossa empatia e alegria na vida. À medida que avançamos através de nossa comunidade, há amor, luz e inteligência nas expressões que criamos e nas estruturas às quais entramos. Imagine um estilo de vida e um conjunto de sistemas tecnológicos que melhoram, e não suprimem, nossas próprias habilidades. A comunidade oferece, e usarei uma palavra forte aqui, uma compreensão "correta" de como todos nós podemos viver vidas melhores. E, muitos experimentos psicossiciológicos contemporâneos e achados epidemiológicos estão mostrando o grau em que estão corretos.

Imagine a aparência física da comunidade como um sistema urbano sustentável e integrado projetado especificamente para funcionar para o cumprimento de todos. Esta é uma cidade que está continuamente atualizada com nosso conhecimento sobre como todos nós poderíamos viver de forma mais otimizada, enquanto nossas forças inerentes e individuais. Experimentamos um espaço onde o conhecimento é aplicado para o bem-estar e benefício de todos. Muito do trabalho nesta cidade tem sido automatizado para liberar tempo para os indivíduos perseguirem suas paixões e interesses maiores. Aqui, a automação e a tecnologia são integradas inteligentemente a um design socioeconômico holístico global, que funciona principalmente para otimizar a qualidade de vida de cada indivíduo.

Quando começamos nossa jornada por esta cidade, através da comunidade, você passa por outros e percebe que as pessoas estão sorrindo e repletas de prazer entusiasmado pela vida. Você percebe que é um forte senso de coesão social e vínculo, mesmo entre aqueles que você não conhece pessoalmente. Há um sentimento de união na atmosfera. Aqui, vivemos de maneiras que ajudam a nós mesmos e aos outros para melhor. Temos uma consciência de que tipo de sociedade estamos lentamente construindo. Nossa visão de mundo é aquela que apoia nossa própria evolução e nos ajuda a nos tornarmos seres humanos melhores; não é uma visão de mundo complacente. Quando outros em nosso ambiente estão se sentindo deprimidos, ou não fazendo nada construtivo com suas vidas [além de cuidar de sua própria propriedade], então vemos isso como prejudicial para todos. Na comunidade, reconhecemos que temos uma qualidade de vida mais rica com vizinhos saudáveis, felizes e educados; florescemos quando temos uma população bem informada com uma abundância de oportunidades de descoberta, auto-desenvolvimento e contribuição.

Na comunidade, nosso pensamento sobre como podemos viver uma vida mais otimizada é semelhante para cada indivíduo, em grande parte porque todos temos acesso ao mesmo espaço de informação unificado, incluindo detalhes sobre quais recursos temos disponíveis e o que cada um deles exige individualmente.

Nosso modelo de informação unificada é informado por todas as entidades, informa todas as entidades e orienta todas as criações para o nosso maior cumprimento. Todos compartilham um modelo de informação comum e coerentemente unificado que direciona e orienta suas vidas; mesmo que, diariamente, possamos ter propósitos e objetivos individuais muito diferentes. Podemos ter interesses diferentes, mas quando nos reunimos como comunidade, compartilhamos uma direção unificada, orientada e abordada à vida (ou seja, navegamos em comum -- temos um espaço de navegação comum). Buscamos superar as diferenças e trabalhamos cooperativamente. As cidades em comunidade são desenvolvidas através das contribuições e decisões dos próprios indivíduos.

Figura 11. *Motor de jogo (simulação 3D) de um sistema urbano integrado circular. Esta imagem retrata várias circulares na cidade.*

É importante ressaltar que as divergências na forma como navegamos provavelmente criarão animosidade e conflitos, e assim, mantemos um espaço aberto, coerente e bem informado que usamos para estruturar nossas vidas juntos. Reconhecemos que nossos valores e entendimentos precedem toda a aplicação técnica, e que a integridade de nossos valores e entendimentos são tão bons quanto o quão alinhados eles estão com nosso campo de vida da necessidade humana, que faz parte do ponto comum que todos compartilhamos. Entre a comunidade, vivemos e nos comportamos de maneiras que são realmente importantes para nós; nossos entendimentos, valores e comportamentos são consistentes [e emergentes]. Aqui, reconhecemos que, embora tudo esteja interconectado, no momento, nem todos podem estar trabalhando em direção ao mesmo objetivo pessoal, e assim, criamos estruturas suficientemente flexíveis para permitir a expressão de nossos interesses individuais.

Imagine uma visão da sociedade que levou nossos entendimentos das relações existentes para o próximo nível, e é construído com a compreensão de que estamos inter-relacionados até nossa essência. Mantemos (pode-se dizer) uma consciência cultural que se baseia em um reconhecimento válido das leis da natureza às quais estamos todos vinculados. Usamos o que a natureza nos dá, que é tudo o que podemos fazer. Nossas decisões não são sobre quem está certo e quem está errado, nem estão preocupados com lucro e perda; em vez disso, envolvem uma visão holística dos dados, e são sobre o que funciona e não funciona para nossa sobrevivência e florescimento. Percebemos o mundo como maleável, e é nosso trabalho diário, nossa intenção proposital, e nosso estilo de vida que o organiza de uma maneira que nos torna todos melhores, ou piores. Agora, ao ver os outros seguirem suas vidas diárias, você sente o abraço de um ambiente familiar; uma lembrança de algo há muito esquecido entrelaçado com a arquitetura mais agradável, oportunidades enriquecedoras e ambientes naturais. Somos seres naturais e viemos desse cenário. Só faz sentido que quanto mais construirmos em alinhamento com os processos naturais, e passarmos tempo na natureza, melhor será. Assim, imagine uma cidade em que o cultivo de alimentos e a beleza natural são integrados em todos os espaços disponíveis e desejáveis. Nesta cidade não há "locais nobres"; em vez disso, todo mundo tem acesso a uma localização privilegiada. Aqui, caminhamos pelo nosso ambiente vivo e escolhemos livremente uma variedade de alimentos saborosos e nutricionalmente densos sem se preocupar com a poluição e outros resíduos tóxicos. Observe que colhemos alguns de nossos próprios alimentos, enquanto também temos serviços automatizados que fornecem precisamente o que precisamos. Semelhante à experiência de nossos ancestrais na natureza, a diversidade dietética é igual a suficiência alimentar. Em outras palavras, e relativamente falando, quanto mais diversificados comemos, mais chances de extrair a nutrição de que precisamos.

À medida que continuamos nossa jornada pela cidade, você olha para fora e nota uma sensação de amplitude, bem como o uso altamente eficiente e simbiótico desse espaço. Essa experiência pode ser contrastada com a sociedade do início do século XXI, cujas construções são focadas em limites, o que é muito diferente de como uma paisagem natural é vista. No início do século XXI, a necessidade constante de avaliar onde se pode e não pode ir tem um forte impacto sobre a psicologia dos indivíduos nela, e muda a maneira como se pensa, sobre tudo. Alternativamente, quando nos reunimos para compartilhar nossa realização, dissolvemos essas fronteiras [artificiais] em direção ao benefício de todos, pois se elas permanecessem, percebemos que criariam desarmonia para todos. Percebemos que há uma relação entre nossas estruturas conceituais e materiais, e nosso bem-estar e estilo de vida. Pense em uma cidade em que todos os bens e serviços sejam gratuitos, como na natureza, para que não fiquemos constrangidos (limitados) pelo abstrato intangível conhecido como "dinheiro", e, portanto, desconectados em nossa capacidade de sentir com precisão e responder adequadamente aos sinais ambientais. Aqui, compartilhamos informações, produtos, projetos e outros recursos, livremente e sem restrições. Considere como seria a vida se nem você, nem ninguém ao seu redor, estivesse preocupado com dinheiro (o que fratura as relações e a cognição de tantas pessoas). Se as pessoas têm acesso às necessidades da vida, elas não "roubam", e o "crime" (como é conhecido na sociedade do início do século XXI) torna-se quase inexistente. Entre a comunidade, buscamos melhorar o que temos e compartilhamos nossas melhorias com os outros. Além disso, entendemos que existem recursos limitados, e que podemos otimizar o uso desses recursos em benefício de todos. Considere isso: se todo o dinheiro do mundo desaparecesse de repente, mas o petróleo superior, as instalações de produção e outros recursos foram deixados intactos, poderíamos construir qualquer coisa que escolhemos para construir e satisfazer qualquer necessidade humana. Não é dinheiro que as pessoas precisam, mas o acesso às necessidades da vida (sem ter que apelar para uma figura de autoridade). Ou, pense dessa forma, existem soluções técnicas e recursos suficientes para resolver todas as necessidades e problemas do mundo [real], mas não há dinheiro (ou vontade política) suficiente no mundo [artificial] que a sociedade do início do século XXI criou para implementá-los. Não é o dinheiro que nos permite fazer coisas.

A noção de que as coisas são "livres" na comunidade é uma espécie de equívoco, porque não há dinheiro na comunidade. O dinheiro é uma construção social, não há nada como isso na natureza, não há referência física. A crença das pessoas nisso são os meios e os fins. Além disso, dinheiro não é nada que você possa usar na mão. É o potencial (um potencial controlado e limitado) para conseguir o que você precisa, e assim, as pessoas querem manter esse potencial entre si, ou apenas alguns indivíduos muito próximos. Eles vão acumular o dinheiro em si como um recurso (que é amplamente conhecido por ocorrer quando as culturas indígenas são forçadas a usá-lo). Então, eles começam a acumular outros recursos que podem ter valor monetário. Quando se vive em uma sociedade capitalista, só faz sentido acumular coisas que poderiam ser convertidas em dinheiro. O compartilhamento quebra, e começamos a notar uma perda de contentamento e uma perda de felicidade, enquanto uma perda de significado e identidade núcleo [na vida] começa a emergir, então nepotismo e hierarquia. Aqui, o dinheiro em si se torna um recurso reivindicado, e não é possível sustentar a comunidade quando algumas pessoas acumulam recursos. Na verdade, a comunidade emerge em um mundo onde tudo foi coordenado para ser acessível sem a necessidade de troca.

Na sociedade do início do século XXI, as pessoas estão constantemente sob a ameaça de perder o acesso devido a uma redução na reserva monetária ou na renda, o que muitas vezes significa a perda de sua propriedade e uma redução em seu poder de compra de acesso (ou seja, seu "poder de compra"). Devido à necessidade de pagar continuamente pelo acesso, os concorrentes exigem uma reserva contínua de dinheiro e/ou fonte de renda monetária. Em geral, estão em constante estado

de medo de perder aquilo a que atualmente têm acesso (como proprietários e como consumidores). Assim, eles são incentivados a coletar e acumular recursos. Lembre-se, e isso é muito importante, a comunidade não pode ser sustentada quando algumas pessoas acumulam recursos. Na comunidade, como na natureza, não custa dinheiro viver e prosperar. Na sociedade do início do século XXI, os seres humanos são os únicos seres que pagam para viver no planeta. Em vez disso, na comunidade, os bens e serviços da mais alta qualidade são coordenados para serem acessíveis a todos sem a interferência de troca, dinheiro, escambo ou servidão de qualquer tipo. Queremos que todos tenham acesso ao que precisam sem o ônus de seguir os ditames de uma autoridade ou comprar, manter e garantir o que estão acessando. Considere um estilo de vida em que não precisamos (ou seja, não somos coagidos a) nos envolver em trocas materiais ou comportamentais, ou pior ainda, agradar, para florescer. As cidades em comunidade são povoadas por pessoas que não precisam manter uma carreira para sobreviver e manter o acesso a tudo o que a humanidade tem a oferecer. Nunca haverá emprego suficiente para todos na Terra "ganharem" dinheiro suficiente para satisfazer suas necessidades, mas há recursos suficientes se planejarmos e coordenarmos

Figura 12. *Modelo de referência em camadas para especificação de um sistema social, uma analogia de iceberg.*

ESPECIFICAÇÃO DO SISTEMA SOCIAL (ANALOGIA DE ICEBERG DE REFERÊNCIA EM CAMADAS)

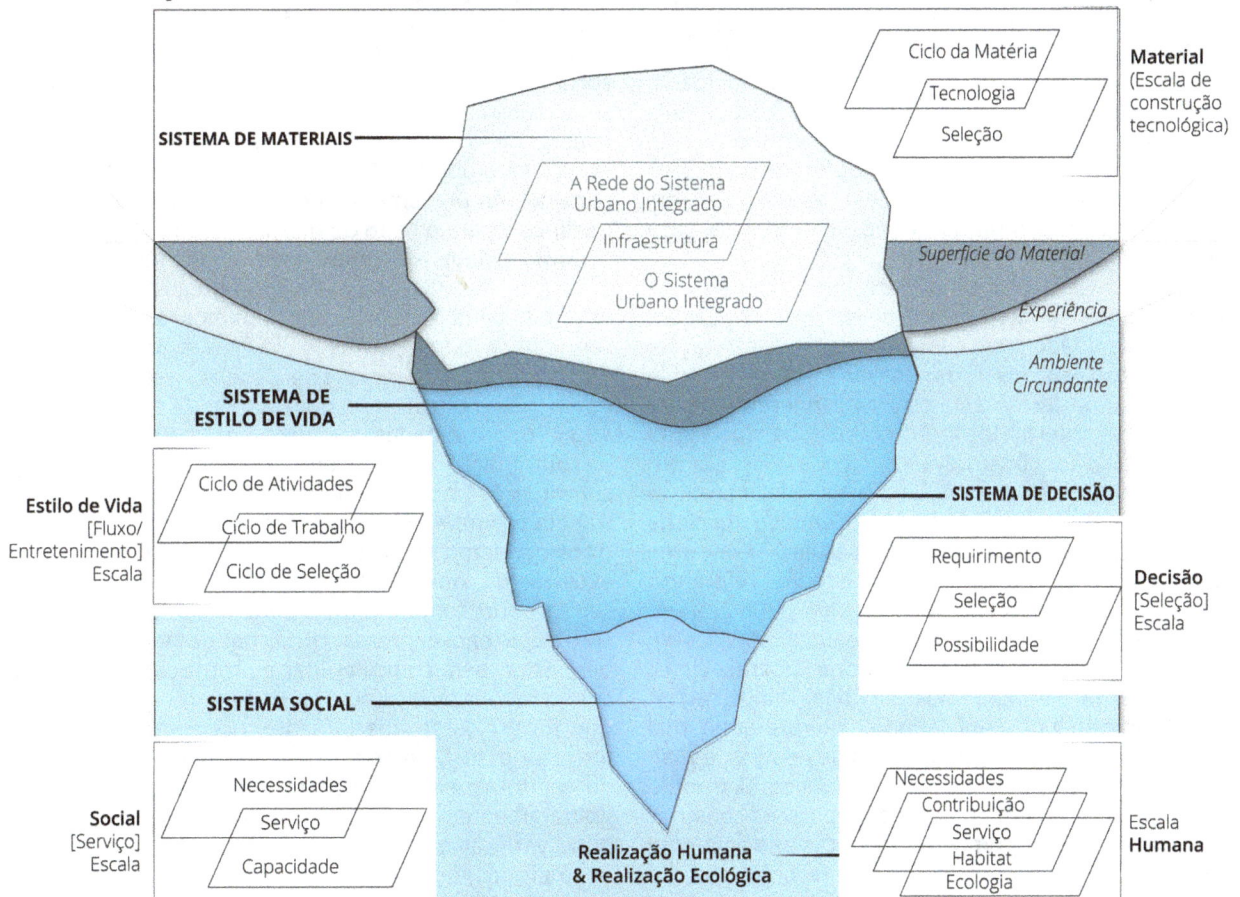

nossos esforços. Aqui, nossa motivação para fazer as coisas da vida é intrínseca (ou seja, de dentro para fora, a satisfação de nossas necessidades) e não extrínseca (como a recompensa monetária que se obtém por ter uma carreira ou a punição que se evita por não seguir ordens).

Aqui na comunidade, não melhoramos para melhorar nossa carreira; nós melhoramos para nós mesmos, para nossos outros significativos, e para todos na comunidade. Nossos objetivos e aspirações não são mediados por dinheiro, e assim, temos uma visão mais direta sobre a vida, e sobre o que é importante para nós.

Manter uma carreira significa que é preciso estar "certo", ou pelo menos parecer para os outros como sendo certo. Se você está certo e eles estão errados, então eles não são mais líderes no mercado (ou seja, o jogo global competitivo), que é muito ameaçador para as pessoas na competição, e certamente, ameaçando suas carreiras. A competição socioeconômica convida a desafios e abre um caminho para vantagem sobre os outros. Tal dinâmica incita conflitos, e o conflito traz catástrofe para ambos os lados. Na comunidade, uma vez que nosso estilo de vida (nosso "sustento") não depende de estar certo e manter uma vantagem competitiva, temos mentes mais abertas e ativas, o que permite uma maior clareza de pensamento e expressão da ciência (ou seja, descoberta) em sua essência. Então, pergunte a si mesmo: "Como seria um estilo de vida quando não adulterado pela necessidade de obter algum tipo de vantagem de mercado sobre um concorrente, ou simplesmente por causa do lucro?

Empregos são para máquinas. Na comunidade, onde a maioria dos esforços trabalhosos é tratada pela tecnologia, somos livres para adquirir um conhecimento mais profundo de nós mesmos e do universo (temos tempo e acesso para verificar o que os outros afirmam), o que facilita uma situação de vida harmoniosa para todos.

Quando o viés autoritário e de mercado não está presente, então a ciência representa uma linguagem sem ambiguidade e com pouca interpretação. Sua aplicação ao nível da nossa socioecononomia representa uma ferramenta técnica e referencial para reduzir a má interpretação entre pessoas que estão em comunicação construtiva. A ciência nos dá um "projeto" metódico que é igualmente interpretável em todo o mundo- o vocabulário científico funciona em todos os lugares. No início do século XXI, há uma abundância de má interpretação e nenhuma referência do mundo real para a linguagem. A ciência nos dá um método para resolver problemas e uma abordagem possível de como podemos melhorar nossas vidas. Imagine como seria a vida se não estivéssemos constantemente nos confundindo, interpretando mal as intenções e comportamentos uns dos outros, e mal-entendidos nossos desejos mais profundos. Sem uma linguagem comumente precisa, não é possível construir estruturas eficientes, complexas, técnicas e socialmente significativas? Assim, na comunidade, reconhecemos o

que podemos realizar quando nos aproximamos da vida com rigor semelhante.

Vamos continuar nossa jornada e agora começar a imaginar como seria a vida se todos não tivéssemos que competir uns contra os outros pelo acesso à vida servindo recursos e oportunidades enriquecedoras de vida. O que está disponível para nós através da sinergia de nossos esforços é maior do que o que está disponível quando competimos. E, isso é algo que todos nós entendemos, é uma das razões pelas quais viemos participar da comunidade, em primeiro lugar. Assim, ao olhar para a cidade, você nota a eficiência, a harmonia pela qual atendemos todas as necessidades, desejos e preferências humanas. Alimentos, energia, transporte e produção, por exemplo, têm a eficiência como prioridade central em seus projetos, o que é uma necessidade para a sustentabilidade de sistemas tecnológicos complexos. Nossas construções são projetadas para atender às nossas necessidades da melhor maneira possível com o menor uso de recursos e esforço. Fazemos o máximo possível, com o mínimo possível, e o que criamos é altamente durável, e ainda assim, altamente atualizável. Por outro lado, em um sistema monetário, tais projetos são geralmente muito caros. Os custos de tentar criar uma cidade sustentável e eficiente dentro de um paradigma com fins lucrativos são simplesmente muito altos, o que é uma das razões pelas quais não vemos uma única cidade otimizada para o bem-estar humano no início do século XXI. Há muito pouco que seja sustentável na forma como as cidades no início do século XXI são projetadas, ou os valores sociais orientados ao dinheiro, que foram adotados por seus eleitores.

Pergunte a si mesmo: "Como é a sustentabilidade na prática se o objetivo é ter cidades que funcionem bem para nós no presente sem causar problemas para nós mesmos e para o resto do mundo no futuro?"

Como cidade, a comunidade é um lugar em que todas as tarefas (ou seja, "empregos") realmente valem a pena fazer. Todos sabemos o que precisa ser feito, e participamos da continuação e evolução da comunidade sempre que desejar. Nosso tempo é nosso, não é estruturado por uma figura de autoridade. Aqui, oportunidades de acesso, auto-crescimento e contribuição estão sempre presentes. E nossas contribuições nos beneficiam diretamente, em vez de trabalhar em benefício direto de outra pessoa. Todo o trabalho (como esforço aplicado para a continuação e evolução da comunidade) é relevante, e cada um possui seu próprio tempo. Como seria viver em um lugar construído para expressar condições de interesse em seu bem-estar, bem como facilitar a preocupação empática com o bem-estar dos outros? Pode parecer uma cidade que foi projetada abertamente, por todos nós, e por todo o nosso bem-estar. A cidade que você vê antes de ser totalmente de código aberto e compartilhada gratuitamente - qualquer pessoa pode contribuir, e pode verificar o trabalho de outros para garantir que os métodos (e projetos) mais eficientes e eficazes estejam sendo usados. O resultado de nossa forma de vida abertamente originada é que há a maximização de nossa qualidade de vida potencial, e nem acumulação nem luta pela propriedade.

Na comunidade, a tecnologia é usada avançando a humanidade de forma positiva. Nós projetamos sistemas que libertam nossa população de todo o trabalho banal e servidão humana. Além disso, projetamos tecnologias para garantir sistemas sustentáveis e regenerativos. Não há externalização dos "custos" (ou seja, ações) de viver em outras de classe socioeconômica mais baixa ou no meio ambiente. Em parte, é claro, isso ocorre porque na comunidade não há classes socioeconômicas. Reconhecemos os danos causados pelo quadro monetário na externalização dos problemas estruturais. Racionaliza esses problemas como originados de uma pessoa, lugar ou coisa, como o desemprego por causa de "pessoas preguiçosas", roubo e dano como ação dos "corruptos", e desequilíbrios de oferta e demanda no mercado que não sejam o próprio mercado. No início do século XXI, observe como não há conversa dentro do quadro monetário que se examine como o gerador de causa raiz de desfechos sociais e ambientais negativos. Visualize a aparência física de uma cidade em que nem o mercado nem o Estado foram codificados e, portanto, não há nem receita nem tributação. A vida moderna envolve (e, para a maioria das pessoas que requer) a propriedade, e há impostos e outras taxas que acompanham essa propriedade.

Para ter acesso, esse tipo de arranjo socioeconômico requer ter um emprego para pagar as coisas, ou se tornar uma aba de outra pessoa que paga por essas coisas. É claro que as cidades do início do século XXI, consequentemente, parecem e se sentem muito diferentes do que fazem na comunidade. No mercado-estado, as cidades são produtos e as pessoas dentro delas têm pouca escolha a não ser trabalhar para um chefe, receber esmola, ou morrer de fome. Estranhamente, há um segmento dessa população que acredita ter algo que eles chamam de "liberdade de escolha". O que eles realmente têm é a ilusão de escolha, pois as opções a partir das quais podem "escolher" já foram decididas pela estrutura do próprio sistema e pelos "tomadores de decisão" mais acima na hierarquia socioeconômica; e, essas opções pré-selecionadas são inescapáveis se a sobrevivência for desejada.

Na comunidade, não há comércio, comércio econômico ou troca de bens, classes socioeconômicas ou hierarquia, política, burocracia, polícia, prisões, lixo, pobreza, falta de moradia e congestionamento. Ao chegar à comunidade da sociedade do início do século 21, há uma sensação de alívio que essas coisas que mantiveram o potencial da humanidade por tanto tempo não estão mais presentes. E ainda, a comunidade cria uma cidade onde crianças e adultos brincam ao ar livre com segurança a qualquer hora. Ao considerar tal espaço, sinta a ausência, novamente o alívio, de não ter nenhuma publicidade ou marketing presente, seja no seu espaço físico ou digital. Sinta a liberdade, aqui, da constante promoção do consumo e dos ditames autoritários. Não há vigilância ou desinformação, que estão presentes em quase toda parte nas cidades na sociedade do início do século XXI. E, no entanto, a cidade parece lindamente mantida, é projetada de forma inteligente e, ao passear, você não precisa se preocupar em andar na grama ou em outras superfícies que foram pulverizadas com várias substâncias mortíferas, como pesticidas e herbicidas. Imagine não ter que lavar os poluentes industriais de sua comida ou filtrar pessoalmente sua água para remover produtos farmacêuticos, subprodutos comerciais, como fluoreto de sódio e outros contaminantes industriais. Entre a comunidade, temos um ditado: "Sistemas são o que eles produzem, não o que desejamos que eles produzam."

Figura 13. *A integração dos quatro subsistemas sociais dentro de um abrangente.*

Sistema Social

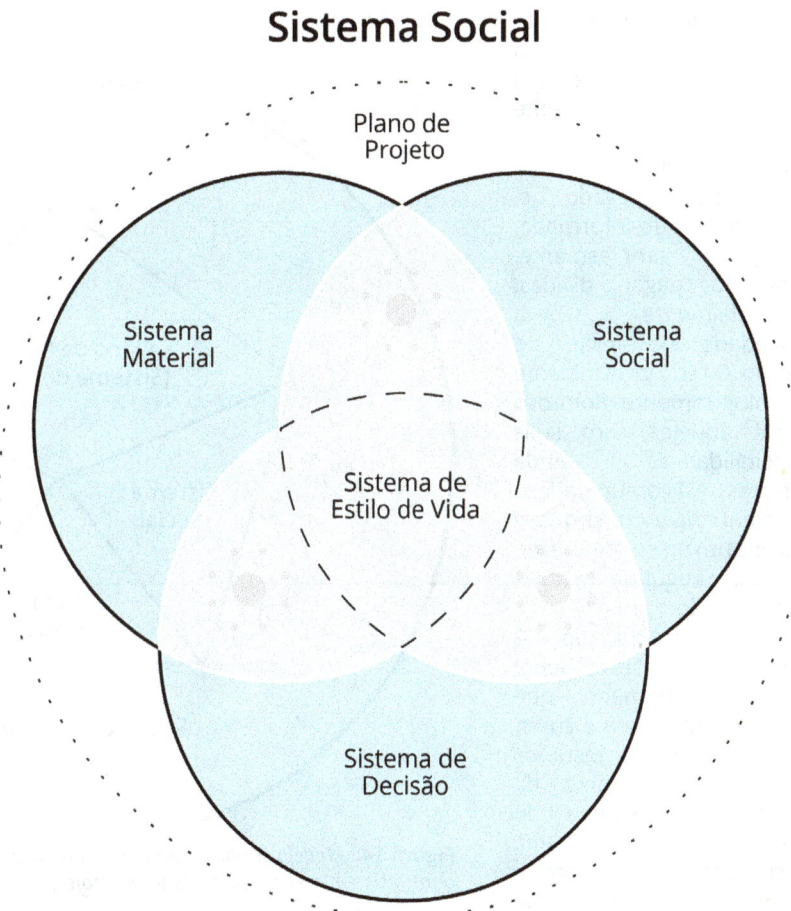

Indivíduos no início do século XXI a sociedade tornou-se habituada ao constante estímulo do comércio e da publicidade, que desgasta suas sensibilidades às suas próprias necessidades e ao seu ambiente. Imagine a experiência da vida na cidade sem lixo, ou ruído e poluição luminosa. Com o tempo, essa poluição nos faz desligar dos estímulos ambientais. O ambiente continuamente hostil da sociedade do início do século XXI faz com que as pessoas não queiram sentir seus insumos sensoriais. E, essa é a coisa mais estranha de se imaginar, que você tem que parar de perceber seu ambiente para se manter são. É claro que a poluição luminosa na sociedade do início do século XXI afeta o sono das pessoas, seus ritmos circadianos, e isso as impede de ver as estrelas, o que de outra forma lhes proporcionaria uma conexão noturna com o universo maior. Entre a comunidade, não sentimos a necessidade de entorpecer nossos sentidos. Também não criamos intencionalmente um ambiente hostil que nos repreença continuamente a agir de maneiras que não são do nosso interesse, vendendo-nos mais do que precisamos, vendendo-nos alimentos que causam doenças, ativamente tentando fazer ou nos persuadir a ser insalubres, ao mesmo tempo nos forçando a competir contra outros seres humanos pelo que foi disponibilizado. Como humanos, temos uma profunda necessidade de acreditar que os rostos sorridentes na televisão têm nosso melhor interesse no coração, ou o rosto sorridente de um médico em um hospital que está prescrevendo tratamento está fazendo isso de uma maneira holisticamente informada para o nosso melhor interesse, e não sobrecarregado e, portanto, sub-informado, ou simplesmente, tentando pagar dívidas. Essencialmente, a sociedade do início do século XXI cria um ambiente psicologicamente doloroso [para aqueles com suas sensibilidades ainda intactas]. Na comunidade, o ambiente vivo em si quase parece um único organismo com auto-regulação e auto-recuperação.

A comunidade é semelhante (a este respeito) ao corpo humano, que quer se sentir bem e curar, mas precisa dos insumos corretos, bem como da interferência mínima do que é maligno. É uma sociedade tão eficiente e com cuidado organizado que parece que cuida de si mesma.

Nossa cidade comunitária emprega o método científico, prioriza a eficiência ao longo de seu projeto, possui uma estrutura social cooperativa versus competitiva, é de alta tecnologia e altamente automatizada, e é resultado de uma abordagem de sistemas na gestão de sua complexidade. É uma plataforma que beneficia o mundo para o avanço sustentável da humanidade. Aqui, podemos nos perguntar, como seria a sociedade se herdasse as propriedades do universo que vemos como sua incrível harmonia, matemática e auto-organização? E, como seria se nossa intenção de sua criação fosse benéfica para o indivíduo, de benefício para o social, e de benefício para o planeta (e até, possivelmente, o próprio universo)?

Agora, à medida que nos afastamos de um desses sistemas integrados da cidade, vemos um retorno à natureza antes que uma rede dessas cidades apareça em formação geométrica, estendendo-se muito longe à distância. Quando uma cidade atinge um certo tamanho, paramos e deixamos tudo voltar à natureza entre esta e a próxima cidade; não há expansão urbana. Aqui, cada cidade faz parte do nosso sistema comunitário unificado, e conectada através do transporte rápido em massa. Agora, considere uma rede dessas cidades através da qual compartilhamos a Terra viva que perpetuamente nos cerca. Tal vida é mais do que viável se considerarmos todos os recursos da Terra como a herança comum

Figura 14. *Modelo simplificado mostrando o ciclo de operações em relação aos quatro sistemas sociais e o plano do projeto.*

de todas as pessoas do mundo, e coordenamos inteligentemente nosso uso deles através de um conjunto compartilhado de especificações [de código aberto e compartilhados livres] para que todos nós estivéssemos melhor. Vemos continuamente a notável quantidade que todos temos em comum em virtude de sermos a mesma espécie no mesmo planeta. Imagine a comunidade se materializando em uma rede de cidades sem restrição de viagem, e onde todos os serviços e comodidades são gratuitos para todos, sem qualquer exigência de troca. Experimente-se viajando dentro de uma rede de (geralmente) cidades circulares, totalmente sustentáveis, orientadas ao acesso, construídas para aqueles que estão ativamente engajados em viver sua vida ao máximo.

Habitantes de todas essas cidades se vêem como uma família humana. Podemos visivelmente, em nossa aparência exterior, parecer diferente em tamanho e cor da pele, e podemos estar posicionados geograficamente em diferentes áreas da terra, mas tratamos e compartilhamos e cooperamos uns com os outros como uma família saudável faria isso na sociedade do início do século XXI. Algumas cidades da rede podem ser compostas unicamente de indivíduos de uma única raça (cor da pele ou grupo étnico), mas isso não nos separa. Entre as comunidades, não estamos mentalmente nem socioeconomicamente divididos por classe, nação,

gênero, cor da pele, etnia ou crença.

Por que toda a humanidade não merece acesso a tudo o que a humanidade tem a oferecer? A qualquer momento, podemos revisualizar, e depois re-construir, nosso sistema vivo. Neste momento, poderíamos começar a reformar esse modelo de informação, aquele sistema operacional, que compartilhamos em nossas mentes e codificamos em nosso ambiente através de mudanças em seu material, e agora digital, estrutura.

O que vemos ao nosso redor é uma expressão da consciência daqueles que vivem aqui agora. Juntos, podemos reconstustrir o ambiente do nosso presente em direção a uma visão mais satisfatória. Podemos ajudar os perdidos na ilusão, a ver o que é a realidade mais claramente. Em essência, a criação da comunidade envolve a revisualização e a recodificação do ambiente ao nosso redor para melhor nos servir, nosso bem-estar e a saúde do ambiente ecológico.

Quando olhamos dessa maneira, vemos que a sociedade é uma representação de todas as nossas percepções e entendimentos codificados em nosso ambiente, e não tem vontade própria. A sociedade depende do que fazemos dela, e por que e como a construímos. Além disso, nosso único caminho para corrigir quaisquer falhas em nossa sociedade é por meio de nossas próprias percepções e entendimentos, e nossa vontade de representá-los claramente para

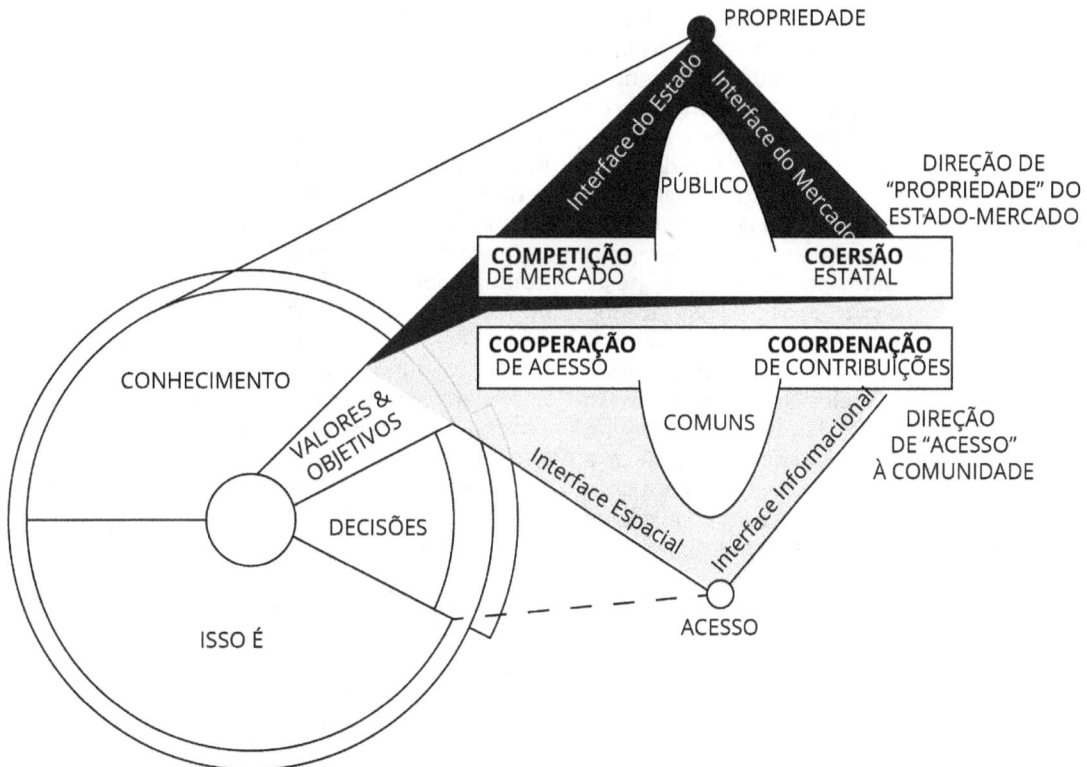

Figura 15. *Representação de alto nível do modelo comunitário do mundo real, dentro do qual existem dois tipos diferentes de estados de valor (como posições contrastantes/opostas em um circumplexo de valores). Esses estados de valor tornam-se codificados no ambiente material e, novamente, no ambiente social, por meio de decisões. Estados de valor codificado de forma diferente orientam em uma sociedade em diferentes direções.*

todos verem. Que é o que as equipes e grupos de trabalho estão fazendo com os padrões de especificação para uma sociedade do tipo comunidade (ou seja, eles estão procurando entender melhor e operar uma sociedade melhor). Essas especificações são nosso modelo de informação para a comunidade que estamos compartilhando com o mundo e usaremos para reconstruir nosso ambiente em direção a um maior florescimento para todos. De muitos modelos possíveis, entre a comunidade, selecionamos o ótimo até agora, dado o que se sabe.

Só podemos reorganizar a estrutura raiz do nosso sistema socioeconômico juntos. E honestamente, é bom saber que estamos todos juntos nisso; nem um nem outro, mas juntos. Podemos ajudar um ao outro a realizar nosso verdadeiro potencial. Podemos sinergizar nossos esforços sociais e econômicos em direção a uma abundância no acesso a oportunidades e experiências que facilitem nossa realização e florescimento neste planeta. Quando construímos comunidade, temos essa comunidade também. Podemos fazer e ter coisas mais agradáveis, quando pensamos através de nossos problemas até sua raiz e trabalhamos juntos em direção comumente benéfica. Construir comunidade não se trata apenas de construir serviços regenerativos e tecnologias sustentáveis, mas também de construir a união entre indivíduos que estão despertando para suas próprias habilidades de integrar, conectar e adaptar-se à vida orientada para a prosperidade de todos. A comunidade é benéfica para todos, e a beleza dessa consciência é que ela incorpora uma nova estrutura de incentivo que facilita o verdadeiro progresso da humanidade. Eu gostaria de deixá-lo com um pequeno exercício mental.

Imagine a melhor e mais brilhante, a vida mais agradável e satisfatória que puder? Como seria sua versão satisfatória do presente? Imagine como as pessoas interagem entre si; imagine a arquitetura e as atividades que você está participando agora. E, neste presente gratificante, o que você vê as pessoas fazendo diferente em suas vidas, especialmente em suas vidas diárias? Sinta as amizades familiares próximas que você compartilha com tantos daqueles que também estão imaginando este mesmo ou similar, brilhante e bonito presente, agora. Pare, tire um momento e se faça a seguinte pergunta: O que posso fazer agora para criar uma vida mais gratificante para mim e para aqueles que amo nos próximos dias, na próxima semana, no próximo mês, e nos próximos anos?

4 Tipos contrastantes de sociedades

A fim de esclarecer mais sobre o que queremos dizer com a palavra "comunidade", pode ser útil fornecer algum contraste adicional entre o que é, e não é, comunidade. Através da discussão a seguir, a estruturação fundamental da comunidade deve vir mais à vista, e ser vista no pano de fundo da estruturação muitas vezes confusa e altamente dividida na sociedade do início do século XXI. O Projeto Auravana existe, em parte, para co-criar o surgimento de uma estrutura socioeconômica que facilite um mundo onde vivemos em harmonia uns com os outros e em equilíbrio com a Terra. Esta é uma estrutura que mantém nossa realização desejada à medida que nos desenvolvemos em direção a uma dinâmica potencial de vida maior para nós e todos os outros. O resultado de nossas integrações e esforço aplicados a esse objetivo é uma série de especificações de design a serem utilizadas na construção, operação e evolução contínua do que chamamos de "comunidade".

Considere o seguinte, quando você está andando na natureza como um indivíduo inteligente que explorou seu universo tanto quanto nós fomos capazes, essa natureza comunica a você um projeto? Através do teste de nossa experiência de eventos no mundo probabilístico podemos vir ver sua organização, sua padronização. E fica-se com a ideia de que há uma arquitetura para [nossa experiência de] esse universo. Se houver, então podemos usar evidências – como a que permite ou facilita a experiência da verdade pela mente – para testar iterativamente nossos projetos vivos, nosso modelo de informação comum para o nosso bem-estar, e adaptá-la a uma de maior satisfação à medida que recebemos e integramos feedbacks do nosso ambiente. Assim, o modelo de informação que representamos como 'comunidade' pode funcionar para uma população de 100 ou mais habitantes; ou potencialmente até mesmo a população deste planeta é capaz de fazer isso, porque modela o mundo como ele é, e usa esse modelo como base para entender por que certas estruturas e ações são mais propensas a levar a uma maior estabilidade social e ecológica, e a um maior potencial de realização e bem-estar, e outras estruturas, menos estabilidade e um potencial menor. Na comunidade, reconhecemos que algumas estruturas reprimem a realização humana e codificam valores que orientam nesse sentido. Outras estruturas, evidenciam, facilitam a mais alta expressão de realização humana e codificamos valores alinhados com essa direção.

Sabemos, cientificamente falando, bem como através da sabedoria transmitida de nossos antepassados, que precisamos de certos tipos de ambiente para desenvolver nossos potenciais completos (ou seja, desenvolver "plenamente"), e nesse sentido, uma comunidade é um grupo de pessoas que se reuniram para facilitar a mudança ambiental em direção a uma maior realização de desenvolvimento para todos. Versus um negócio, que é um grupo de pessoas com um conjunto compartilhado de relacionamentos que se reuniram [em parte] para criar um produto ou serviço para obter lucro; ou o Estado, que é um grupo de pessoas que se reuniram [em parte] para controlar e redistribuir a riqueza, e punir os infratores de suas regras. Note a diferença de intenção.

A estruturação da comunidade representa a sustentação de um modo de vida mais gratificante onde as necessidades humanas, não os direitos ou os lucros, são reconhecidos e suficientemente cumpridos. Os interesses dos organismos são diferentes dos interesses das empresas e dos Estados. Pense nisso por um momento: "E se, nem preço, nem autoridade fossem variáveis na construção e operação contínua do nosso sistema de vida?" Alguém com uma visão de mundo social moderna pode imaginar que a vida seria muito caótica, ou não acharia possível. Mas, e se tivéssemos um modelo de informação aberto, adaptável e unificado com uma direção explicitamente benéfica para tudo o que poderíamos usar para cooperar, sinérgicamente, e coordenar iterativamente nossas vidas juntos neste planeta finito - a vida pode parecer bem diferente. Imagine um ambiente vivo no qual a previsibilidade da ciência e a sabedoria do nosso passado são combinadas em uma estrutura em constante evolução projetada por nós, para nós e em consideração a todos nós. Parece que isso é algo desejável para todos, e por construção, é algo que funciona para todos.

Vamos agora fornecer algumas definições rudimentares e iniciais para aumentar o contraste. A sociedade do início do século XXI é composta por um grande grupo de pessoas que vivem em uma extensa área, competem entre si pelos recursos comuns, experimentam desigualdade e disparidade de riqueza entre classes sociais e/ou gêneros, não podem operar através de um processo de decisão unificado devido a entendimentos e objetivos diferentes (em vez disso, a tomada de decisão é por autoridade, maioria ou regra minoritária), e ações que muitas vezes são tomadas, beneficiam um pequeno segmento das pessoas às custas de outras pessoas e da ecologia. A comunidade é composta por pessoas com senso de propósito compartilhado que vivem dentro da capacidade de transporte regenerativo de

Figura 16. *Referência em camadas do sistema de serviço habitat.*

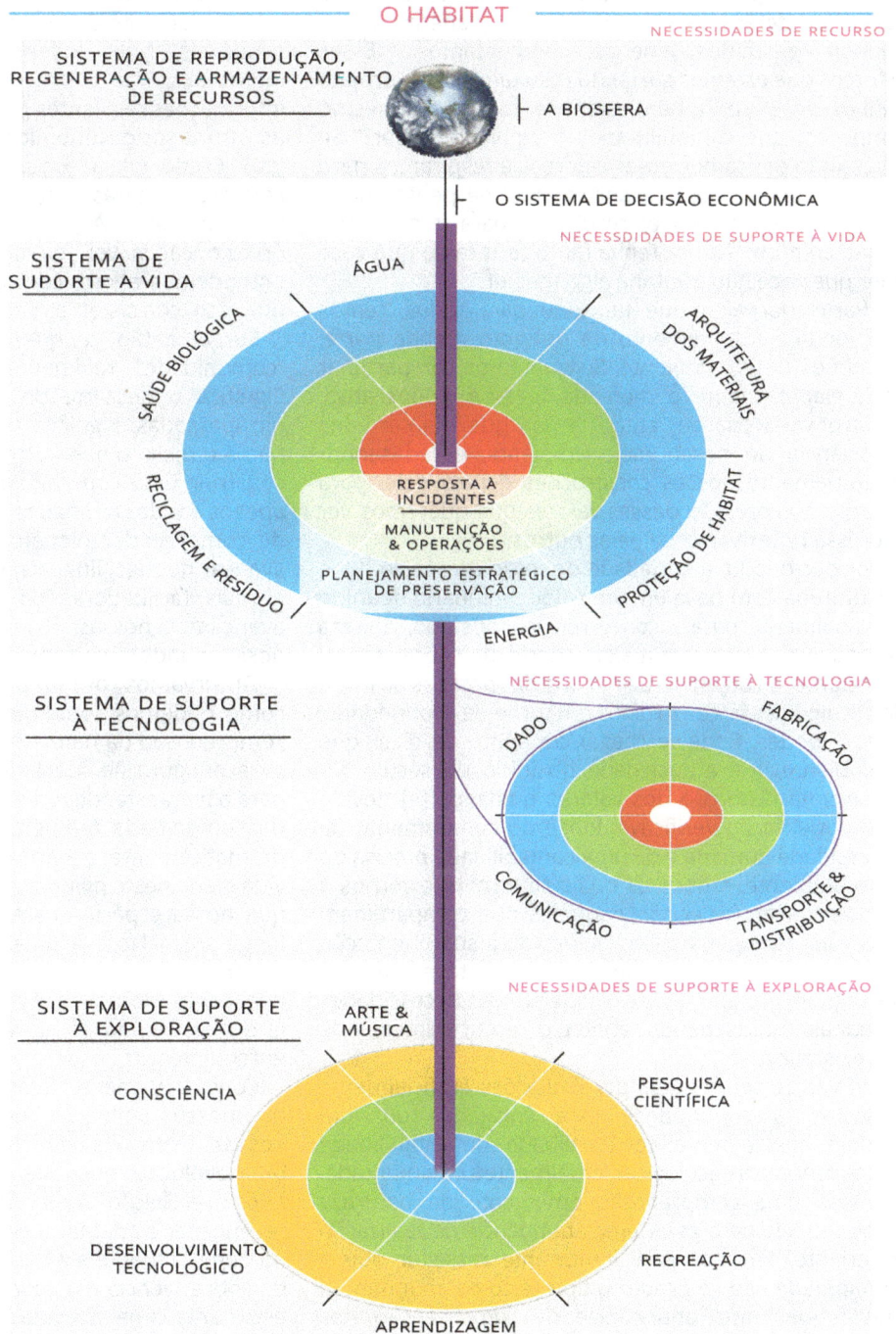

seu ambiente, cooperam entre si usando recursos comuns, experimentam uma vida enriquecida onde há uma infinidade de oportunidades de auto-crescimento e contribuição, operam através de um processo de decisão unificado devido a entendimentos e metas semelhantes, e ações que muitas vezes são tomadas beneficiam a todos e não vêm às custas de ninguém ou da ecologia. Para isso, em comunidade, projetamos intencionalmente nosso ambiente construído para atender às necessidades humanas, onde nosso bem-estar e o bem-estar de nossa ecologia são prioridade. Somos seres poderosos, aqui na Terra, e as ações que tomamos determinam o estado do planeta. Assim, quando gastamos energia, perguntamos: "Esses esforços que estamos gastando resultam em um projeto melhorado para o bem-estar de todos, ao mesmo tempo em que contabilizamos o ambiente maior?" Se não, então pausamos esses esforços e respiramos para refletir sobre se nossa maneira atual de pensar pode estar deixando melhores resultados para trás. Há um ditado comum: "Nunca tenha tanta certeza do que você quer que você não aceitaria algo melhor."

Para criar algo que funcione para todos, temos que ter um entendimento de que, em grande parte, refletimos nosso ambiente. Se queremos compartilhar este planeta com o tipo de pessoa cooperativa, construtiva e criativa, então temos que manter uma consciência do nosso meio ambiente, e redesenhar continuamente nossas construções dentro dele, para garantir a expressão desses valores que queremos ver expressa reflexivamente pelos outros.

Por outro lado, a sociedade do início do século XXI é estruturada com base em um valor centenário definido principalmente para a concorrência, consumo, riqueza baseada no mercado e maior autoridade sobre outros; e, portanto, os objetivos da maioria das pessoas no início do século XXI são construídos em torno de propriedade, lucro e poder. Pode-se chegar ao ponto de dizer que o ambiente que a sociedade do início do século XXI cria é uma distorção dos valores humanos [e] devido à sua orientação verificável longe do cumprimento da necessidade humana e de uma contabilidade precisa do meio ambiente, ambos os quais se tornam externos à consciência e/ou decisão daqueles que compartilham seus valores. Alguns sistemas, devido à sua orientação estrutural, são inerentemente insustentáveis e não conseguem atender a todo o espectro das necessidades humanas, muito menos facilitar o reconhecimento de sua existência.

Em vez de ser definida por limitações artificialmente impostas, a comunidade está engajada com um modelo abertamente compartilhado de estabilidade socioeconômica e ecológica factualmente fundamentada, que usa uma compreensão emergente da natureza como modelo para gerar uma abundância de realização experiente para todos. É importante ressaltar que a comunidade não só produz o tipo certo de abundância, mas requer uma abundância de compreensão nos indivíduos que estão participando.

Uma vez que começamos a desvendar nossas experiências com essa nova consciência do que significa uma "comunidade", começamos a questionar tudo sobre a natureza da sociedade que estruturamos ao nosso redor. Isso significa questionar não apenas as ações de algo, como um líder, o mercado, o Estado, ou uma democracia, por exemplo, mas a própria ideia daquela coisa, a própria ideia de um líder, do mercado, do Estado, ou mesmo de uma comunidade.

O início do século XXI é construído sobre instituições (incluindo as de forma ideológica, econômica e regulatória) que não, e pior ainda, não podem explicar adequadamente as características dos sistemas de vida saudáveis. Nele, independentemente das intenções individuais, não é possível tomar conta de todas as informações relevantes para o cumprimento humano. A estrutura socioeconômica simplesmente não permitirá isso. Como tal, a sociedade do início do século XXI, com ela inúmeras instituições está chegando ao fim de sua viabilidade. A escolha que temos agora - talvez a única opção viável - é criar novas estruturas com o que entendemos agora, com a forma como a natureza, o universo, cria sistemas saudáveis e sustentáveis.

Surge então a questão: o que essa ideia de "comunidade" realmente significa para nós, hoje? Significa o descarte de velhas crenças e estruturas ultrapassadas. Significa reconhecer que "comunidade" não é o mesmo que outros conjuntos de pessoas. Para construir uma comunidade, deixamos de lado nossos apegos a todas as línguas que limitam nossa capacidade de compreender plenamente e cooperar. Precisamos avançar nossa(s) língua(s) para que sejam mais precisas e mais facilitadoras da cooperação. À medida que avançamos nossas observações e entendimentos de nosso mundo, avançamos nossa linguagem.

Observamos o mundo pelo que ele é; olhamos como podemos construir em alinhamento com nossa compreensão da natureza e, em seguida, selecionamos a reconfiguração ideal de nosso ambiente orientada para o bem-estar de todos. Esta compreensão atualizada da comunidade também significa que vamos mudar dramaticamente a natureza de como vivemos nossa vida diária neste planeta, para o bem de todos, de modo que nossa espécie possa ter um futuro otimista e de longo prazo. Nossa vida em comunidade vai ser incrível, só precisamos mudar a maneira como pensamos e nos comportamos e as informações que colocamos lá o mais rápido possível com base em nossos novos entendimentos.

Construtivamente falando, podemos unir as peças do nosso ambiente de diferentes formas, onde nossas intenções direcionam nossas criações para uma evolução integrada do nosso modo de vida e da nossa realização. Aqui, quanto mais rápido pudermos reconhecer e adaptar a estrutura do nosso sistema vivo ao que realmente está acontecendo, dada uma direção de sobrevivência e florescimento, mais resiliente é uma estrutura. Uma estrutura que possa organizar mais complexidade com mais capacidade de adaptação é mais evoluída. Quando uma sociedade é construída sobre uma estrutura de crença e, portanto, não suficientemente aberta ao surgimento de novas evidências, então a sociedade terá dificuldade em se adaptar a novas informações. E assim, a comunidade nunca está estabelecida, ao contrário de uma instituição (ou alguns dos outros possíveis arranjos socioeconômicos) que foi fixado a valores e crenças passadas. Uma organização estabelecida, uma instituição, geralmente prefere manter sua base de poder estrutural inibindo mudanças socioeconômicas que têm o potencial de interromper essa estrutura básica. Observe como as instituições são normalizadas na sociedade do início do século XXI e, em seguida, considere como essa normalização afeta nossa disposição psicológica de adotar avanços socioeconômicos em nossos entendimentos, nossas criações e, finalmente, nossa realização. A comunidade vive com complexidade dinâmica, mantendo uma compreensão abrangente da natureza (ou seja, origem) dessa complexidade. No início do século XXI, a sociedade está vivendo tão fora de alinhamento com sua biologia que está literalmente degenerando, e então, fingindo que não percebe.

Aqui, podemos fazer uma pausa para considerar a relação entre a crença e como uma sociedade se estrutura? Se acreditarmos que o preço de algo afeta a qualidade, então podemos gastar mais dinheiro em um produto de maior qualidade. Se, por exemplo, desejamos melhor áudio na economia de mercado, então gastaríamos mais dinheiro em um produto de áudio de maior qualidade. Mas, para nós, entre a comunidade, o preço não tem relação com o que ouvimos. E essa realização de uma experiência direta nos abre para fazer nossa própria pesquisa e investigação, nossa própria autoorganização e nosso próprio trabalho em direção ao que é possível.

A comunidade é possível hoje. É possível ter uma rede de sistemas urbanos sustentáveis onde organizamos inteligentemente o livre acesso ao que precisamos para que possamos prosperar; em contraste com um arranjo de vida instável onde trocamos intangíveis artificiais de que todos são coagidos a adquirir e usar para [pelo menos] sua mera sobrevivência, gerando desigualdade socioeconômica e o grande número de problemas de saúde pública que são consequências causais. Pode-se chegar ao ponto de dizer que a economia da comunidade é baseada no acesso direto à fonte de seu cumprimento. E, portanto, é impulsionado pela sinergia de indivíduos que estão cooperando para sua realização através de um espaço de informação unificado.

Em uma economia baseada na escassez, bens e serviços têm um valor abstraído da realização humana. Em geral, esse valor é conhecido como "valor monetário" (ou preço), e baseia-se em algum grau relativo na escassez do que é considerado de valor. Agora, pode-se parar para questionar o propósito e a validade de colocar um preço na natureza, ou realização humana, ou ecossistemas, ou qualquer organismo. Quando as abelhas te enviaram uma fatura para polinização? É claro que a natureza tem valor para nós, é só que não é um valor de preço de mercado; em vez disso, é o valor de uma experiência direta (de conexão) que intangíveis artificiais e comercializados acabam obscurecendo. Nela, a maioria das pessoas criadas em tal sociedade foram condicionadas a querer viver na escassez e promover seus valores (um dos quais é a concorrência

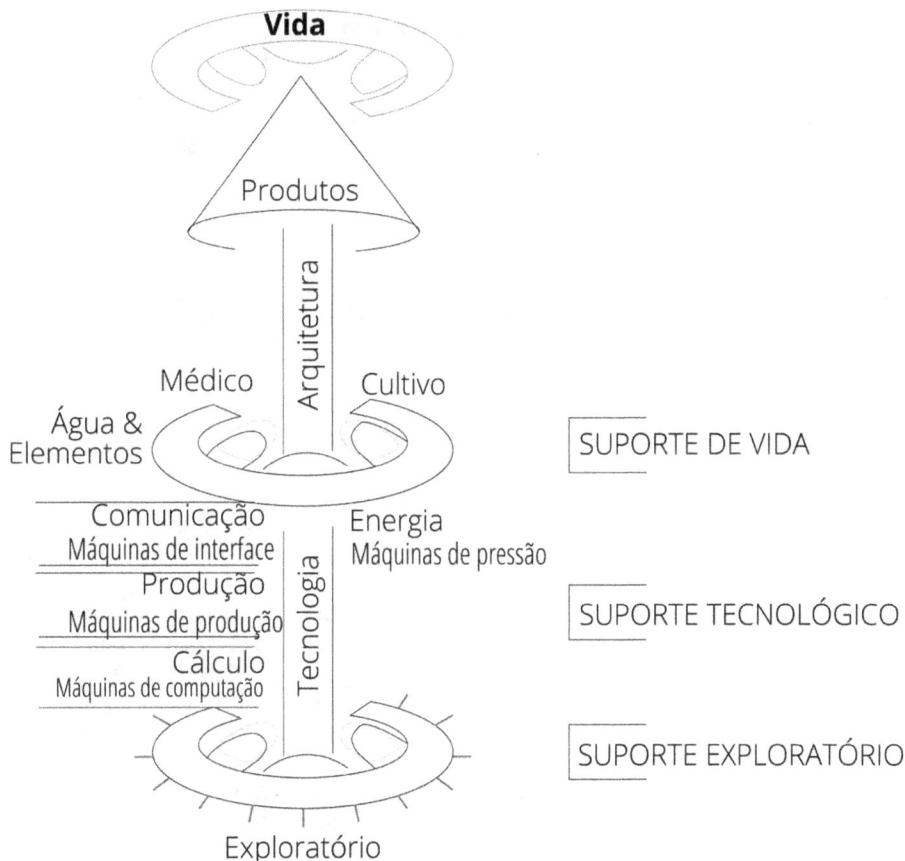

Figura 17. *Visão simplificada dos domínios e subsistemas do sistema de serviço de habitat.*

socioeconômica, por exemplo). A sociedade do início do século XXI [em parte] mantém a escassez para manter o mercado e o Estado, perpetuando o sistema que mantém os que estão no poder com poder. Há um poder inerente em ter recursos que outros não têm, mas precisam ou querem. Na comunidade, porém, através do uso de um modelo de informação aberta que estrutura o fluxo de recursos comuns, bem como a automação e outras aplicações tecnológicas adequadas, podemos produzir abundância sem o abuso de recursos e estruturas de poder de estabelecimento. Compartilhamos recursos e os aplicamos de forma inteligente para que co-criemos e mantenhamos uma abundância de realização, em vez de escassez, para todos na Terra. Sabemos que, quando houver escassez em nosso cumprimento, então haverá instituições de guerra e segmentos da população em situação de pobreza.

Se desejamos viver entre a comunidade, então temos que ir além da concorrência sobre recursos, trabalhar por renda, trocar por produção e punição por incentivo e, consequentemente, comprometer nossa realização. O que significa que temos que reconhecer que a verdadeira riqueza é um ser humano saudável em uma ecologia saudável. Não é uma revolução, é um reconhecimento do processo evolutivo da humanidade que compartilhamos recursos livremente (sem troca) para a manutenção de nossa realização. Não se trata de quem está recebendo o que de quem, é sobre todos nós colaborando para [pelo menos] nosso próprio bem individual, que reconhecemos como existente em uma relação consequente com uma presença social e ecológica maior.

Já foi dito antes, e sigamos re-iterando, que somos atualmente uma espécie jovem, presa em preconceitos e crenças estranhas, dominadas por forças inconscientes, e guiadas cegamente por energias que não entendemos e não temos controle sobre; mas podemos começar desde o início, com humildade para moldar nossas criações de maneiras que são benéficas para todos. Se trabalharmos juntos, todos podemos sair de um ambiente onde somos menos do que nosso verdadeiro potencial. Na comunidade, entendemos e contabilizamos a causalidade socioeconomicamente desencadeada. Assim, nosso estilo de vida é o resultado de conexões integrais formando estruturas conceituais e materiais em torno das quais vivemos nossas vidas em um estado de pico de realização. E assim, em vez de reagir ao sofrimento e confusão no mundo com raiva, fazemos uma pausa para pensar e orientar para soluções com uma visão significativa e de longo prazo. Projetamos um novo modelo para tornar o modelo antigo, menos satisfatório, obsoleto. E, isso exige que nós, em vez de olhar apenas para o comportamento dos outros, vejamos como nosso próprio comportamento e construções ambientais podem estar contribuindo para o comportamento dos outros. E ao compreender a complexa dinâmica das relações ["em jogo"] podemos direcionar nossos estilos de vida para um de maior realização. Comunidade é uma criação pensativa.

No início do século XXI, há muitas pessoas que não têm consciência sobre questões e conhecimentos que devem ser centrais para toda a nossa consciência. Eles vivem em um mundo de ilusão criado por estruturas invisíveis e figuras obscuras. Muitas das preocupações que ocupam as mentes e as tarefas que preenchem os calendários daqueles no início do século XXI surgem de impulsos inconscientemente implantados para se tornar alguém ou algo que não são. Isso não é por acaso, pois eles são (e eu usarei uma palavra forte aqui) doutrinados desde cedo para a cultura autoritária e empresarial-consumidor que agora domina a raça humana. Eles são assimilados em uma mentalidade coletiva que defende verdades intocáveis e promove formas particulares de ser e se comportar como necessário para ter sucesso em seu mundo. E nesse contexto, a palavra "sucesso" significa suplantar e substituir outros ao longo de uma hierarquia socioeconômica. Atualmente, a grande maioria das pessoas em nosso planeta estão muito sobrecarregadas, muito complacentes, ou muito cognitivamente prejudicadas para espiar atrás do véu criado e explorar a estrutura mais profunda.

Existem muitos recursos no planeta para proporcionar a todos uma alta qualidade de vida. A sociedade do início do século XXI configura mal esses recursos. Precisamos de uma sociedade do tipo comunidade para configurar os recursos de forma diferente. Atualmente, o capitalismo organiza recursos para o benefício de uns em detrimento de outros. É possível criar um tipo de sociedade que configure os recursos planetários para o maior benefício de todos. Uma alta qualidade de vida significa que todos têm vida, tecnologia e necessidades exploratórias atendidas (dado o melhor disponível) sem coerção.

Tomemos, por exemplo, as pessoas da sociedade do início do século XXI que dizem: "Eu não preciso de comunidade; Eu prefiro viver e ficar sozinho", é claro, eles não existem sozinhos. Eles são, de fato, altamente dependentes de uma rede (muito transitória) de produtores, produtores e fabricantes que fazem a maioria (se não tudo) das coisas de que precisam. E eles fazem essas coisas, geralmente, fora de vista, e nem sempre são feitas de maneira que seja de seu interesse. Essas pessoas que pensam: "Eu não preciso de comunidade", na verdade estão vivendo uma vida com conexões muito tênues. São ligações tênues porque assim que param de trabalhar, por exemplo, perdem a ligação com o empregador, assim que param de pagar o lojista, o lojista não as quer mais, assim que param de entregar as declarações de impostos (ou seja, pagando seus impostos), o governo se torna agressivo com eles. As pessoas que dizem "não preciso de comunidade, posso morar sozinha", trocaram conexões profundas e fortes por um conjunto transitório de conexões econômicas tão frágeis que assim que algo lhes acontece, todas as pessoas que fizeram o que precisavam abandoná-los. O significado e o papel que eles têm na vida dos outros são baseados em dinheiro, propriedade e lucro. No estado de mercado, por causa dos incentivos e outras estruturas, as pessoas criam uma vida para si mesmas sem consideração pelos outros. E com todos fazendo o mesmo (desconsiderando uma herança humana e ecologia comuns), não é de admirar que a sociedade ali tenha graves desigualdades e problemas sociotécnicos obsoletos.

Até certo ponto, a comunidade é simplesmente um ressurgimento do que foi, literalmente, oculto de nós há muito tempo. É um pouco como a redescoberta moderna que a comida poderia ser medicina. Sabia que a comida pode ter qualidades medicinais? Sim... isso é

conhecido há algum tempo.

Hoje, na sociedade do início do século 21, não podemos escapar do fato de que, neste momento, vivemos em um sistema capitalista. Ela nos envolve e nos permeia. A maioria, se não todas, as coisas de que precisamos para sobreviver têm um preço. A vida tem sido assim para "você", possivelmente desde o nascimento. E assim, inconscientemente continuamos a participar do sistema. Aqui, pode-se dizer que somos controlados por ela através da construção de um estado mental (de limitação) em cada um de nós desde o nascimento,

Figura 18. *Este diagrama mostra as classificações de sistema primário de um sistema de serviço de habitat. Aqui, os três sistemas axiomáticos (fundamentais) de um sistema de serviço de habitat (cidade) são: Suporte de Vida, Suporte Tecnológico e Suporte Exploratório. Os subsistemas de cada um desses sistemas primários são identificados: 5 subsistemas de Vida, 6 subsistemas Exploratórios e 4 subsistemas de Tecnologia. Estes são os sistemas de serviço de habitat para os quais os recursos e esforços podem ser alocados. Refira-se aqui que na sua operação, através de uma equipe de serviço de habitat contribuinte, todo o trabalho de habitat é concluído através da coordenação de acessos Intersistema.*

pelo qual nos vemos nos termos da matriz, cada parte dela um engano, embora possível para desconstruir. Em parte, precisamos parar de nos ver em termos de seus conceitos, linguagem e rótulos, como limitações ilusórias de marca que adotamos como parte de nossos seres e para as quais arrastamos através da televisão (a apropriadamente chamada "caixa de idiotas") em um diariamente. É importante lembrar que todas as experiências têm uma qualidade de arrastamento; que somos apenas humanos e podemos interpretar mal o significado e, portanto, o efeito de uma experiência. As experiências podem ser belas e encantadoras, mesmo quando não se tem consciência de que seu verdadeiro significado, seu efeito, é o de obscurecer a realização.

Lentamente, as pessoas estão começando a acordar e estão se preocupando, porque percebem que seu estilo de vida (e o estilo de vida daqueles ao seu redor) é insustentável e contribui diretamente para resultados que não endossam; e ainda assim, eles parecem presos em uma trajetória na vida, pressionados a permanecer o mesmo. Pressionado a continuar da mesma forma pelas escolhas anteriores de suas vidas, a estrutura da civilização em que vivem. É muito difícil para muitas pessoas mudar o que fazem diariamente se elas têm um ambiente que está basicamente dizendo-lhes para fazer o oposto.

A maioria das pessoas, eu acho, acredita que grande parte de sua vida é pré-determinada e não está sujeita a mudanças, e não precisa ser considerada. É assim que é e devemos nos acostumar. E ainda assim, acontece que muitas dessas coisas que a maioria das pessoas procuram, e acreditam que são pré-determinadas, apenas não as fazem cumpridas, talvez confortáveis e entretidas. Muitas das criações e comportamentos que temos agora são substituições superficiais para a experiência mais satisfatória da comunidade. Podemos, até certo ponto, sentir como se nossas necessidades sem atendidas através delas, mas na verdade nossa psico-fisiologia reconhece que faltam os componentes essenciais da conexão física e da integração pessoal. Você pode se conectar com as pessoas tanto quanto quiser nas redes sociais online e através do comércio, mas você não vai derivar (e sabemos disso cientificamente) os mesmos benefícios hormonais, psico-fisiológicos como se essa conexão fosse sentida pelo coração e física.

No início do século XXI, temos muitas ilusões em torno do nosso ambiente e do nosso comportamento. Muitas pessoas acreditam que seu comportamento é separado, não influenciado por seu ambiente. No entanto, a verdade é que nosso comportamento influencia o meio ambiente assim como o meio ambiente influencia nosso comportamento. Um de nossos perigos como seres humanos é que tendemos a cair em padrões de comportamento que repetimos sem parar. E vivemos nossas vidas e reconstruímos nosso ambiente, muitas vezes, diferentemente do que dizemos que estamos fazendo. Mas, na prática, estamos apenas jogando os mesmos padrões limitantes, e nos adaptando às nossas construções ambientais limitantes, uma e outra vez.

Quando as escolhas são levadas ao hábito, é quase como se houvesse escolha, não mais, mas um replay programado. Em vez de parar para compor nossos pensamentos, resolver nossa consciência e tomar a decisão, há repetição sem indagação. Nada, na comunidade ou em qualquer especificação de design propondo ações nos moldes dessa direção, deve ser tomado sem questionamentos e testes repetidos, bem como raciocínio abrangente e explicação probatória. Os sistemas maiores de pensamento e organizações que participamos, embora possam ser ignorantes, têm um efeito dramático e consequente em nossas vidas diárias. No início do século XXI, achamos que tomaremos nossas decisões conscientemente; em vez disso, grande parte da nossa decisão que achamos consciente está sendo tomada pela manipulação ambiental contextual que não estamos pensando, e pode até não estar ciente e assim, não criticamos (ou seja, exploramos criticamente) sistemas e instituições que enriquecem alguns, enquanto empobrecem a saúde e as oportunidades de outras. Tais críticas são encaradas como "negativas" e inúteis, que é claro que são [inúteis] para a continuação de estruturas de energia pré-existentes. No entanto, tudo isso está completamente ao nosso alcance para mudar, quando começamos a participar do redesenho crítico e construtivo de um modelo representativo da comunidade. Devemos orientar para uma colaboração massivamente aberta e valores centrados no mundo representativos do nosso potencial humano. Devemos codificar esses entendimentos e valores em nossos processos de projeto e criações de materiais através de um modelo de informação comumente cumpridor e unificado.

No início do século XXI, narrativas, como as da conspiração e do mal, tomam conta da mente das pessoas, transformando-as em "bandidos" ou "maus atores", é realmente reconfortante em comparação com a ideia de que talvez não haja realmente ninguém no comando, que tenhamos criado estruturas (incluindo sistemas de governança e produção) que correm por conta própria, apesar das inclinações morais e das melhores intenções de seus participantes. Talvez o problema não seja que estamos sendo governados por monstros sociopatas, mas sim por pessoas que são tão suscetíveis a forças sociais e econômicas estruturais, pressões institucionais e de pares, e narrativas simplistas como o resto de nós.

Na maioria das vezes, as pessoas na sociedade do início do século XXI, acreditam que é sua escolha fazer o que você quer com seu próprio tempo. Mas, essa escolha existe dentro de um contexto socioeconômico maior, que muitas pessoas nem percebem que existe, e ainda assim, molda suas escolhas, as opções entre as quais podem escolher de momento a momento. Uma das razões prováveis para essa falta de conscientização é o fato de que os recursos estão escondidos sob o controle de governos e corporações, o que obscurece a visibilidade e, portanto, cria uma cultura onde a pessoa média não consegue perceber a relação entre suas ações e os efeitos socioeconômicos e ecológicos de suas ações. Assim, as pessoas da sociedade do início do século XXI (devido à falta de visibilidade) geralmente fazem seus assuntos e fazem planos socioeconômicos em completo desrespeito aos outros e à ecologia. Talvez eles comprem algum terreno, uma casa, eles se instalam em uma cidade ou bairro, eles se tornaram confortáveis à sua maneira limitada, e não estão mais interessados em nada diferente... isto é, até que o próximo mercado ou onda de choque do Estado chegue. Às vezes não vemos a gaiola com a qual nos cercamos; nos tornamos insensíveis ao nosso meio ambiente, ao nosso próprio sofrimento e ao sofrimento dos outros. Mas podemos mudar isso. Anteriormente, não havia outra escolha especificamente definida e significativa que pudesse ser compartilhada e duplicada em massa. Agora nós, como população humana, temos um padrão de especificação aberta, livre e de vida que fornece uma estrutura operacional estrutural para viver em cumprimento intencional.

Como alguém sai desses padrões que não são úteis, mas parecem profundamente entrincheirados, e em um conjunto de relações mais satisfatórias quando o ambiente inibe e desincentiva sua formação? É aí que o reemendo do nosso sistema socioeconômico e das materializações circundantes, tornam-se de suma consideração. Devemos começar a fazer algumas perguntas muito significativas sobre como podemos otimizar nossas cidades e nossas vidas e a infraestrutura difícil do nosso meio ambiente. Comece a perceber que muitos dos sistemas a que fomos normalizados (no início do século XXI) e tomam como dado, existem para perpetuar-se sem levar em conta nossa realização. Comportamentos que são fundamentalmente insatisfações parecem normais, devido à nossa entrada habitual para um estado reduzido de ser. Precisamos fazer algumas escolhas difíceis sobre como nos movemos, como vivemos e como construímos; quais são as prioridades, e o que é um foco verdadeiramente benéfico. São decisões grandes e complexas que, em última análise, terão um efeito estruturalmente reorientador em nossas vidas. Não seria útil orientar esse efeito estrutural para a realização de todos? Entre a comunidade, especificamos um modelo de informação unificado que é testado através da vida (ou seja, através da experiência), e evolui intencionalmente para o benefício de todos nós à medida que todos nós reunimos mais experiência.

Como seres humanos, é nossa experiência psicofisiológica que há sofrimento perpétuo quando há estratificação socioeconômica, e a dessensibilização disso é muito real.

A desigualdade socioeconômica é a maior questão de saúde pública do planeta. Pode-se dizer que somos alérgicos a tais condições; não é apenas nossa cultura, ela é construída em nós como seres humanos. Não queremos ver estratificação. Não gostamos desse sentimento. Podemos, dessa forma desagradável (porque é isso que a cultura nos fez) gravitar em direção à elevação para sentir que fizemos algo acima da capacidade dos outros, mas em um nível raiz nós lutamos pela igualdade [no acesso socioeconômico ao que está cumprindo].

Aqui, "justiça", como a realização suficiente de todos, é o que naturalmente gravitamos. A mídia no início do século XXI não torna claro o fato de que a pobreza e a desigualdade são a condição econômica mais poderosa para doenças, violência e desordem social. Qualquer um que diga que a estratificação de classe é de alguma forma um motivador, ou que aqueles com menos devem aspirar a um nível diferente, e é porque eles não são motivados ou trabalhando duro o suficiente que eles têm menos do que os outros, é simplesmente errado, e não entendem a causalidade estrutural presente na experiência. Quando não exploramos criticamente estruturas socioeconômicas, é provável que regeneramos o domínio social e o autointeresse despreocupado e inconsciente. Para superar falhas estruturais, devemos começar a colaborar, compartilhar conhecimento e esforços livremente, para que possamos começar a construir esse novo ambiente de vida, juntos, que é a única condição sob a qual ele pode ser construído. É através da experiência contínua de união que a comunidade é reconstruída. Nesse sentido, pode-se chamar essa direção, e o projeto em que estamos trabalhando, uma abordagem experimental para viver de forma diferente, com o reconhecimento de que o sistema socioeconômico que temos agora também é uma abordagem experimental para a vida. Na verdade, aprendemos muito sobre nós mesmos e as tolerâncias ecológicas do planeta ao longo dos últimos milênios, embora particularmente na era moderna.

E com o conhecimento que adquirimos, só parece razoável que possamos fazer melhor, podemos viver melhor para nós mesmos e podemos ser melhores administradores. Podemos viver com maior bem-estar, enquanto concomitantemente existimos em harmonia regenerativa com a terra, como o que nos dá toda a vida, e é fundamentalmente o campo de vida de todos os nossos seres enquanto estamos aqui. Para aqueles que trabalham nessa direção de realização mútua e estabilidade ecológica, é importante reconhecer que no caminho para a comunidade há muitas pessoas que se nomearam, ou foram nomeadas por uma sociedade desconectada, para defender o passado. Para muitas pessoas, hoje, no início do século XXI, a ideia de comunidade escalada para o nível do nosso sistema socioeconômico global é claramente vista como um desafio ao status quo, mas é assim que avançamos. Para entender o que estamos propondo, alguém deve estar disposto a sair de seu paradigma condicionado, o que envolve uma vontade de ver e explorar além de suas próprias limitações atuais. Nem todos estão prontos e dispostos a fazer isso. Nem todos estão dispostos a fazer melhores perguntas aos outros, e a si mesmos e à sua auto-identidade. Certamente, hoje, ver o quadro maior e as estruturas em que participam com mais clareza pode ser desafiador, e no início, talvez até um pouco assustador.

Todos desejamos prosperidade, e é lamentável que alguns de nós ainda não tenhamos percebido que todos nós poderíamos prosperar além de nossas imaginações mais selvagens se fôssemos simplesmente reestruturar nosso pensamento e nossos sistemas socioeconômicos. Em parte, a demissão de uma re-orientação estrutural pode ser devido a uma visualização interna muito confusa, ou possivelmente não, do funcionamento das coisas e de como a vida poderia ser diferente. Emoções e experiências surgem do nada, e as pessoas da sociedade no início do século XXI, em seu detrimento, se sentiram confortáveis com isso; tanto que esqueceram que há uma experiência padronizada e unificadora comum a todos nós. Em vez de mudanças estruturais, muitas vezes sugerem o equivalente a patchwork. Temos que parar de fazer patchworking - aplicando pequenas correções em um sistema quebrado.

Patchworking não pode resolver os problemas estruturais reais e subjacentes. Quando um sistema (como o ativo na sociedade do início do século XXI) tem problemas sistêmicos, remendar qualquer parte, mesmo com a melhor das intenções, não é apenas uma solução, mas pode causar danos não intencionais em outros lugares do sistema. Continuar a participar de uma estrutura quebrada está tirando oportunidades de maior realização. Devemos começar a olhar para as causas básicas e a rede de relacionamentos que são tecidas para fora a partir daí. Temos que parar de quebrar nossos ciclos naturais, e depois perguntar, o que posso aplicar em cima do intervalo para me sentir confortável. As soluções de patchwork e superfície colocadas lá fora por aqueles que desejam uma re-orientação "consciente" da mesma estrutura subjacente fundamentalmente quebrada simplesmente não vão longe o suficiente. A humanidade é uma entidade de resolução de problemas, criação de problemas - criamos problemas, resolvemos problemas. Seria sábio criar problemas menos viscerais e começar a resolver problemas reais em nossa realização sistemática e universal através do reemendo estrutural. Infelizmente, a sociedade do início do século XXI gera pessoas que "precisam" de problemas para obter uma renda, ou que criam drama para esconder o fato de que têm pouco propósito ou significado em suas vidas. Em grande parte, o próprio sustento de muitas pessoas no início do século XXI depende do quanto eles contribuem para um quebrado sistema, e que prejudica a estrutura da vida, e são necessários como colaboradores a cada ano devido à invasão da automação e ao resultante "desemprego tecnológico".

No entanto, mudanças sociais e tecnológicas poderosas significam que podemos realisticamente comprometer-nos com a aspiração de que todos sejam capazes de viver uma vida cumprida de significado e criatividade - uma vida em que temos as oportunidades estruturais de nos expressar como indivíduos, com acesso ao nosso autoconhecimento, poder determinado e os recursos necessários para moldar nosso futuro em direção a um de maior florescimento para todos os seres deste planeta. Temos que abandonar as âncoras do nosso passado se quisermos avançar para o futuro com graça e satisfação. Temos que aprender a esperar mudanças e avançar para o futuro sem dor. Parte do problema aqui, é claro, é que o sistema educacional da sociedade do início do século XXI passa muito tempo estudando o passado e muito pouco estudando os futuros prováveis. Temos que começar a imaginar o que poderia ser, em vez de reformular pedaços de papel com definições e declarações anacrônicas. Uma população sem uma visão do que o futuro pode ser, é obrigada a repetir erros do passado, assim como uma população sem memória de seu passado, perde a consciência do emparelhamento de conseqüências e ações. As decisões do nosso passado são os arquitetos do nosso presente e, se não entendermos o modelo aplicado ao nosso sistema vivo e às decisões que estamos tomando, é improvável que nossa experiência atual seja satisfatória. Claramente, existem muitos problemas neste mundo, e precisamos priorizar nossas ações e estruturar nosso pensamento para que possamos combinar nossos esforços em uma solução (ou série de soluções) que beneficie a todos e que todos possamos dizer que aprecio profundamente.

Hoje, podemos re-arquitetar cidades a uma taxa inimaginável há 40 ou 100 anos. A humanidade está em uma era de avanço tecnológico sem precedentes e potencial anteriormente inimaginável de progresso evolutivo. Aqui, a ciência envolve a descoberta de nossa realidade existente, e essas descobertas levam a tecnologias que nos permitem projetar e alterar a estrutura da realidade. Efetivamente, através da descoberta contínua de conhecimento e do desenvolvimento tecnológico, estamos entrando em um ambiente cada vez mais responsivo. Em outras palavras, podemos usar a tecnologia para aumentar a velocidade com que nossos pensamentos se manifestam. Por exemplo, posso modelar algo em 3D no computador e depois imprimi-lo em 3D, o que representa um aumento na capacidade de resposta ao pensamento do ambiente em relação ao uso de modelagem com argila [um material como] ou a necessidade de refazer o trabalho de uma máquina. No entanto, chegar a tecnologias que permitam a transformação rápida e responsiva ao pensamento de nosso ambiente de maneira não planejada não é sensato. Hoje, existem coisas que algumas pessoas podem fazer com a tecnologia que arriscam a vida de muitas outras (como alimentar antibióticos para cultivar animais em massa ou desenvolver e usar armas biológicas). Como população humana, podemos mais rapidamente do que nunca, manifestar todo tipo de sofrimento e patologia; ou, podemos mudar a estrutura fundamental da maneira como vivemos a vida neste planeta, e rapidamente manifestaremos bem-viver e realização para todos. Todas as maravilhas da tecnologia não chegam a nada a menos que elevar os humanos ao seu maior potencial.

Hoje, a maioria das pessoas que conheci no início do

século XXI não considera a necessidade de reestruturar o sistema socioeconômico no qual tecnologias rápidas de resposta ao pensamento estão sendo integradas. Se essas tecnologias forem colocadas na atual plataforma socioeconômica da sociedade do início do século XXI, então a próxima fase da experiência para nós na Terra pode não ser tão agradável. Assim, vejo a urgência em "projetar um novo sistema para tornar o sistema existente obsoleto". À medida que os seres humanos adquirem cada vez mais poder para reconfigurar seu ambiente, eles criarão um futuro que seja mais gratificante para todos (porque essa é a orientação socioeconômica); ou, eles criarão mais sofrimento e confusão para todos (porque propriedade, trabalho para renda, lucro, concorrência e poder sobre outros são a orientação socioeconômica atual). As criações projetadas assumirão os vieses e normas, as diretrizes, do sistema socioeconômico no qual foram projetadas e serão utilizadas para este fim.

Tecnologias criadas e aplicadas em um sistema capitalista terão um viés capitalista. Os sistemas de controle industrial não são equivalentes aos sistemas de cumprimento da comunidade. As tecnologias criadas e aplicadas na comunidade manterão padrões que nos orientem a uma maior realização e clareza de percepção. Quando percebemos tecnologias nos levando em direções "perigosas", considere que talvez seja realmente nosso modo de vida, e nosso estilo de vida, que está nos levando em uma direção perigosa. Estamos apenas usando tecnologias de maneiras que não poderíamos antes (porque a tecnologia está nos permitindo fazer mais do que já estamos fazendo), e é aí que há perigo.

No estado-mercado, muitas vezes, as pessoas se encolhem e temem tecnologias que permitem que a humanidade rejeite rapidamente nosso ambiente. Ignoram ou não reconhecem que é o contexto socioeconômico ao qual sua atenção deve ser atraída de forma crítica e curiosa. Em vez disso, eles discutem e debatem a tecnologia, e ignoram o contexto socioeconômico raiz maior no qual a tecnologia foi desenvolvida e será implantada. Infelizmente, e como já mencionamos, a maioria das pessoas no início do século XXI tem pouca consciência do contexto socioeconômico que molda suas vidas, suas mentalidades e as tecnologias nelas. E assim, seu único recurso é recorrer a figuras de autoridade, que têm pouco conhecimento técnico, e usarão a força e a violência como parte de sua solução. É sensato lembrar que, em geral, as figuras de autoridade têm três opções quando se trata de lidar com novas tecnologias: podem suprimi-las, ignorá-las e transformá-las em armas.

In the market-State, there are citizens of States, and everyone on the planet is expected to be a citizen somewhere. Here, a "citizen" is a subject to the authority of a State - citizens are subjects or/to the authority of States. There is no difference between a citizen of the State and a subject of [political] authority, most particularly, tax authorities.

Conversely, in community, there is no trade (market), and no regulation of trade by the State (authority). There is no money circulation structure, no employer or employee. There are not political [tax and criminal] authorities. Instead, there is an open-source, free-access, contribution service structure where the users are also the contributors. Community is a user-based habitat access fulfillment service, and as users or contributors they are subject to an access-based decision protocol maintained through a set of standards, operated by contributors, and informed by a unified information environment.

No entanto, há pessoas em posições de autoridade e poder, no início do século XXI, sociedade, que entendem que o mundo está mudando, e eles também desejam facilitar a mudança responsável. A questão é, você

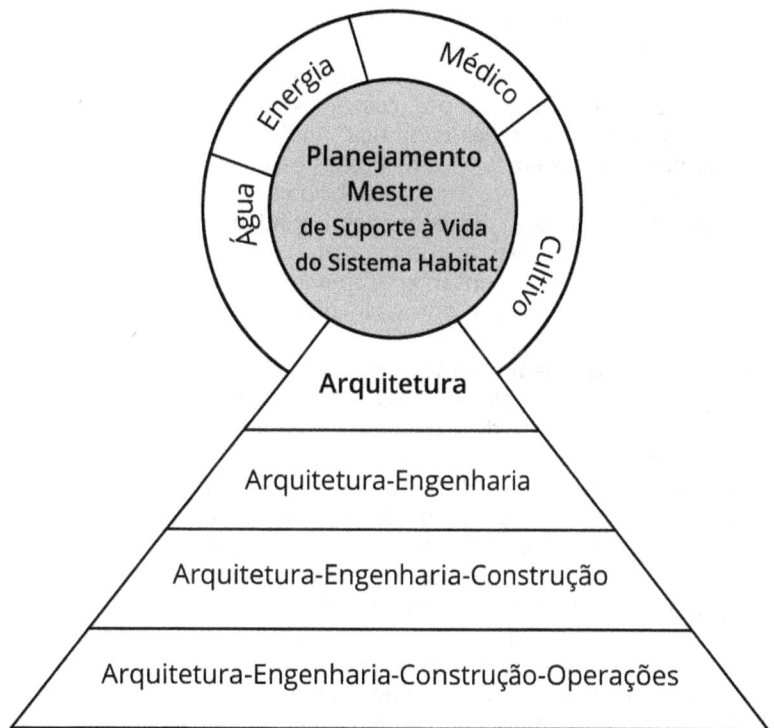

Figura 19. *Modelo de Planejamento Mestre de Suporte à Vida do Sistema Habitat.* **TÍTULO:** *model-material-architecture-engineering-construction-operations*

pode viver consigo mesmo sabendo o que é possível, vendo os problemas no mundo, e não tentando mudá-lo para a melhoria de todos? Nós conseguimos o que toleramos. Aqui, importa não apenas se você faz alguma coisa, mas como você faz alguma coisa. Quando nossos pensamentos reestruturam o mundo ao nosso redor mais rapidamente, devemos agir com mais inteligência e ter mais cuidado em nossos pensamentos.

Talvez eu possa ter o tipo de vida que realmente quero, enquanto (não se, mas enquanto) compartilhar um pouco mais de acesso com os outros. É o pensamento que: eu não sou diluído e não sou menos quando coopero e compartilho nossa realização. Quando a vida é gratificante, não procuramos encher nossas mentes com coisas superficiais e nossos ambientes com lixo pesado. Para aqueles que trabalham nessa direção, pode ser útil perguntar a nós mesmos: "Como ajudamos a reacender a chama da investigação e da autodescoberta em pessoas que se envolveram emocionalmente em suas aquisições materiais e empreendimentos financeiros?" Desde o início, devemos investigar o que as pessoas realmente querem na vida. Essencialmente, eles querem acesso àquilo que é gratificante quando querem; e quando as pessoas gostarem desse tipo de sociedade (semelhante à comunidade), não mais acumularão lixo dentro e ao redor delas como um amortecedor entre sua identidade percebida e a dor da desconexão. Em vez disso, eles reciclam criações e atualizam suas expressões, melhoram e pensam nelas - pegam os mesmos materiais usados em um sistema desatualizado e os recompõem em um que seja atualizado e atualizável e sirva nosso cumprimento comum .

As estruturas ao nosso redor não são apenas coisas jogadas na parede. Optamos por colocá-los lá, ou os herdamos, e eles são reflexos de nós. Aqui, é útil considerar nossas vidas em termos de nossas escolhas, dos eventos que ocorrem e das probabilidades de resultados consequentes. Tornamo-nos moldados por nossa sociedade e pelas estruturas com as quais participamos, e devemos pensar criticamente sobre quem e o que eles servem e nossa continuidade intencional deles.

É quando desenvolvemos uma sensibilidade pela complexidade e pela simplicidade da vida que nos tornamos verdadeiramente ricos em nossa experiência de comunidade. O sistema de vida que a maioria das pessoas experimenta na sociedade do início do século XXI cria um tipo de estilo de vida muito separador. Ele forma um conjunto específico de relacionamentos que produz uma série de condições que tornam provável a desintegração dentro de nós mesmos e a desconexão dos outros. E as pessoas que vivem em um estado de desconexão e desintegração provavelmente criarão construções ambientais que sugam energia e inibem o fluxo livre de energia, em vez de construir e restaurar sistemas de energia.

Ainda assim, algumas pessoas acham difícil entender que as correções antigas não funcionam. O sistema de pensamento que perpetua o que não queremos em nossas vidas deve ser deixado de fora e observado pelo que ele cria, e isso é feito com uma pausa para refletir sobre a fonte de vida de uma pessoa, que é finalmente percebida como o ponto de origem de todos nós, juntos. E a partir dessa percepção, podemos retornar às nossas criações nessa realidade com mais conhecimento, inteligência e potencial do que antes.

5 Como a sociedade do tipo comunitário opera sem dinheiro

Também conhecido como: O que é uma sociedade sem dinheiro? O que é uma sociedade sem comércio? O que é uma sociedade sem Estado? Como uma sociedade do tipo comunidade opera em alto nível – quais são suas definições primárias, organizações e fluxos?

Neste artigo, definimos o termo "sociedade sem dinheiro" e explicamos o funcionamento básico de um tipo de sociedade "sem dinheiro". Observe que as especificações de projeto do Projeto Auravana fornecem todo o raciocínio e operação descritiva de uma sociedade que trabalha sem dinheiro; este artigo é uma breve introdução ao tema. Observe que o termo 'sociedade sem dinheiro' é, como o restante deste artigo destaca, apenas outro termo para (ou seja, um sinônimo para) aquilo que tem vários nomes, incluindo: economia baseada em recursos (EBR), lei natural/economia baseada em recursos (EBR/LN) e sociedade de tipo comunitário (este último termo é o que o Projeto Auravana geralmente usa para descrever o tipo de sociedade de nível superior que propõe). Um tipo de sociedade sem dinheiro também pode ser conhecido como uma "sociedade sem dinheiro"; embora, esse termo também seja usado para se referir a uma sociedade onde o dinheiro é digital (como em moeda digital) e não físico (como o "dinheiro"). É significativo notar aqui que o tipo de sociedade sem dinheiro que está sendo detalhado pelo padrão social Auravana não é uma economia de troca. Escambo é o exercício de uma transação de troca sem dinheiro entre as partes. Em vez disso, o que é proposto e descrito aqui é uma sociedade completamente sem comércio (ou seja, uma sociedade sem mercado para comércio/troca). A troca é apenas o produto da escassez para atender às necessidades humanas, o que já é possível em escala global há algum tempo. Na comunidade, por causa do design do sistema social (baseado em uma abordagem de ciência de sistemas), não há necessidade de indivíduos entre a população negociar renda, propriedade ou segurança comercial, para a satisfação direta de suas necessidades

Figura 20. *Modelo simplificado de operações de serviço de habitat com uma fonte de contribuições recebidas e um fluxo de acesso de saída.*

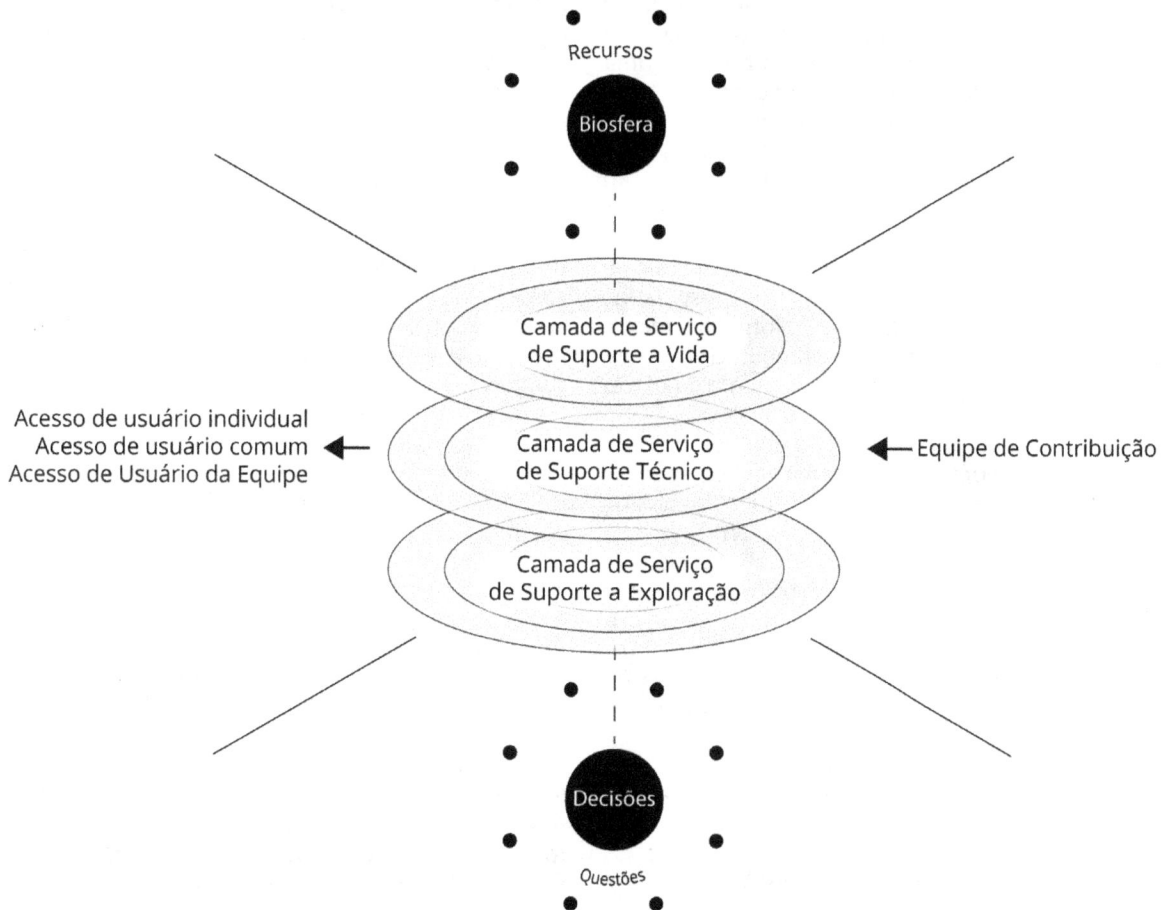

(e preferências). .

Fundamentalmente, uma "sociedade sem dinheiro" é um tipo de sociedade em que a decisão não envolve dinheiro; é um tipo de sociedade onde os relacionamentos e a realização econômica dentro da sociedade não são transacionais. Em outras palavras, uma sociedade sem dinheiro é uma sociedade que não usa dinheiro como parte de seu sistema socioeconômico – o dinheiro não é usado como base para adquirir, desenvolver e distribuir serviços e bens para a população. Uma sociedade sem dinheiro é, simplesmente, uma sociedade que não codifica mecanismos baseados no mercado, como comércio, troca, moeda ou qualquer outro tipo de relacionamento transacional. Dito de outra forma, um sistema econômico sem dinheiro é um sistema econômico que não inclui o(s) mecanismo(s) de mercado nas decisões (observe que "economia" se refere à aquisição e transformação de recursos em serviços e bens necessários). Mais tecnicamente falando, os algoritmos que formam uma sociedade sem dinheiro não envolvem (codificam ou usam) mecanismos de mercado, como escambo e sequenciamento de dinheiro. Enquanto o mercado cria problemas para atender por uma taxa, a comunidade é um lugar onde o incentivo é resolver problemas.

Em uma sociedade baseada no mercado, o preço é o mecanismo de mercado medido e o comércio é o procedimento de mercado medido. Por outro lado, uma economia sem mercado (economia sem comércio) deve ser medida com base em (1) necessidades humanas, (2) recursos e (3) habilidades e capacidade de carga do meio ambiente. É possível operar uma economia sem um mecanismo de preços em que as informações necessárias para fazer a economia funcionar podem ser realizadas por simulação computacional, extrapolação e cálculo para que o valor e a demanda sejam representados dentro de um sistema de software. De forma simples, é possível desenvolver um sistema computacional para automatizar a análise da demanda humana e da oferta ambiental (por exemplo, computação econômica).

Quando a ideia de "comunidade" é aplicada no nível da sociedade, surge um tipo de sistema de decisão social que não usa dinheiro. Uma verdadeira comunidade de nível social é um tipo de operação sem mercado. Uma sociedade do tipo comunidade é uma sociedade sem dinheiro, porque o sistema econômico de uma comunidade não usa dinheiro.

Existem, pelo menos, dois tipos possíveis de sociedades (como subclassificadas por seu sistema econômico):

1. Sociedades com mercado (e dinheiro); e
2. Sociedades que não têm mercado e, portanto, não usam dinheiro.

A terra e o sistema solar fornecem tudo o que é necessário para atender às necessidades humanas de maneira ideal, permitindo que a sociedade trabalhe para o benefício mútuo de todos. Simplesmente, uma economia sem dinheiro, não tem dinheiro na economia; e, uma economia sem mercado não tem nenhum comércio na economia. Sem o mercado, os serviços e produtos são gratuitos para todas as pessoas. Isso significa que os trabalhadores devem trabalhar de graça e obter tudo o que desejam de graça também. Aqui, qualquer trabalho do qual uma sociedade se beneficie, ou de outra forma exija para atender às necessidades, é considerado legítimo. Uma sociedade sem dinheiro é um mundo não caracterizado pela separação monetária da satisfação das necessidades humanas do mundo real. Em uma sociedade monetária, os "custos" de transação têm efeitos no mundo real e abstratos (como no financeiro). Em uma sociedade sem dinheiro, não há "custos" [financeiros] abstratos. Sem dinheiro, e com cooperação e integração apropriadas, a transferência informacional e espacial (ou seja, transações) seria mais simplificada em uma sociedade monetária (o que implica integração de custos financeiros).

Simplesmente, uma sociedade do tipo comunidade (uma EBR ou EBR/LN) não tem mercado (e não usa dinheiro) e, portanto, seu sistema econômico é subclassificado como "sem dinheiro". É importante notar aqui que o termo 'sem dinheiro' implica falta de alguma coisa, e o próprio conceito não pode ser reificado (Leia: o mercado e o dinheiro são abstrações e não existem, exceto na mente daqueles que levar a crença). Assim, uma sociedade sem dinheiro é um tipo de sociedade que simplesmente não codifica a camada adicional de abstração conhecida comumente como "o mercado" (e sem o mercado, não há surgimento do Estado moderno).

Os seres humanos evoluíram sob estruturas e condições sem dinheiro (ou seja, família). Em uma sociedade do tipo comunitário, a população depende da ciência e engenharia de sistemas, fundamentada em concepções de vida (ou seja, a base da vida, o valor da vida, os requisitos da vida), a fim de planejar, controlar, produzir e reciclar sistemas de serviços (comumente conhecidos como "bens e serviços"). Observe que é improvável que a operação de uma sociedade complexamente tecnológica e sem dinheiro seja compreendida se a ciência de sistemas, a engenharia de sistemas e a decisão algorítmica não forem compreendidas.

Um tipo de sociedade "comunitária" tem um tipo de sistema econômico "sem dinheiro" (também conhecido como sistema de decisão social sem dinheiro). O Projeto Auravana, em si, existe para construir e operar uma sociedade baseada na comunidade através do design e desenvolvimento de uma especificação emergente e unificada de "sistema social". Observe que um 'sistema social' é também conhecido como um sistema (ou modelo) 'socioeconômico' ou 'sócio-decisão', que é documentado por meio de uma especificação de [design social]. Esta especificação [design] do sistema social explica o funcionamento de uma sociedade sem dinheiro em sua totalidade.

Em resumo, a especificação do sistema social do Projeto Auravana é subcomposta por quatro subsistemas societais, que são comuns a todos os tipos de sociedade. Simplesmente, todo [tipo de] sociedade é subcomposto pelos seguintes quatro sistemas sociais axiomáticos de [informação] (também conhecidos como os quatro subsistemas sociais):

1. Social
2. Decisão
3. Material
4. Estilo de Vida

Esses quatro sistemas, juntos, formam a base conceitual axiomática de qualquer sociedade, e sua composição interna revela e determina o tipo de sociedade que está sendo projetada e/ou observada. Toda sociedade tem um conjunto de informações de nível social. Parte desse conjunto é socialmente direcional (o sistema social) alimenta um conjunto de processos decisórios (o sistema de decisão), resultando em uma mudança de estado no mundo material (o sistema material) pela equipe de Inter-sistemas, afetando assim o estilo de vida (o sistema de estilo de vida) de todos.

Um sistema social comunitário tem uma composição interna específica desses quatro sistemas. Outros tipos de sociedades (por exemplo, sociedades de mercado) têm uma composição interna diferente desses quatro sistemas. Na terminologia de sistemas, uma sociedade do tipo de mercado (ou seja, sociedade com dinheiro) é um sistema aberto com "externalidades" (leia-se: danos aos seres humanos e ao meio ambiente) como uma consequência natural. Além disso, um sistema econômico aberto não tem capacidade de controlar, reorientar ou automatizar serviços e bens para a população sem externalidades, porque é um sistema aberto (e não integra feedback como um sistema fechado/unificado).

Por outro lado, uma sociedade do tipo comunitário é aquela em que todos os requisitos da vida humana (ou seja, necessidades reais) são suficientemente considerados e, ao mesmo tempo, contabilizam holisticamente os recursos disponíveis. Assim, porque tanto a vida (por exemplo, as necessidades humanas) quanto o ambiente são considerados, há informações suficientes para que surja um sistema de circuito fechado onde o feedback possa ser integrado com precisão e usado para reorientar intencionalmente e automatizar com segurança.

À medida que as pessoas começam a reconhecer a Terra como um grande ecossistema planetário ou biosfera, elas simpaticamente reconhecem a necessidade de uma abordagem comumente satisfatória para viver e compartilhar a vida (e os recursos da vida) no planeta. Na comunidade (ou seja, em uma sociedade sem dinheiro), as necessidades de todos são atendidas, o que permite que os indivíduos vivam em um ambiente livre, seguro e saudável e levem vidas produtivas e prósperas à medida que descobrem, aprendem, crescem e se sentem valorizados em relacionamento colaborativo.

Embora os humanos compartilhem uma biosfera planetária comum, seus sistemas sociais podem (ou não) codificar a ideia de que "os recursos do planeta são a herança comum de todas as pessoas do planeta". Alguns sistemas sociais reconhecem a Terra como um ecossistema planetário completo (ou biosfera), e outros não. Com o reconhecimento de uma herança ambiental comum vem a consciência de que os seres humanos têm um conjunto comum de necessidades de vida (também conhecidos como requisitos de vida), que são de interesse comum para toda a humanidade. Em outras palavras, há um conjunto comum de necessidades humanas (também conhecidas como requisitos de vida) relacionadas a toda a humanidade. Esse interesse comum se estende para além do social e para a ecologia ambiental a partir da qual todos os humanos são realizados em comum (ou, de outra forma, saciados em ter suas necessidades atendidas). É possível, agora, usar os recursos do planeta de forma ecologicamente regenerativa e eficaz para a vida, ao mesmo tempo em que atende toda a humanidade.

O Projeto Auravana apresenta um novo paradigma social com um modelo emergente de design de sistemas que é necessário para fornecer, sustentar e manter a saúde e o bem-estar do planeta e de seus habitantes. Um dos desafios gerais de hoje é ajudar a humanidade a perceber sua natureza interconectada. Nela, o desafio é que todos os humanos existem nesta biosfera planetária, porém, a maioria das pessoas que vivem hoje não vê os recursos do mundo como um patrimônio comum para todos os habitantes do mundo. Facilitar uma maior conexão e compreensão do mundo real, mesmo que comece pequeno, transformará a sociedade humana do que é atualmente em uma grande civilização humana. Em uma civilização humana, as necessidades de todos são atendidas à medida que vivem vidas plenas e produtivas por meio da cooperação e do acesso global. Assim, quando o trabalho é transparente (leia-se: código aberto) e considera o comum, torna-se possível arquitetar com segurança um sistema social que atenda a todos os requisitos da vida em benefício de todos e da ecologia.

Em uma sociedade do tipo comunitário (sem dinheiro), existem dois tipos principais de acesso econômico, em vez dos três baseados no mercado:

1. Empregador
2. Empregado
3. Consumidor

Na comunidade, há:

1. Acesso da equipe Inter-sistema (ou seja, trabalhos relacionados ao sistema social) - os contribuidores.
2. Acesso comunitário (ou seja, acesso de todos aos serviços comunitários produzidos por meio da equipe de inter-sistema) - os usuários.

Há muitas maneiras de desenvolver e prestar serviços à população humana da Terra. Algumas dessas formas (por exemplo, o Estado-mercado) promovem a desigualdade, disfunção e doença, e outras (por exemplo, uma sociedade do tipo comunidade) promovem o florescimento humano e o bem-estar ecológico sustentado.

Necessariamente, uma "sociedade sem dinheiro" é também uma "sociedade de código aberto". Em um ambiente de código aberto, existem apenas usuários, alguns dos quais também são designers, desenvolvedores e operadores do sistema de código aberto. Em um ambiente de código aberto, a saída do esforço mantém a intenção de beneficiar a todos, mesmo que o indivíduo que aplica o esforço o esteja fazendo para seu próprio benefício direto. Em outras palavras, todos os indivíduos em uma sociedade do tipo comunitário são 'usuários' que acessam a comunidade, alguns dos quais fazem parte da 'equipe inter-sistema', onde eles participam do projeto, desenvolvimento e operação contínuos de todo o sistema social (que fornece acesso a todos os usuários, 'acesso global').

A terra é um ecossistema planetário (uma biosfera) com uma malha de habitats que se estendem do local ao global. Os humanos podem "limitar" áreas do habitat global maior para controlar seus habitats de "cidades" locais. Em outras palavras, a partir do sistema de serviço de habitat ecológico maior, um organismo pode projetar seu próprio habitat controlado localmente, uma 'cidade' (de notar que o ambiente "selvagem" descontrolado seria 'cuidado' para garantir a saúde do habitat geral).

Uma sociedade de tipo comunitário necessita da coordenação mútua de atividades sociotécnicas dinâmicas e complexas que sustentam a realização operativa de toda a humanidade. A coordenação mútua no nível social necessita de um sistema de informação unificado e adaptável que consiste no sistema primário de que toda sociedade é composta, com um plano viável para a operação dos sistemas informacional e material.

É importante entender a visão geral da organização de um sistema social do tipo comunitário para descobrir como uma sociedade sem dinheiro poderia existir, transpirar e evoluir. Este sistema social proposto é composto e configurado através dos subsistemas comuns a todo tipo de sociedade (leia-se: social, decisão, material, estilo de vida), e cada subsistema é uma entrega padronizada pelo projeto. Juntos, esses padrões formam o sistema social unificado proposto. Para entender completamente um sistema unificado complexo, o conceito de operação de seus subsistemas de nível mais alto deve ser entendido. Em outras palavras, para entender completamente esse sistema social proposto, a concepção de alto nível de todos os seus padrões supra-sistema deve ser entendida (até certo ponto), o que é um requisito para entender qualquer sistema significativamente complexo e dinâmico.

Um sistema social do tipo comunidade (sem dinheiro) é materialmente composto por uma rede de sistemas integrados de cidades que operam juntos para criar um sistema de serviço de habitat global unificado (ou seja, um único sistema global de economia/acesso).

Em outras palavras, um sistema social sem dinheiro se materializa como uma rede de sistemas integrados de cidades que operam por meio de um sistema de serviço de habitat global unificado que consiste em todas as cidades da rede. A rede de sistemas de cidades é representada pelo Sistema de Serviço do Habitat Global (também conhecido como um verdadeiro sistema de acesso global), seguido pelos sistemas de cidades locais, representados pelos Sistema de Serviço do Habitat Local. Simplesmente, há uma concepção global de um sistema de serviço para design e contabilidade global e, então, há muitas expressões de cidade materializadas localmente.

Resumidamente, uma sociedade do tipo comunitário (sem dinheiro) é composta por um conjunto de sistemas hierárquicos interconectados que atendem mutuamente os elementos necessários essenciais para apoiar a sobrevivência e o florescimento do ser humano dentro de uma ecologia viva. O sistema social total pode ser brevemente subcomposto da seguinte forma:

1. Um sistema solar e planetário.
2. Um projeto de sistema social unificado [especificação].
3. Quatro subsistemas de informação social (social, decisão, estilo de vida, material).
4. Um sistema de serviço de habitat global (rede de sistemas de cidades, o sistema de acesso global econômico).
5. Os sistemas de serviço de habitat local (sistemas de cidades integradas).

Assim, todas as cidades da rede são subcompostas por três 'subsistemas de serviço de habitat:

1. O Sistema [Serviço] de Suporte à Vida (principal na hierarquia) é a prioridade e as fundações de todos os outros sistemas (porque fornece a existência fundamental da vida).
2. Nesse sentido, a tecnologia do Sistema [Serviço] de Suporte Tecnológico é necessária para a continuação da sociedade, para atender aos requisitos de vida e instalações.
3. E então, o Sistema [Serviço] de Suporte Exploratório oferece oportunidades para crescimento, restauração, recreação e exploração (uma vez que os requisitos da vida são suficientemente satisfeitos, os potenciais mais elevados da humanidade para o funcionamento da vida tornam-se disponíveis).

Todos os sistemas acima se interconectam e trabalham juntos como um sistema unificado. Para entender a estrutura de operação de uma sociedade sem dinheiro, a operação e o inter-relacionamento de cada um desses sistemas devem ser entendidos.

Um sistema de serviço de habitat global do tipo comunitário permite que cada sistema de cidade controle e projete localmente seu próprio habitat de acordo com as próprias intenções e meio ambiente de sua população, o que é necessário para fornecer a realização humana global e a estabilidade ecológica global.

O design material dos sistemas de serviço de habitat local e global é um reflexo, em parte, do ecossistema global [serviços] fornecidos pelo planeta. A humanidade existe na Terra por causa dos serviços ecossistêmicos naturais que a natureza fornece. Em outras palavras, a natureza fornece um ecossistema natural para a humanidade existir no planeta. Assim, a humanidade tem um interesse comum no ecossistema, porque fornece serviços dos quais a humanidade depende para sobreviver, prosperar e, finalmente, florescer.

É possível projetar e selecionar de forma inteligente os algoritmos que compõem a sociedade (por exemplo, algoritmos mentais, algoritmos de software e "algoritmos" de hardware codificados materialmente). Uma sociedade sem dinheiro e orientada para a realização compõe seus algoritmos abertamente, em conjunto, e os expõe a testes. Com isso, um ciclo de feedback integrador comum descobre uma maior compreensão do que existe e do que é necessário, enquanto o sistema social como um todo, simultaneamente, resolve o espaço de decisão social em alinhamento com uma direção comum orientada para a realização. Na comunidade, o processo decisório usa informações objetivas para informar (e, assim, resolver) cada espaço de decisão social. Algumas dessas informações objetivas podem até se tornar parte do próprio sistema de informação. E, novas informações situacionais informam cada novo espaço de decisão situacional.

Fundamentalmente, toda sociedade é baseada em informações e possui os mesmos quatro sistemas de informação fundamentais (social, decisão, estilo de vida e material). Quando se diz que um sistema é baseado em informações, isso significa que ele é computado. Dito de uma forma um pouco diferente, "Se a sociedade é baseada na informação, então ela é computada". Um sistema computado é um sistema baseado em informações que devem ser produzidas. Como toda sociedade é baseada em informações, toda sociedade pode ser simulada (Leia: a visualização iterativa da computação). No entanto, nem todas as sociedades reconhecem sua base informacional. Uma sociedade do tipo comunidade é um tipo de sociedade que reconhece sua base de informação. Ao reconhecer que é baseado em informações, o sistema social pode aplicar o processamento de informações para computar os estados prováveis atuais e futuros de sua expressão materializada. Em outras palavras, uma sociedade sem dinheiro usa informações computadas dentro de seu sistema de informações sociais para garantir o acesso econômico e manter a estabilidade ambiental sem o uso de dinheiro. Qualquer sociedade tecnologicamente complexa e sem dinheiro é uma sociedade computada (ou seja, uma sociedade que tem consciência de seu sistema de informação e usa computação nele); é um tipo de sociedade reconhecidamente baseada em um

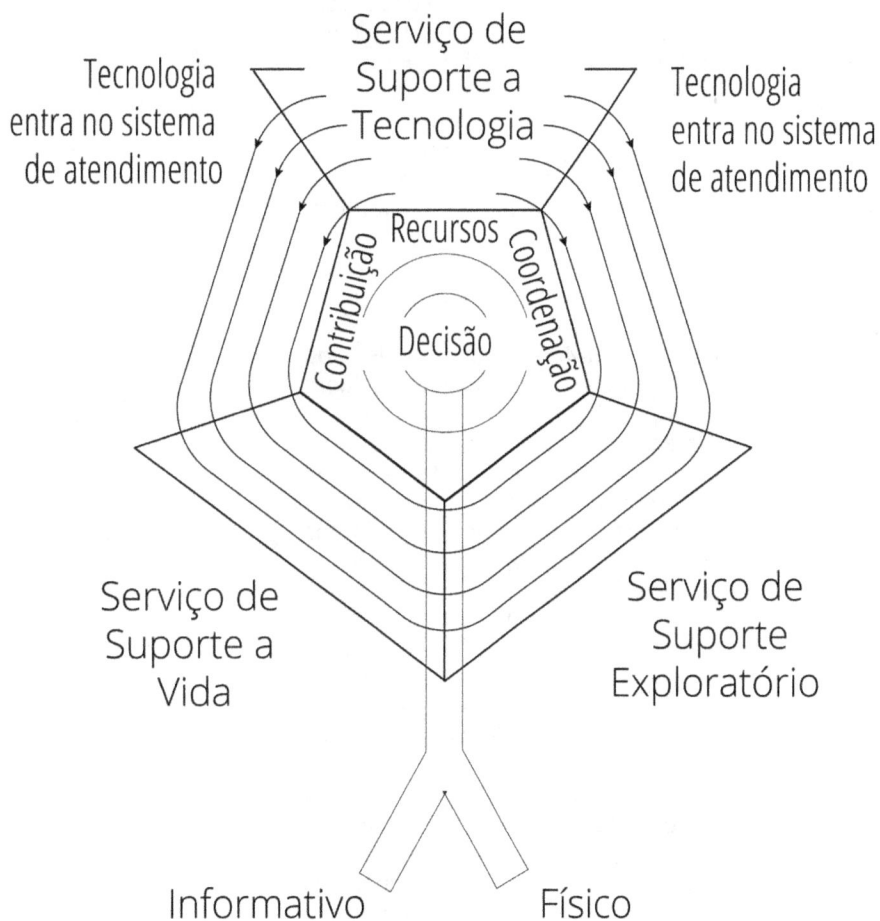

Figura 21. *Modelo mostra o fluxo de recursos tecnológicos (compostos de informações e objetos) para os sistemas de serviço de suporte exploratório e de vida.*
TITLE: *model-material-habitat-service-system-overview*

sistema de informação unificado. As informações no sistema de informação são computadas para orientar efetivamente em direção a alguma direção pretendida (por exemplo, realização humana).

Em qualquer sociedade (porque todas as sociedades são baseadas em informações), existem duas fontes de novas informações:

1. O próprio sistema de informação processa informações para produzir mais informações (úteis).
2. O sistema de informação adquire e interpreta (entrada) informações do ambiente natural (lei).

Hoje, é possível simular a sociedade tanto no nível da informação pura quanto no nível das operações materiais. Em outras palavras, é possível com o conhecimento e a tecnologia de hoje simular todo o sistema social, desde seu sistema de informação de nível superior até a operação material de cada um de seus sistemas de cidade materialmente existentes. A simulação pode ser usada para modelar, prever e testar fluxos de informações e objetos dentro de qualquer sistema social, e é usada em uma sociedade sem dinheiro para descoberta e design. Por meio de projeto e simulação, torna-se relativamente fácil projetar o próximo estado iterativo de um sistema social com o melhor (para todos) do que o anterior. A própria ideia de "engenharia social" é a ideia de trabalhar (e contribuir para) a especificação social unificada ou a operação de alguma parte de seu sistema de serviço de habitat total expresso.

Observe aqui que, assim como os sistemas de informação e os sistemas humanos podem evoluir, os habitats também podem evoluir em sua capacidade de facilitar e sustentar um funcionamento de vida mais complexo. Os sistemas de informação evoluem diminuindo sua entropia. Os bits (menor parcela de informação processada por um computador) em um sistema de informação podem ser aleatórios ou ordenados. Se a "informação" é bits ordenados, então a entropia é uma medida de desordem. Se todos os bits são aleatórios, então há entropia máxima. Se os bits no sistema de informação forem ordenados, a entropia será reduzida. Quando um sistema [social] cria mais informações que são mais úteis, o sistema evolui. Da mesma forma, pode-se dizer que coordenar o desenvolvimento de um habitat controlado para sustentar funções de vida mais complexas representa a evolução de um(s) organismo(s) e seu habitat.

As sociedades trabalhadoras sem dinheiro reconhecem a natureza social do organismo humano dentro de seu sistema social [informacional]. Observe aqui que a "otimização" é um atributo principal dos sistemas de informação/computadores. Com esse pano de fundo em mente, a maneira como um sistema social se otimiza é se as unidades individualizadas nele forem cooperativas e trabalharem juntas, em oposição a fins opostos. A cooperação otimiza um sistema social,

orientando toda a sociedade para a ordem e menor entropia (ou seja, para maior realização e complexidade funcional da vida). É, em parte, através da contribuição (que exige cooperação) que surge uma sociedade sem dinheiro. O caminho oposto para o indivíduo e a sociedade (em geral) é o medo. Aqueles que temem são altamente propensos a derrubar, separar e não cooperar. Aqueles com medo não cooperam, em parte, por falta de confiança (muitas vezes devido a variáveis ambientais de condicionamento ambiental). Assim, se as pessoas não podem confiar umas nas outras, então é difícil (se não impossível) construir algo com mais complexidade de vida e menor entropia, juntos (ou seja, construir uma sociedade "sem dinheiro" do tipo comunidade). A mentalidade do medo projeta a ideia de que os "outros", que não são confiáveis, podem/sempre tirarão vantagem do que "você" faz. É essa resposta de medo, em parte, que impõe limites artificiais à cooperação e gera conflitos desnecessários.

6 Como a comunidade e o Estado-Mercado são dois tipos separados de sociedade

O Estado-mercado e a comunidade são dois tipos diferentes de sociedades. Em outras palavras, são duas categorias/tipos diferentes de configuração dos sistemas sociais primários de qualquer tipo de sociedade (leia-se: social, decisão, material e estilo de vida). Portanto, uma definição e explicação completas deles requerem um padrão de sistema social completo que contenha essas informações. Portanto, uma compreensão completa de cada um dos dois sistemas sociais requer uma compreensão completa do raciocínio conceitual e do design operacional para os subsistemas social, de decisão, material e estilo de vida de cada tipo de sociedade.

Uma sociedade do tipo comunitário é resumida na visão geral do sistema e no plano do projeto, mas é claro que sua descrição e explicação completas são detalhadas de maneira unificada nos quatro padrões sociais primários. Essencialmente, é um tipo de sociedade onde a população configura os sistemas sociais primários de forma a facilitar a satisfação das necessidades humanas globais e a regeneração ecológica. A satisfação das necessidades humanas globais é a direção deste projeto, conforme delineado no plano do projeto e também fundamentado nos padrões do sistema social. Na comunidade, os colaboradores produzem objetos e serviços por meio de grupos de trabalho e equipes de serviço de habitat que fornecem acesso aos usuários sem comércio ou coerção.

O Estado-mercado é outro tipo de sociedade, com uma configuração diferente dos internos de cada um dos quatro subsistemas de qualquer tipo de sociedade. Uma sociedade baseada no Estado-mercado inclui duas subcategorias de organização social [social], o mercado e o Estado. Existem outros nomes/rótulos que representam equivalentemente (ou seja, são sinônimos de; conhecido como) uma sociedade de Estado-mercado. O sinônimo mais comum é "capitalismo". É uma organização social com decisões baseadas no comércio (mecanismo), escassez (lucro), coerção (decisões), propriedade (acesso) e competição (valor). Aqui, as pessoas negociam e competem por "propriedade", que dá acesso. Em alguns casos, o acesso é adquirido por meio de troca (o mercado), e em outros casos, o acesso é adquirido por meio de autoridades (o Estado). No Estado-mercado, os donos dos ativos de produção são os capitalistas. Quem não possui capital ou é trabalhador ou é empobrecido. Muitas pessoas no início do século XXI pensam em si mesmas como capitalistas sem possuir nenhum capital. Na verdade, eles não são os capitalistas, são os trabalhadores para os capitalistas. Na comunidade, ninguém pode comprar o tempo de trabalho ou serviço de outra pessoa (é intransferível).

O Estado é uma organização social que existe ao lado do mercado. O Estado cria e aplica leis [obrigatórias] de concorrência, segurança, etc. Aqui, para fazer cumprir, o Estado deve ser o monopólio da força, violência e coerção dentro de uma determinada jurisdição (território). O Estado é um conjunto de relações baseadas no poder sobre os outros (coerção), onde indivíduos e organizações têm autoridade para decidir por outros. A decisão mais importante é quando usar a violência (ou seja, fazer mal a outra pessoa). E também, decidir/interpretar o que é considerado dano. No mercado, o Estado muitas vezes fornece garantia de terceiros em qualquer acordo/contrato [legal] de comércio de mercado. O Estado tem o monopólio da violência para garantir que todos ajam de acordo com os contratos legais.

A essência do capitalismo é a negação do desejo humano e da capacidade de cooperar e, portanto, limita artificialmente o acesso comum a recursos, tecnologias e padrões. A essência de como o Estado opera é baseada na violência, que é aplicada para controlar indivíduos e organizações e, assim, sustentar uma sociedade "vivível" em condições de Estado-mercado. No início do século XXI, o Estado também passou a prestar um "serviço" de acesso à segurança [social]. Serviço aqui está entre aspas, porque o significado é diferente do significado de serviço na comunidade. O "serviço" que o Estado presta é pago pelos cidadãos através da tributação, que é imposta pelas autoridades fiscais que têm a capacidade de decidir usar a sua autoridade, e por vezes a violência, para tirar o acesso (ao dinheiro e outros bens) . Se tudo fosse o "mercado" e não houvesse "Estado" para fornecer uma rede de segurança, então a situação provavelmente seria ainda pior. Quando o Estado não fornece, as pessoas precisam obter acesso ao suporte de vida (ou seja, ganhar a vida), e devem fazê-lo da maneira permitida pelo Estado.

Quando as pessoas conhecem apenas o Estado [de autoridade pela política] e/ou apenas o mercado [de comércio de propriedades], então sua compreensão do que é e do que poderia ser é limitada pelo Estado-mercado. O objetivo da vida no sistema de mercado-Estado é obter dinheiro e/ou poder. Assim, aqueles que só têm consciência do Estado-mercado provavelmente não terão consciência de um tipo de sociedade organizada para a realização humana, por meio do acesso cooperativo, por meio de um conjunto de padrões sociotécnicos unificados. O objetivo da vida em uma sociedade do tipo comunitário é a realização global, o florescimento e o bem-estar. Em outras palavras, quando tudo o que alguém conhece da sociedade é o Estado-mercado, então a organização da sociedade na forma de comunidade (ou seja, uma sociedade do tipo comunitário) não existirá em sua consciência como uma possibilidade. Na comunidade, as pessoas dependem umas das outras como contribuintes, e não há Estado ou organização de mercado.

INSIGHT: *A política pode ser difícil, vamos simplificá-la através da padronização sociotécnica.*

"Nós" somos as condições às quais "nós" estamos expostos e, assim, "nosso" comportamento reflete as condições. As pessoas que acreditam no mercado acreditam que a competição traz a maior satisfação. As pessoas que acreditam no Estado acreditam que a autoridade traz segurança. É relevante notar aqui que no mundo real não existe mercado, Estado ou mesmo comunidade. A comunidade é uma construção social intencional baseada em um conjunto de padrões sociais; também não existe no mundo real. No que diz respeito ao Estado, há apenas pessoas trabalhando com objetos em uma organização social que a população chama de "governo", O Estado é na qual, a maioria das pessoas se apega fortemente à convicção/crença na autoridade. No mundo real, que a comunidade representa precisamente, existem apenas pessoas e objetos. Existem pessoas que trabalham em uma organização social chamada "governo" e existem os objetos que eles usam, as ferramentas, prédios, etc. Quando alguém diz: "O governo diz...", no mundo real, o governo não disse nada , porque o governo não pode falar, porque não existe. Em vez disso, alguns humanos ou máquinas tomaram uma decisão e, por causa de sua autoridade, outras autoridades a seguirão e a cumprirão. Da mesma forma, não existe um mercado no mundo real, existem apenas pessoas se comportando, muitas vezes por necessidade, de maneira comercial. Objetos (incluindo objetos virtuais) que eles chamam de "propriedade" estão sendo negociados e trocados entre si. O "mercado" não tem corpo, mão ou qualquer outra forma do mundo real. Ele não pode falar; apenas humanos individuais podem falar e se comportar.

O Estado-mercado é realmente uma grande luta por propriedade/território, até que uma população perceba que não deveria estar olhando uns para os outros e sua organização social como se fosse uma luta. A luta fará com que outros levantem defesas e apenas perpetuará a violência, o trauma e a desigualdade. Para muitas sociedades, a violência está tão arraigada na cultura que elas nem percebem que estão lutando.

O capitalismo através do mecanismo do tempo de trabalho socialmente necessário está sempre validando a produção de forma não planejada. Os capitalistas fazem coisas para o mercado e aí eles veem se vendem ou não, e se vendem, aí se diz que fazem parte do que é socialmente necessário, e o trabalho é validado. Considerando que a produção em um tipo de comunidade é algo que é feito comum e abertamente por sistemas de planejamento de serviços de habitat coordenados localmente que fazem parte de um sistema de planejamento globalmente coordenado para toda a sociedade global. Os seres humanos definem suas necessidades com antecedência e, em seguida, existe um método de resolução de decisão pelo qual elas são validadas. Aqui, há valor para os produtores estarem próximos de seus próprios sistemas de produção em termos de eficácia e administração desses recursos. E, isso distinguiu a forma de produção da gestão coletiva do Estado onde os burocratas do Estado estão separados

das condições de produção e não têm a mesma conexão que estimula os valores de mordomia. A racionalidade ecológica pode ser integrada à produção quando os administradores da terra e dos recursos produtivos são os que fazem o trabalho produtivo. Em uma sociedade do tipo comunitário, essas pessoas são conhecidas como equipe(s) intersistema(s) de [habitat].

É claro que há muita complexidade aqui, porque a transição para uma sociedade do tipo comunitário parece estar progredindo através do mercado e do Estado. Os capitalistas estão desenvolvendo as tecnologias de automação que permitirão a libertação dos trabalhadores para perseguir paixões de vida mais elevadas, e os socialistas estão trabalhando para criar uma plataforma de serviço social saudável e estável. A transição pode vir através da socialização dos sistemas de necessidades humanas universais (por exemplo, sistemas de produção, terra, etc.) por uma população que está totalmente alinhada com essa direção.

> **INSIGHT:** *A sociedade é composta, em parte, por tipos de relacionamentos. "Crédito" em qualquer de suas formas, é um tipo de relacionamento. Os tipos de relacionamentos que existem entre as pessoas na sociedade geralmente determinam os resultados.*

Um mercado é um conceito que faz referência a um lugar onde as coisas são negociadas, compradas e/ou vendidas. Se algo pode ser negociado por um preço (ou seja, trocado por um objeto, comportamento ou crédito), então um mercado está presente. Uma sociedade do tipo comunidade é um tipo de sociedade sem mercado. Não há preço que qualquer indivíduo tenha que pagar pelo cumprimento do acesso [à informação e serviço de habitat]. O mercado mais simples é aquele em que os créditos são produzidos por presença [de trabalho] em horas, retidos pelo usuário/consumidor, e depois gastos em compras, quando os créditos são apagados. Os sistemas de crédito presentes no início do século XXI são significativamente mais complexos.

O Estado-mercado é frequentemente representado em sua forma de superestrutura moldada como uma pirâmide com muitas linhas horizontais dividindo-o. É representado desta forma pelas seguintes razões:

1. O comércio leva à acumulação (no topo), que forma uma forma triangular.
2. O poder sobre os outros vem como resultado da autoridade, que é uma hierarquia subordinada onde o Estado toma decisões pelos outros. Esta também é uma forma triangular com uma estrutura de decisão subordinada interna.
3. Uma estrutura de classe socioeconômica [política] emerge dentro das divisões dentro da pirâmide.

A transição do mercado para a comunidade envolve os seguintes objetivos:

1. No que diz respeito à participação no mercado:
   A. Trazer mais negócios sob uma estrutura legal cooperativa.
      1. Iniciar sindicatos cooperativos.
      2. Junte-se a cooperativas.
   B. Use créditos do tipo benéfico e cooperativo (incluindo créditos sem custos associados).
2. No que diz respeito à transparência no mercado:
   A. Os recursos dentro das "indústrias" são publicamente reconhecidos e contabilizados dentro de um sistema computacional econômico. Com o tempo, é provável que haja uma cooperação cada vez maior. As indústrias inicialmente separadas começam a contabilizar suas operações juntas por meio da tecnologia de software de cálculo de contabilidade econômica distribuída. À medida que os dados industriais se tornam mais contabilizados em nível global, será mais possível transformar entidades industriais legalizadas em operações de equipe de produção de serviços de habitat.
3. Na preocupação de confiar no mercado:
   A. Use a tecnologia de contabilidade distribuída criptográfica para garantir a validação transparente das alterações no sistema da comunidade do mundo real.

Para o surgimento de uma sociedade do tipo comunitária, há uma transição necessária de um tipo anterior de sociedade, capitalismo e/ou socialismo:

1. **Estado-Mercado (Capitalismo)** é um tipo de sociedade onde os meios de produção, distribuição e troca são controlados/propriedade de comerciantes privados, que obtêm lucro. O capitalismo é uma ideologia sobre realização baseada em comércio, propriedade e lucro. O capitalismo é um sistema social baseado no capital. O capital é um modelo de produção onde um grupo de pessoas lucram com o trabalho de outras pessoas. O capitalismo tem três elementos econômicos básicos:
   A. Propriedade privada sobre os meios de produção.
   B. Mercado onde a propriedade é negociada (física e virtual) com lucro.
   C. Trabalho assalariado (emprego).
2. **Estado Eco-Social (Socialismo ou Ecossocialismo)** é um tipo de sociedade onde os meios de produção, distribuição e troca são controlados. As propriedade são do Estado, ao invés de comerciantes privados. É um projeto político para transição da sociedade através do controle estatal da sociedade orientada para a distribuição e regeneração ecológica. O socialismo tem três elementos econômicos básicos:
   A. Propriedade estatal sobre os meios de produção.
   B. Sistema de crédito onde os créditos são recebidos, gastos e excluídos.
   C. Crédito de trabalho (emprego).
3. **Comunidade** é um tipo de sociedade onde o habitat é coordenado pela contribuição de grupos e equipes de trabalho para a realização humana global. Cumprimento por meio de entendimentos e operações do mundo real. A comunidade tem três elementos econômicos básicos:
   A. Recursos.
   B. Coordenação.
   C. Contribuição.

7 Como uma sociedade do tipo comunidade opera sem o Estado-Mercado

Na comunidade, sem propriedade privada, não há disputas entre as pessoas sobre relações comerciais, não há bens imobiliários ou heranças particulares para dividir, não há dívidas a cobrar e não há compras ou trocas a serem feitas. Não há negócios civis e não há ofensas contra a propriedade. E, portanto, há muito poucos crimes. Uma motivação central para as pessoas se envolverem na criminalidade e na corrupção é adquirir riqueza como dinheiro, propriedade e poder sobre os outros. Nem dinheiro, crédito ou troca são usados na comunidade e foram substituídos (em parte) por padrões, contabilidade de recursos, cálculo econômico, planejamento de habitat e interfaces apropriadas. Com o desuso do dinheiro também foram as milhares de ocupações e máquinas ligadas às operações financeiras.

Em uma sociedade em que as necessidades de todos são projetadas para serem atendidas sem trocas, você remove os principais incentivos para se envolver no crime e a corrupção é removida. Algumas pessoas que se envolvem em crimes e corrupção têm problemas psicológicos, mas a grande maioria das pessoas que o fazem, o fazem por falta de satisfação suficiente de suas necessidades. No Estado-mercado, as qualidades anti-sociais são o que é necessário para satisfazer as necessidades. O Estado-mercado efetivamente estabelece leis de conduta, que a lei da autopreservação obriga muitos a infringir. No Estado-mercado há desespero e coerção regulares do trabalho por renda. Quando essas condições são removidas da sociedade em que se vive, então o âmbito do que o Estado deve fazer em termos de contenção do crime e da corrupção fica significativamente reduzido. Sabe-se que a disparidade de riqueza produz problemas sociais.

A corrupção é menos provável em uma sociedade onde não há pobreza nem riquezas para serem subornadas. A desigualdade nas posses dos indivíduos leva ao crime. A necessidade tenta os pobres, e o que tenta os ricos é o desejo de ganhos maiores ou o desejo de preservar os ganhos anteriores. O desperdício extravagante dos ricos em luxo pessoal imoral não está mais presente na comunidade. Direta ou indiretamente, o desejo por dinheiro, que no início do século XXI significa todo bem [acessível], é o motivo da maioria dos crimes. Na comunidade, a contribuição coordenada torna-se o único depositário da riqueza (recursos e coordenação) de todas as pessoas. A comunidade funciona para facilitar a satisfação das necessidades humanas, que abole o desejo humano (em favor da necessidade e preferência), bem como verifica a acumulação do enriquecimento dos indivíduos sobre os outros. Quase todas as formas de crime comumente conhecidas no início do século XXI são sem motivo na comunidade. É caracterizada por uma sociedade que é desigual em oportunidades para a satisfação das necessidades humanas.

Há um estresse constante no mercado-Estado sobre a aquisição e armazenamento de dinheiro para si e sua família, ansiedade quanto à subsistência, a tensão de uma batalha incessante por recursos vitais escassos. Essas influências, que uma vez fizeram tanto para destruir as mentes e os ecossistemas do planeta, são projetadas para fora da sociedade através da comunidade.

Os criminosos individuais são tratados de maneira diferente na comunidade do que no Estado-mercado. As consequências dos crimes cometidos por indivíduos estão mais focadas na reabilitação e restauração, e em dar às pessoas as oportunidades de sucesso na sociedade. Em muitos estados jurisdicionais no início do século XXI, a política não é de restauração e reabilitação, mas de punição (muitas vezes acompanhada da ideia de que os criminosos têm uma certa natureza e não podem ser restaurados). A quase ausência de crime ao longo do tempo, na comunidade, reduz ao mínimo o número e os deveres da polícia, incluindo a investigação e julgamento de crimes. Durante um período de transição, haverá cada vez menos policiais e advogados criminais para sustentar o mecanismo cada vez mais desnecessário de aplicação do crime produzido pelas condições do Estado-mercado. Com o tempo, haverá cada vez menos lei; o legislativo e o judiciário serão reduzidos. Haverá cada vez menos leis a serem criadas, porque com o tempo existirão cada vez menos incentivos à corrupção. O alcance do Estado em seu executivo, legislativo e judiciário é reduzido ao longo do tempo a ponto de se tornar inexistente.

Não há legislação na comunidade; em vez disso, existem padrões, planos, operações de engenharia sociotécnica e usuários. A comunidade tem pouco ou nenhum motivo para fazer leis. Os princípios fundamentais de uma sociedade de tipo comunitário resolvem os conflitos e mal-entendidos que antes exigiam legislação. A grande maioria das leis no início do século XXI existe para proteger a definição de propriedade privada e as relações de compradores, vendedores e cidadãos. Não há propriedade em comunidade, apenas três formas de acesso e, portanto, a ocasião de quase toda a legislação anteriormente necessária foi apagada.

O sistema de direito presente no início do século XXI é obsoleto na comunidade. A lei é um sistema de violência estrutural organizada usando raciocínio contextualmente inteligente, mas infundado (ou seja, não baseado em sistemas científicos). Apenas algumas das máximas legais mais claras e simples do Estado-mercado têm alguma aplicação em uma sociedade do tipo comunitário e são óbvias para todos os humanos com consciência. Tudo o que toca a relação de uma pessoa com outra em comunidade é mais simples e livre de estruturas nitidamente prejudiciais. Existe uma interface comum para um sistema unificado de informação, recursos, contribuição e vida social de habitação. A teia espiral entre todos os indivíduos é um: padrão de informação socialmente unificado e uma rede de habitat planetário materialmente integrada.

Na comunidade, os governos estaduais tornam-se obsoletos pela tremenda simplificação na tarefa de coordenação global das operações de articulação da demanda, produção, distribuição e ciclagem de materiais em uma rede de habitats de patrimônio comum. A maioria dos propósitos para os quais os governos existiam anteriormente não permanecem mais como atos de serviço. Não há força militar permanente (sem gastos militares), não há departamentos de Estado ou do Tesouro, nem serviços de receita, nem impostos ou cobradores de impostos, nem polícia, nem aplicação da justiça, nem advogados, nem legisladores. Não há governos nacionais, estaduais ou municipais. O sistema judiciário e policial operam de forma diferenciada, pois contribuíram com os serviços de habitat. Os antigos ministérios do governo são grupos de trabalho da comunidade. E, trabalhadores físicos estão contribuindo como membros da equipe de habitat. Os planos sociotécnicos integrados são concebidos por grupos de trabalho e operacionalizados como equipes de atendimento ao habitat. A comunidade utiliza um repositório central para a concepção, desenvolvimento e educação da comunidade na escala social. A materialização da comunidade envolve uma rede coordenada de operação de serviço de habitat para a satisfação global da vida humana, tecnologia e necessidade de serviço exploratório.

As cidades podem ser observadas como as condições emergentes das instituições sociotécnicas. Na comunidade, o ambiente sociotécnico opera de forma diferente do Estado-mercado. No Estado-mercado, as cidades são compostas significativamente por lojas, comércio e muitas formas de iniciativa privada e escritórios do Estado. No Estado-mercado, a construção material, inclusive os habitats, é filtrada pelas instituições do Estado-mercado, resultando em cidades com condições de Estado-mercado. Na comunidade, as cidades são organizadas por necessidade humana em serviços de habitat projetados para atender aos requisitos de satisfação humana em um nível responsável e diretamente funcional por contribuintes usando máquinas compostas de recursos patrimoniais comuns para produzir acesso a produtos pessoais e serviços comunitários, para todos. A organização da produção e distribuição na comunidade envolve grupos de trabalho, equipes de habitat e usuários. Na comunidade, não há desperdício de esforço humano para atender aos requisitos de realização humana. Os esforços são coordenados globalmente, de modo que demanda, oferta, produção e outros processos se interligam com ciclos de feedback, multiplicando as possibilidades de atendimento. A comunidade é um sistema social projetado intencionalmente.

O princípio que torna todas as operações em grande escala proporcionalmente mais eficientes vale também para a produção e distribuição de vida, tecnologia e serviços exploratórios dentro de uma rede global de habitats. Isso quer dizer que o sistema é otimizado em escala global, mas não quer dizer que não seja possível que ele surja em nada menos que a escala global. Parece possível que a comunidade na escala social possa emergir na escala da cidade ou regional e, com o tempo, se espalhar para se tornar global.

Na comunidade, a oferta está diretamente ligada à demanda pela contribuição do usuário e participação do usuário em um sistema de informação unificado onde as produções são coordenadas em escala global e social. A interface entre demanda e oferta é logisticamente direta. A oferta e a procura são vistas pelos serviços estatísticos. E aqui, se houver erros, eles não são ampliados devido a mais mal-entendidos e sigilo. Os recursos do mundo real, objetivos, são calculados juntamente com a demanda e contribuição para um plano de operação do sistema de serviço de habitat. No lugar de dinheiro ou crédito, o objeto físico real é o que é valorizado em sua capacidade de atender às necessidades humanas. Dinheiro e crédito são representantes, como políticos eleitos são representantes, para a satisfação das necessidades humanas do mundo real por organizações de ciência de sistemas de meios sociotécnicos.

Na comunidade, a riqueza é distribuída e economizada, ao contrário do Estado-mercado, onde a riqueza é desperdiçada nas estruturas do mercado e do Estado. A produção irresponsável no Estado-mercado leva a um desperdício significativo, incluindo mas não limitado a:

1. Desperdício por entendimentos equivocados (do que deveria ser, poderia ser e/ou é agora). Naturalmente resulta de uma não contabilização universal da demanda, dos recursos e da satisfação. Ocorrem erros como exigir manuseio incorreto, coordenação incorreta e priorização incorreta. Confusão, conflito e crises resultam de mal-entendidos.
2. O desperdício da concorrência e hostilidade mútua dos envolvidos no mercado. Os trabalhadores desperdiçam energias em tarefas que não completam a satisfação direta das necessidades humanas. Os piores inimigos são os do próprio comércio. Ao fazer do lucro privado o motivo da produção, a escassez do produto produzido é o que cada produtor em particular deseja. A duplicação e o sigilo na conclusão dos esforços da concorrência. Alternativamente, a cooperação é para o benefício de todos os indivíduos.
3. O desperdício que vem como consequência de crises e interrupções de cumprimento. Em crises, as pessoas agem de forma ainda mais irracional, desperdiçando mais energia e recursos.
4. O desperdício de capital e trabalho ocioso a todo momento, porque não é coordenado globalmente para a sustentação da comunidade. Quando qualquer local de trabalho usa recursos e mão de obra, isso significa que a mão de obra não pode ser

usada por outro local de trabalho.

5. E aqui há o desperdício do planejamento da obsolescência e o desperdício do comércio em desequilíbrio de preço (ou seja, o que é produzido não é igual ao que é consumido).

O Estado-mercado, em muitos aspectos, é uma estrutura para impedir a formação da comunidade. No Estado-mercado, relacionamentos do tipo compra e venda devem ser engajados para garantir o que se quer. O dinheiro substitui o mundo material real, onde os recursos físicos são usados para completar as necessidades humanas reais. Essa transposição criou (nas mentes da maioria) uma confusão sobre o mundo real e uma ofuscação da possibilidade e probabilidade de satisfação das necessidades humanas, globais e do mundo real. Na comunidade não há meio de circulação de comércio/troca de nenhum objeto (por exemplo, sal, ouro) ou conceito (por exemplo, dinheiro, crédito). O método de cálculo da sociedade anterior usando preço de mercado e/ou estado foi atualizado para o que é possível com modelagem e contabilidade unificada, computação de software e entrada de dados em tempo real.

Na comunidade, ninguém é dono das máquinas de produção. Os contribuidores têm acesso em nível de sistema à operação dos sistemas de serviço de habitat. Em uma sociedade do tipo comunitário, ou todos são donos de tudo ou ninguém possui nada. E, esta última é a abordagem mais eficiente. No lugar da propriedade, há acesso coordenado pela contribuição a grupos de trabalho e equipes de serviço de habitat que criam abertamente e operam de forma responsável planos para a realização humana global. São os colaboradores que estão fazendo o trabalho para atender a todas as necessidades, incluindo as próprias, como um usuário comunitário do sistema. O colaborador é o usuário e o usuário é o colaborador.

A classe capitalista no Estado-mercado "luta" contra a classe trabalhadora, porque o capitalista está sempre procurando reduzir a mão de obra, porque isso é um custo significativo para o negócio. Os capitalistas, em geral, vão querer reduzir a quantidade de custos gastos, e o trabalho é um custo. Simultaneamente, o trabalhador busca mais pagamento e deve "lutar" contra as reduções de pagamento. Ao mesmo tempo, o capitalista também busca aumentar as vendas, produzir mais receita, o que resulta em aumento da renda para gastar. Com mais receita, o capitalista pode gastar mais e fazer mais. Nas organizações cooperativas, no capitalismo, com mais receita, a corporação pode fazer mais pelos empregados. Nas organizações competitivas, no capitalismo, a corporação pode fazer mais pelos seus acionistas. Com mais tributação, no capitalismo, a corporação estatal pode fazer mais por seus cidadãos.

O capitalista deseja mais vendas e, ao mesmo tempo, é o trabalhador que está fazendo a produção e o trabalhador que está fazendo a compra e o consumo. De certa forma, o papel do capitalista aqui é administrar o trabalho que torna possível o ciclo empregador>empregado>consumidor>empregador>.... E, ao fazer isso, a administração faz um corte ou privatização do meio de troca circulante da conta (por exemplo, tokens, crédito). Os proprietários expropriam o valor/trabalho dos trabalhadores para sua própria autoacumulação de "valor" do capital.

No mercado a única forma de saber o que está disponível é visitando todas as lojas. A internet tornou esse processo mais eficiente. Ainda, não há um método central disponível para o usuário/consumidor conhecer todos os produtos disponíveis com comparações transparentes. Os mecanismos de busca na Internet e os serviços de armazém de distribuição como a Amazon reduziram o tempo necessário para encontrar produtos, mas sem ir a cada loja individualmente ainda é impossível conhecer todo o espectro do que está disponível. Há uma grande perda de tempo no mercado por ter que ir de loja em loja para descobrir o que está disponível e determinar o que é melhor comprar com o que se tem acesso financeiro. Obter o máximo e o melhor com o mínimo de dinheiro requer um investimento de tempo significativo. Aqueles sem tempo e conhecimento com mais frequência recebem o mínimo e o pior por mais dinheiro. Alguém sem experiência em compras provavelmente não obterá o valor de seu dinheiro. Ou, dependendo da jurisdição em que moram, o Estado pode cobrar mais impostos a cada compra, diminuindo ainda mais o poder de compra do dinheiro de alguém. Fazer compras é uma experiência chocante, inconveniente, manipuladora e extrativista (tributária).

A ideia da publicidade é que há competição entre vários produtores, e os produtores gastam dinheiro em publicidade para conscientizar os consumidores de seu produto e incutir neles que seu produto é melhor que seus concorrentes. Tudo isso é removido com a mudança para um sistema de informação unificado e uma rede global de habitat [patrimônio comum]. Na comunidade não há necessidade de anunciar produtos ou atrair clientes. No mercado, lojistas e revisores públicos ajudam as pessoas a escolher o que comprar. Os vendedores estão presentes tanto para dizer às pessoas o que elas querem quanto para induzi-las a comprar o que não querem. É uma preocupação para os vendedores se as pessoas compram ou não, porque os salários estão de alguma forma direta ou indiretamente ligados. De fato, os vendedores são contratados com o único propósito de facilitar a venda dos produtos, e geralmente se espera que façam o máximo para fazê-lo. Os vendedores de lojas dependiam para sua subsistência da venda de produtos.

Produtos e serviços na comunidade estão lá para quem precisa deles. É tarefa do serviço de habitat atender as pessoas, receber seus pedidos e acompanhar a entrega. Não é interesse do produtor (contribuinte) escoar os produtos para quem não precisa deles. Na comunidade, o catálogo de produtos, ao contrário do revisor ou vendedor, fornece ao usuário em potencial todas as informações que ele precisa saber sobre o produto e sua comparação com outros. Essas informações de suporte à decisão orientadas ao usuário representam um conjunto de informações imparciais pelo qual as equipes de produção social são responsáveis. Cortesia e precisão no recebimento de pedidos, eficácia na produção e eficiência na distribuição são tudo o que é necessário. Esse arranjo elimina o presente mentiroso em condições de mercado em que os vendedores deturpam seus próprios produtos e os de outros.

Em toda a rede de habitats, a variedade de produtos é essencialmente a mesma e, em geral, nenhum benefício é obtido em visitar um centro de acesso em um determinado habitat em detrimento de outro. Em muitos casos, a determinação e seleção podem ser feitas online e a distribuição feita para o local dos usuários. Observe a tremenda economia de recursos, energia, manuseio, informação, etc., por um sistema de distribuição do tipo comunitário em relação ao do Estado-mercado. No Estado-mercado, em geral, um fabricante vende para um atacadista, um atacadista para um varejista e um varejista para um cliente, e as mercadorias devem ser manuseadas e tributadas a cada vez. Em vez de a produção atender diretamente a demanda por plano, a ação do comércio está ocorrendo dentro do que de outra forma seria um ambiente de produção de

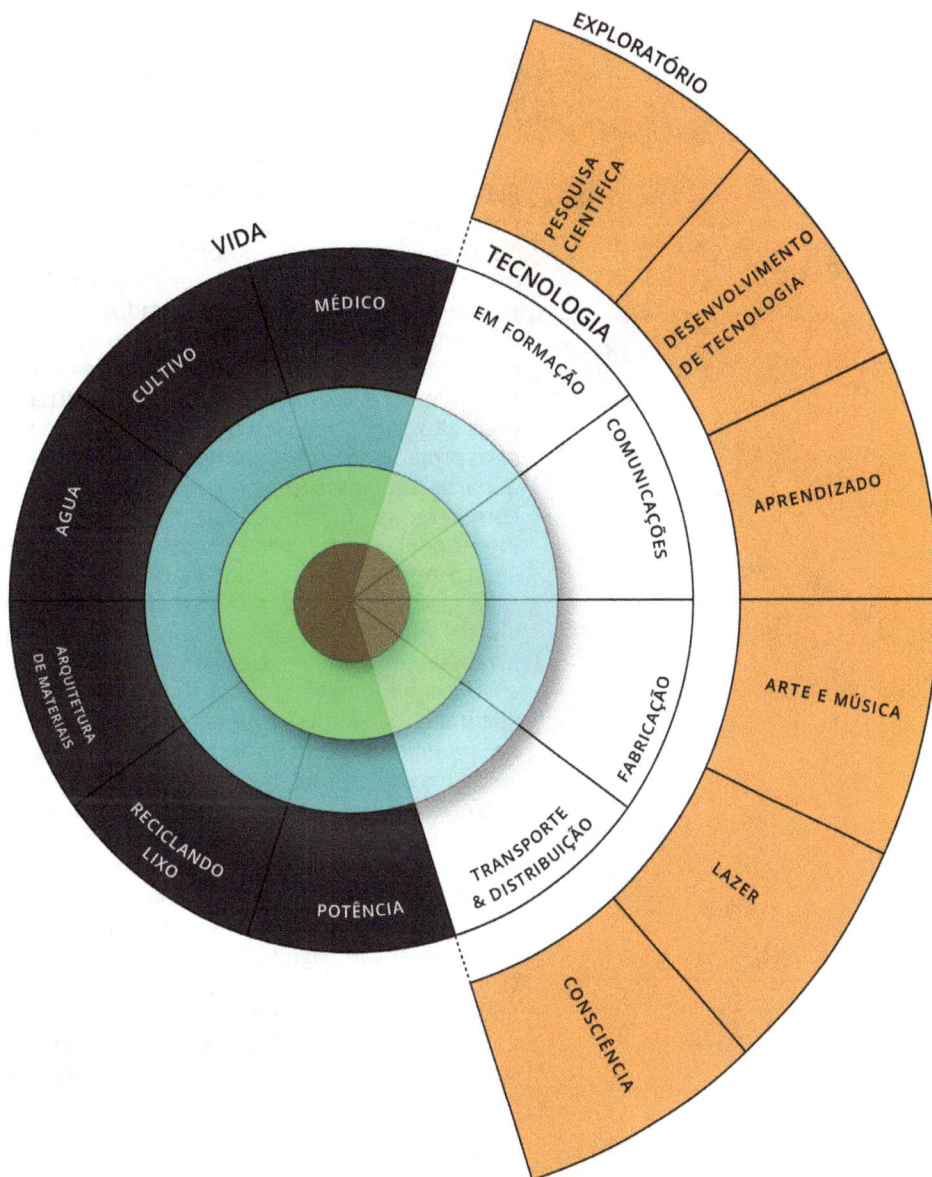

Figura 22. *Modelo mostra sistema de serviço de habitat onde suporte de vida e suporte tecnológico se espalham [à direita] para produzir suporte exploratório para uma população.*

habitat direto e unificado. Na comunidade, os habitats existentes fornecem a variedade total de produtos e serviços disponíveis, e os planos identificam a variedade total de bens planejados para estarem disponíveis no futuro. Em que, os planos atuais determinam o que está disponível a qualquer momento.

8 Cidades na Comunidade

Esta seção fornecerá uma visão geral de como são as cidades na comunidade e, em seguida, fornecerá uma breve descrição de uma possível configuração de um sistema urbano. Esta configuração da cidade que descreverei seria parte da rede comunitária socioeconômica global de sistemas urbanos ivntegrados. Hoje, mais da metade da população mundial vive em cidades. E o número de pessoas se mudando para as cidades está aumentando diariamente. Com esse fato em mente, é importante reconhecer que há uma correlação direta entre o projeto desses sistemas urbanos e a felicidade diária, o bem-estar e a realização de todos neste planeta. A humanidade continuará a fazer cidades, e é extremamente importante projetar esses sistemas urbanos de forma inteligente com nossa realização global mútua em mente.

As cidades em comunidade são projetadas para funcionar de forma sustentável para nossa realização. Elas são abertamente moldadas e atualizadas por nós, com base em nossos entendimentos em evolução de como somos mais naturalmente cumpridos. Para o melhor de nossas compreensões e habilidades, as cidades comunitárias são projetadas para incorporar elementos do ambiente natural de nossa espécie. Essas cidades do tipo comunidade são criadas em harmonia com a natureza (e nosso habitat maior) para obter o mais alto padrão de vida possível para todos. Para isso, seus projetos são coerentemente integrados e formados a partir do nosso modelo unificado de informações comunitárias. É seu design social bem pensado e intencional que permite que os indivíduos nele decidam seus próprios estilos de vida e preferências pessoais.

A grande maioria da população da comunidade viveria nessas cidades continuamente atualizadas, livres de poluição, eficientes em termos energéticos e autossustentáveis. Essas cidades enfatizam a segurança, a simplicidade da construção e a eficiência na modificação. Eles apresentam ar e água limpos, cuidados de saúde, nutrição otimizada, recreação e entretenimento, habitação pessoalmente personalizada e acesso a uma ampla variedade de oportunidades enriquecedoras para o auto-desenvolvimento e contribuição da comunidade. Todas as estruturas dessas cidades são projetadas para serem relativamente livres de manutenção, significativamente à prova de fogo, e virtualmente imunes a condições climáticas e geológicas adversas, mantendo o potencial de ser continuamente atualizado e personalizado (à medida que a demanda surge). Através da aplicação da tecnologia de automação, eles são significativamente autossustentáveis em sua operação – deixando às pessoas a liberdade e o espaço para vivenciar intencionalmente o mundo ao seu redor. E, para aqueles de nós que não querem viver nessas cidades, existem casas modulares autônomas que podem ser facilmente construídas em qualquer lugar, mesmo no mar, e são principalmente autossustentáveis.

Em uma cidade comunitária, os edifícios não estão

mais escondidos em selvas de concreto; em vez disso, são prazeres estéticos para si mesmos. Além disso, as cidades da comunidade estão imersas em jardins adoráveis, porque é isso que as pessoas precisam para o seu bem-estar. Em vez de ter "parques", toda a cidade é um "parque". Locais e atividades agradáveis, e oportunidades de crescimento, são incorporados em nosso ambiente. Projetamos nossas cidades para atender às necessidades humanas e, portanto, nossas cidades não têm os problemas sociais e ecológicos que são prevalentes nas cidades no início do século XXI (devido aos seus projetos mal pensados). Nossas cidades são simples em seu design, elegantes em sua aparência, e eficientes em sua operação. Quando as cidades são extremamente complexas, mal pensadas e deselegantes, então elas não são susceptíveis de operar bem para a humanidade. Uma cidade que opera para o nosso cumprimento tem que ser eficiente; uma cidade ineficiente tem dificuldade em evoluir e provavelmente se autodestrói sob o peso de suas próprias necessidades.

Através do uso de um modelo de informação comum, as cidades em comunidade são rápidas de planejar, fáceis de montar e desmontar, eficientes de manter, estéticas na aparência e altamente duráveis. Eles são projetados para que possam ser desmontados tão facilmente quanto foram montados. As técnicas de construção para este tipo de sistema de vida seriam muito diferentes das empregadas na sociedade do início do século XXI. A maioria dos elementos que compõem as estruturas dessas cidades são intercambiáveis, interligadas e modulares. Nossa abordagem prevê, pelo menos em parte, a montagem de cidades inteiras, padronizando elementos estruturais básicos, alguns dos quais são pré-fabricados em plantas automatizadas e montados no local. Estruturas de pré-fabricação, impressão, extrusão e autoevotação garantem um processo de construção otimizado.

Aqui, reconhecemos que é mais fácil (menos problemático e mais eficiente) construir cidades mais novas do zero do que tentar atualizar, restaurar e reconfigurar as antigas. Embora algumas pessoas defendam a adaptação das cidades existentes à comunidade, esses esforços estão muito aquém de nossas capacidades, e provavelmente não são uma opção viável (para a maioria das cidades) devido ao seu layout, e também, questões seriamente complexas com propriedade e jurisdição. Modificar cidades ultrapassadas não vai longe o suficiente e simplesmente atrasará (ou pior, obscurecerá) o aparecimento de seus problemas estruturais e, portanto, suas inevitáveis consequências sociais e ecológicas negativas. Hoje, podemos reestotar e construir cidades em direção ao nosso cumprimento de maneiras e com velocidades inimagináveis há 20, 50 ou 100 anos atrás.

Os sistemas urbanos modernos são dispostos de forma organicamente desorganizada e sem premeditação à realização humana ou a modificações futuras. Muitas vezes parecem ser construídos (e às vezes até operados) aleatoriamente – é claro que sua operação não é aleatória, é baseada em lógica burocrática e incentivada pelo mercado, o que só faz com que seu funcionamento pareça aleatório. Nessas cidades, instalações como hospitais, lojas, escolas, espaços de trabalho e playgrounds muitas vezes não são facilmente acessíveis, e chegar a elas pode ser uma experiência menos do que agradável. As cidades modernas são selvas de concreto poluídas com muito pouca vegetação, o que de outra forma facilitaria a saúde humana e permitiria que a natureza coexistisse conosco. Essas cidades estão sobrecarregadas com carros, que têm uma variedade de consequências negativas, incluindo ruído, engarrafamentos, acidentes, poluição, e simplesmente ocupando espaço. A maioria das cidades modernas tem uma abundância de famílias atingidas pela pobreza – na verdade, elas se tornaram centros de pobreza. Quase todos os lugares que você vai há manutenção, ou a necessidade de manutenção. Eles são propensos a impasses e colapsos. Eles dependem (e às vezes até mesmo definidos por) o constante fluxo de recursos, o que significa que eles nunca podem ser sustentáveis. Além disso, cidades altamente preferidas são sobrecarregadas por um fluxo contínuo de novos moradores, o que eleva os preços de seus habitantes e reduz o espaço disponível por habitante, tornando a situação de vida menos agradável para todos os habitantes. Muitas pessoas nestas cidades estão tão ocupadas acumulando riqueza como dinheiro, propriedade e poder que perderam a consciência do que significa ser um ser humano entre uma comunidade de todos os seres. Eles se tornaram desconectados da fonte de sua realização, e suas materializações arquitetônicas adotaram distorções semelhantes.

Quando as cidades da sociedade no início do século XXI é projetada (ou re-projetada), elas são feitas de uma maneira melhor para os negócios e o controle político. São essencialmente construções de entidades comerciais e estaduais e, portanto, devem permanecer concordante aos seus ditames. E, como nós da comunidade sabemos muito bem, os interesses das corporações e dos Estados não estão alinhados com os interesses dos organismos.

Essas cidades modernas se tornaram produtos no mercado, alguns dos mais famosos são Londres, Paris, Nova York, Moscou, Pequim, Tóquio, Dubai, Mumbai, Kuala Lumpur e Cingapura. São produtos comercializados agressivamente para atrair turistas, moradores, nova indústria e investimentos. Pode ser interessante notar que os filmes são importantes forma de marketing para essas cidades. Essa é, é claro, uma das razões pelas quais a produção de um filme retratando uma cidade do tipo comunidade é importante para o nosso próprio marketing [da comunidade].

No início do século XXI, quando a maioria das pessoas pensa em viver perto umas das outras, elas pensam em termos de cidades urbanas modernas, seus subúrbios e ambientes rurais tradicionais. Muitas pessoas têm dificuldade em imaginar um sistema integrado de cidade comunitária. Sua percepção do que é um ambiente vivo, e o que poderia ser, está contida dentro de uma visão socioeconômica e arquitetônica fixa e limitada. E é por isso que a produção de um filme e uma experiência de realidade virtual de nossa forma de cidade é tão importante na facilitação de uma compreensão do que estamos criando. A experiência de uma cidade em comunidade é tão diferente de como as pessoas foram criadas, e vivem na sociedade do início do século XXI, que elas têm dificuldade em perceber o que estamos propondo e, portanto, devem ser atendidas em seu próprio nível, com a mídia que estão atentas e ressoam.

8.1 O Raio de Vida

Continuando com nossa descrição das cidades em comunidade, gostaria de apresentar a ideia de um "raio de vida". Uma cidade em comunidade é essencialmente um "raio de vida" arquitetônico demarcado no qual controlamos de forma sustentável as variáveis ambientais e otimizamos a realização humana. O termo "raio de vida", em si, descreve o espaço onde passamos a grande maioria de nossas vidas (~80 - 90%). Tudo o que fazemos dentro desse raio de vida, é considerado um impacto em todo o resto. Quando temos que dirigir um carro esse raio pode ser bem grande. Mas, o raio de vida ideal é muito menor do que os arranjos da cidade onde os carros são necessários. Na comunidade, projetamos cidades em uma escala baseada no ser humano, e não no carro. Olhamos para as cidades e seus caminhos de uma maneira orientada para as pessoas. O ser humano médio caminha dois quilômetros em aproximadamente vinte minutos. E se aquela caminhada de dois quilômetros fosse linda, atraente, segura, agradável, e você pudesse atender às suas necessidades, contribuir e se desenvolver, com outros que estão fazendo da mesma forma. Uma bicicleta estende o raio, ou torna o movimento no raio mais eficiente. Mas, o ponto é que, você quer a maioria das coisas que você vai fazer, por uma grande porcentagem do seu tempo, para estar dentro desse raio. Ter acesso ao que é necessário dentro de um raio andável, está fortemente correlacionado com o bem-estar. Pense em sua própria vida por um momento: Onde estão as casas do seu amigo, seus espaços de coleta e relaxamento enriquecidos, e os locais que produzem e distribuem suas necessidades materiais? Dessas coisas-chave que compõem o raio da sua vida, quantas você pode acessar a pé ou de bicicleta, e é a experiência segura, confortável e agradável.

8.2 Sistemas Auto-Integrados

Para criar um raio de vida que satisfaça nossas necessidades, as cidades em comunidade são projetadas de forma integrada e, portanto, muitas vezes são referidas como "sistemas urbanos integrados". Um sistema urbano integrado (também conhecido como sistema total da cidade) é uma cidade na qual cada elemento opera em conjunto eficientemente como um sistema inteiro. Em outras palavras, todos os aspectos da construção e funcionamento de uma cidade

comunitária estão bem integrados. Em vez de deixar as funções da cidade sob o controle de organizações isoladas, indivíduos e programas obscuros, as cidades da comunidade integram seu controle. Todos os aspectos funcionais dessas cidades, desde o cultivo de alimentos até o esgoto e a produção de energia são processados em conjunto como um sistema (ou seja, são 'integrados'). Na comunidade, pensamos através de nossas ideias e as integramos coerentemente em nosso modelo de informação unificada antes de codificar e construí-las em nosso ambiente, onde elas são testadas para garantir o alinhamento desejado. Uma abordagem total do sistema urbano requer projeto sistemático e planejamento geral para atingir um alto padrão de vida para todos os ocupantes.

Agora, eu acho que é importante abordar uma questão aqui: a noção de que o planejamento inteligente de sistemas centrais, implica uniformidade em massa, não é precisa. As cidades em comunidade seriam uniformes apenas na medida em que exigiriam muito menos materiais, economizariam tempo e energia, e seriam flexíveis o suficiente para permitir mudanças inovadoras (através da modularidade), preservando a ecologia local. Cidades em comunidade são planejadas para que sejam capazes de atender às necessidades, desejos e preferências de todos os habitantes da comunidade. Através do planejamento e dos testes, somos capazes de produzir um espaço de convivência agradável e desejável que remove a expansão urbana e pode efetivamente explicar problemas sociais, econômicos e ecológicos. A integração da função é necessária para reafirmar que os filmes são importantes otimizações de nosso cumprimento, bem como uma solução-orientação responsável para quaisquer problemas que possam surgir.

Aqui, os sistemas de processamento de informações e automação são combinados com sensores e esforço humano (quando necessário e/ou desejado) para otimizar a eficiência operacional da cidade. O uso de métodos tecnológicos atualizados, incluindo feedback eletrônico, processamento de informações digitais e automação, é aplicado a todo o sistema da cidade. O uso da automação garante que o que pretendemos acontecer, realmente aconteça, toda vez que queremos que isso aconteça. Através da aplicação da computação somos capazes de processar trilhões de bits de informação por segundo, o que é útil (embora não absolutamente essencial) para a facilitação de decisões complexas multivariáveis e, portanto, para o funcionamento coordenado dessas cidades. A coordenação inteligente mantém os serviços de uma cidade operando no máximo de eficiência e tempo de atividade, mantendo nossa realização materialmente desejada e criando uma economia otimizada que evita excessos e escassez. Por exemplo, a irrigação e a fertilização de um cinturão primário de cultivo de alimentos (dentro de uma dessas cidades) é programadamente controlada através de um sistema automatizado de irrigação envolvendo sensores ambientais, circuitos integrados e várias tecnologias mecânicas. Assim, o surgimento de um sistema de serviços que liberta os seres humanos do trabalho desnecessário, torna o uso mais eficiente dos recursos (água em particular), ao mesmo tempo em que garante uma paisagem saudável sustentada. A gestão de resíduos, a geração de energia e outros serviços são gerenciados por esses métodos "inteligentes" (ou seja, "cibernéticos"). Esse controle integrado é abertamente programado por nós, para nós (como comunidade), e aplicado em todos esses sistemas municipais para preocupação social e ecológica.

Além disso, um sistema urbano integrado também é definido pela consolidação do maior número possível de funções (ou desejadas) na menor quantidade de área material. Por exemplo, a maioria das superfícies externas dos edifícios convertem energia solar em eletricidade, e as superfícies são equipadas com sistemas automatizados de limpeza.

8.3 Automação adequada

Na comunidade, a automação de serviços é aplicada de forma adequada. Por exemplo, em algumas configurações de serviço de habitat (cidade) pode haver locais que servem comida com humanos que fazem o serviço. Nessa configuração de serviço de habitat, há indivíduos que contribuem dessa maneira (ou seja, no preparo, no serviço e na limpeza da alimentação). Caso contrário, tais atividades robóticas são automatizadas por sistemas mecanizados (dos quais uma máquina de lavar louça é um exemplo simples), ou indivíduos executam os processos (leia-se: preparação de alimentos, serviço e limpeza) por conta própria. Aqui, os seres humanos contribuem para a conclusão das tarefas necessárias de uma maneira intrínseca. Por exemplo, alguns serviços de habitat podem ter uma cultura de cafés automatizados, outros podem ter preferência por cafés trabalhados por humanos e até mesmo outros podem não ter nenhum café. Além disso, existem muitas maneiras de receber alimentos na comunidade. Pode ser cultivado e colhido localmente por indivíduos, pode ser adquirido através de um centro de distribuição (como muitos outros produtos) e levado para casa (ou para consumir em qualquer lugar). Se não houver humanos em uma cidade que desejem fazer alguma atividade (por exemplo, por segurança ou preferências), esse serviço será automatizado (ou simplesmente não existirá). Se não houver humanos que queiram visitar cafés, então não há necessidade desse serviço. E, se não há humanos que querem servir em um café, mas há humanos que querem visitar cafés (restaurantes), então o serviço será automatizado (dado o que for possível). Essa aplicação adequada de automações, dado o que é necessário, preferido e possível, diz respeito a todos os aspectos da produção [de todos os serviços de habitat].

8.4 Uma Configuração de Jardim Ambulante Circular

De um modo geral, ao nível da arquitetura material de uma comunidade humana com uma população suficientemente grande, e o acesso à tecnologia da informação digital, são cidades jardins, configuradas circularmente. À medida que nos afastamos de uma dessas cidades, vemos uma rede ramificada de cidades, cada uma separada por natureza. Diferentes cidades da rede podem exibir diferentes configurações funcionais e estética arquitetônica, embora todas ainda estejam

Figura 23. *Uma representação de um sistema urbano integrado com suas áreas funcionais zoneadas.*

Operações InterSistêmicas circulares
Jardins e parques permaculturais
Acesso ao serviço central e Hub de Transporte

Atividade comum e recreação circular
Habitação de baixa densidade e atividades de serviços silenciosos
Habitação de Alta densidade e atividades de instalações sociais
Cultivo em estufa e relaxamento recreativo circular
Recreação e cultivo circular

Não Aceite menos
AURAVANA

Espaço de vida de acesso gratuito (#Semdinheiro)

| Engenharia Social | Nossa herança comum forma um sistema de serviço de habitat integrado | Cada cidade é possível graças a um projeto social unificado e à automação de serviços espaciais |

baseadas em um sistema unificado de informações comunitárias. Enquanto muitas das cidades da rede seriam circulares, outras podem ser lineares, subterrâneas ou construídas como cidades flutuantes no mar.

A configuração circular proposta de muitas das cidades da comunidade não é apenas uma conceituação arquitetônica estilizada. É o resultado de raciocínio e evidências para fornecer um ambiente que possa melhor atender às necessidades dos habitantes e conservar recursos. O arranjo circular permite efetivamente o uso mais sofisticado dos recursos disponíveis e técnicas de construção com gasto mínimo de energia. A eficiência do design circular nos permite disponibilizar a todas as pessoas as comodidades mais avançadas que nosso conhecimento e energia podem fornecer.

Uma cidade circular é mais praticamente dividida através de caminhos em áreas conhecidas como setores [radiais] e cinturões circulares (também conhecidos como "circulares" ou "anéis"). Os setores radiais (separados por vias) são subdivididos por cinturões circulares (também separados por vias), que se estendem para fora a partir de um ponto central, formando uma estrutura de grade circular crescente. À medida que o círculo se expande, mais cinturões circulares seguem, até que o perímetro seja atingido onde o ambiente é permitido retornar à natureza selvagem sem qualquer forma de expansão. Em outras palavras, essas cidades circulares são compostas por uma área central além da qual, a geometria assume a forma de setores radiais e segmentos circulares. Na maioria das configurações, há uma diferenciação do funcionamento primário entre as correias (e às vezes dentro de segmentos de uma própria correia). Em outras palavras, cada correia circular (e/ou segmento radial) mantém um conjunto particular de funções, algumas das quais serão exclusivas dessa correia circular e darão nome ao cinto. Outras funções são compartilhadas entre cintos. A função central do cinturão de recreação, por exemplo, é fornecer serviços e estruturas recreativas. Em segundo lugar, porém, o cinturão recreativo mantém terras permaculturais e espaços aquáticos para o crescimento da alimentação e das belezas naturais. Embora cada correia circular tenha uma função de identificação do núcleo, todos os cintos são multifuncionais.

Há uma variedade de razões pelas quais um esquema circular da cidade é mais eficiente do que outros layouts da cidade. Em primeiro lugar, quando você começa em um ponto em um círculo, e se move ao longo desse ponto, você eventualmente volta para o mesmo ponto. Quando é uma cidade linear dentro da qual você está se movendo, você tem que viajar de volta (ou seja, retroceder) sobre a mesma área [em vez de apenas dar a volta). Assim, ao viajar dentro de uma cidade circular alguém poderia facilmente retornar ao mesmo lugar de onde começou sem ter que tomar o mesmo caminho de volta, como é o caso da maioria das cidades lineares. Em segundo lugar, os projetos circulares colocam instalações frequentemente utilizadas (transporte coletivo, médicos e outros locais comuns de acesso) próximos ao centro. Isso coloca a maioria da população residencial muito perto (no tempo e no espaço) para o centro da cidade, e garante que a viagem pela cidade seja relativamente fácil. Portanto, não importa onde você esteja em uma cidade circular, você estaria a uma distância razoável para acessar todas as instalações que a cidade tem a oferecer. Uma cidade em forma circular garante que nenhum ponto [de acesso] no círculo esteja cada vez mais longe do que metade da circunferência do próprio círculo, o que é uma importante consideração de design para a resposta de emergência. Por outro lado, uma forma quadrada sustenta que nenhum ponto está mais longe de outro do que a "distância de Manhattan" (ou seja, a distância entre dois pontos, como caminhos horizontais e verticais de 90° em uma grade quadrada; versus uma diagonal aguda com uma grade circular). Em quarto lugar, um projeto circular planejado minimiza o comprimento de todas as linhas de transporte e distribuição (em comparação com um design linear) - menos para construir, menos para manter e, portanto, mais eficiente. Em quinto lugar, considere que uma grade dentro de um círculo combinaria as vantagens do melhor uso do espaço com um sistema de endereçamento mais compreensível. Claro, uma grade quadrada ou grade circular são melhores do que uma configuração aleatória ou desorganizada. Um círculo, no entanto, fornece a forma mais eficiente de elementos de infraestrutura necessários para seu perímetro externo. Apenas 1 forma de elemento de entrelaçamento é necessária sobre 2 formas (reta e angular direita) para um quadrado. Em sexto lugar, o desenho circular permite que um setor "parecido com torta" da cidade seja projetado e, em seguida, replicado ao redor do círculo seis a oito vezes (com pequenas adaptações para diferenciação funcional) para formar toda a cidade. No projeto e produção de uma cidade circular trabalhamos 1/6 ou 1/8 do sistema da cidade, e então reproduzimos em torno de um ponto central. A replicação de um setor radial em torno de um eixo central (voltando ao próprio setor original) utiliza menos recursos do que os métodos convencionais de construção para cidades lineares. Na terminologia do mercado, essas cidades são extremamente econômicas porque apenas um setor radial precisa ser projetado, que pode então ser duplicado repetidamente e ligeiramente, uma versão para a conclusão de uma cidade inteira. Em sétimo lugar, um layout circular é facilmente replicado em diferentes escalas. Essas cidades podem ser projetadas para algumas centenas de pessoas, ou dimensionadas até tamanhos populacionais de 100.000 ou mais. E, finalmente, pelo menos para esta discussão, o arranjo circular também é um projeto geométrico útil para espelhamento de ciclos naturais de cultivo simbiótico. A agricultura simbiótica circular, por exemplo, é frequentemente aplicada como parte do último cinturão circular dessas cidades.

Em geral, uma cidade circular bem projetada e estética, tende a se sentir mais harmoniosa e aberta do que seu equivalente como uma cidade linear. Vivemos na esfera (de espécie), e de uma perspectiva bidimensional. O planeta sobre o qual vivemos, toma a forma de um círculo. Pode ser ainda mais interessante considerar que nossos olhos, as estrelas no céu, incluindo nosso sol, e a lua também estão todos em forma circular. Até nossa galáxia tem uma simetria circular. Pode ser interessante considerar que os movimentos da natureza se movem em esferas e anéis, e todos os corpos cósmicos parecem se mover em arcos em espiral.

É verdade que as praças podem ser mais facilmente compactadas do que círculos, mas ao projetar sistemas urbanos para a comunidade, além do perímetro da cidade, permitimos que o ambiente retorne à natureza selvagem. Assim, enquanto uma cidade linear ou quadrada continuaria a adicionar mais "blocos" [a si mesma]; em vez disso, a comunidade permitiria um retorno à natureza antes da criação de outra cidade [circular]. Uma cidade com blocos quadrados pode se expandir indefinidamente colocando outro bloco ao lado do anterior, enquanto uma cidade com um único bloco circular não pode fazê-lo com alinhamento geométrico. Uma cidade circular é uma grade circular reduzindo a um eixo central. Claro, se uma cidade circular requer expansão por algum motivo, ainda é possível fazê-lo com alinhamento geométrico, ampliando a cidade radialmente, segmento por segmento. Na verdade, este é um método para montar a cidade em primeiro lugar. Além disso, se a agricultura circular fosse utilizada no cinturão segmentado externo durante a construção em fases da cidade, a base do solo poderia ser construída à medida que a cidade fosse montada (cinturão por cinturão) ao seu tamanho planejado. Mas lembre-se, na comunidade, não queremos expansão indefinida [cidade, econômica ou não] em nosso planeta finito. Em geral, quando uma cidade atinge capacidade de transporte, outra cidade será construída, separada por natureza, a alguma distância calculada do anterior. Alternativamente, alguns elementos da cidade poderiam expandir verticalmente para ampliar sua capacidade de transporte.

Claro, também vale a pena notar aqui que as cidades geralmente não são construídas em uma superfície plana, mesmo as cidades planejadas têm que contornar características naturais no terreno; ou seja, no grau em que o local foi devidamente selecionado e o terreno é capaz de ser modificado. A cidade circular é simplesmente um design teoricamente "ideal", a topografia local e a geografia, em muitos casos, mudarão um pouco o design.

Agora que terminamos nossa introdução às cidades em comunidade, começarei a descrever uma possível configuração de uma dessas cidades circulares de jardim ambulante. Primeiro começarei com uma descrição do centro da cidade e trabalharei para fora através dos diferentes cinturões circulares. Observe que os elementos estilizados dos edifícios e áreas dessas cidades podem ser personalizados para a estética cultural preferida e tradicional da população geográfica local. Por exemplo, edifícios em uma cidade comunitária na China, Japão, Índia, Europa, Américas, África ou Oriente Médio podem ter elementos de design estilizados tradicionais para esses locais.

8.4.1 A Área Central

A primeira área do arranjo circular da cidade gostaria de salientar é o centro da cidade; seu ponto de acesso central. Aqui no centro de uma dessas cidades circulares você pode encontrar atendimento médico, centros de conferência, centros de exposições e arte, e uma série de outros espaços onde ocorre interação social. Esta área central também pode ser um centro de transporte se a cidade incluir um sistema de transporte rápido em massa. Note que se as instalações médicas são colocadas no centro, então você nunca está mais longe de receber cuidados médicos do que se você estivesse no mesmo cinturão em outro setor da cidade, o que é uma consideração importante para uma população ativa e lúdica. E, claro, sob outras configurações da cidade a área central pode não ter nenhum edifício, mas em vez disso pode ser um jardim para encontro comum e beleza natural.

8.4.2 Jardins Permaculturais

Saindo da área central, essa configuração [estamos

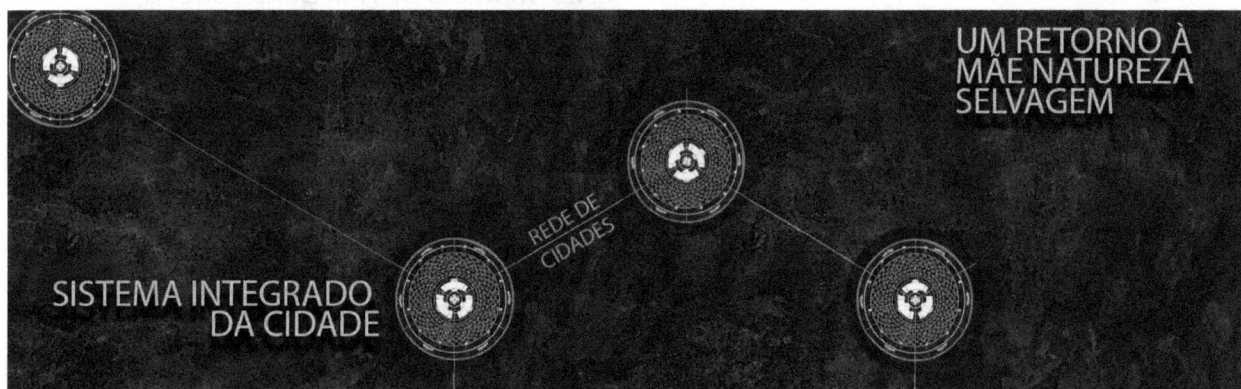

UM RETORNO À MÃE NATUREZA SELVAGEM

REDE DE CIDADES

SISTEMA INTEGRADO DA CIDADE

Figura 24. *Representação de uma rede de sistemas urbanos integrados, além da qual a humanidade cuida da natureza.*

imaginando] tem jardins e parques permaculturais e aquaculturais. São belas paisagens organizadas para cultivo de alimentos e relaxamento estético. À medida que você anda por eles, alimentos frescos estão disponíveis sazonalmente para a colheita, e há terreno para brincar e contemplar.

A Permacultura é uma expressão originada do inglês "Agricultura Permanente" e foi criada por Bill Mollison e David Holmgren na década de 70 do século XX. Ao longo dos anos ela passou a ser compreendida como "Cultura Permanente", pois passou a abranger uma ampla gama de conhecimentos oriundos de diversas áreas científicas, indo muito além da agricultura. Nos dias atuais, a permacultura transpassa desde a compreensão da ecologia, da leitura da paisagem, do reconhecimento de padrões naturais, do uso de energias e do bem manejar os recursos naturais, com o intuito de planejar e criar ambientes humanos sustentáveis e produtivos em equilíbrio e harmonia com a natureza.

A permacultura possui três éticas e alguns princípios de planejamento que são baseados na observação da ecologia e da forma sustentável de interação com o habitat natural, produção de vida das populações tradicionais com a natureza, sempre trabalhando a favor e de acordo com os fluxos naturais

Os três principios da permacultura são:

1. Cuidar da Terra
2. Cuidar das pessoas
3. Compartilhar

Os doze princípios de planejamento da permacultura:

1. Observe e interaja
2. Capte e armazene energia
3. Obtenha rendimentos
4. Pratique a autorregulação e recebav conselhos (feedbacks)
5. Use e valorize os serviços e recursos renováveis
6. Não produza desperdícios
7. Design partindo de padrões para chegar aos detalhes
8. Integrar
9. Use soluções pequenas e lentas
10. Use e valorize a diversidade
11. Use os limites e valorize o que está nas margens
12. Responda criativamente às mudanças

8.4.3 O Setor de Serviços de Sistemas de Habitat (Setor de Operação InterSistemas)

O próximo cinturão circular é composto principalmente por edifícios utilizados para a conclusão de obras relevantes para a continuidade de todo o sistema da cidade (é mais conhecido como Setor de Operações Intersistemas). Esses edifícios abrigam hubs de acesso, instalações de manutenção e operações, além de espaços de pesquisa e produção. Aqui, concluímos principalmente o trabalho e ciclos de serviços e tecnologias pela cidade, que são constantemente atualizados. Todos os cintos são multifuncionais, e por isso dentro desses edifícios também há muitos espaços de acesso comuns para uma grande variedade de atividades técnicas e voltadas para a criatividade.

8.4.4 Área de Lazer

À medida que nos afastamos do cinturão de serviço chegamos à área de lazer, que conta com quadras, ginásios e todos os jogos e atividades recreativas que as pessoas necessitam, entre belos terrenos e paisagismo. Este cinturão tem centros de arte, teatros e vários espaços de prática e entretenimento. Também podem haver instalações gastronômicas aqui, e outras comodidades.

8.4.5 Área de Moradia de Baixa Densidade

À medida que nos movemos para fora, novamente, chegamos à área de moradia e habitação de baixa densidade onde há riachos sinuosos, lagoas, cachoeiras e jardins adoráveis por toda parte, dando a cada moradia uma visão de beleza e uma sensação de estar em paz restauradora com o mundo. A área residencial da cidade continua a ideia de coexistir harmoniosamente com a natureza. Todas as casas são semelhantes em seu design arredondado moderno, mas ao mesmo tempo são muito diferentes. Sua singularidade é um reflexo da personalidade do proprietário e do funcionamento desejado da casa. Os elementos arquitetônicos de todas as habitações são flexíveis e coerentemente dispostos a melhor servir a preferência individual. As características de todas as moradias da cidade são selecionadas pelos próprios ocupantes.

Entre cada casa há barreiras naturais como arbustos e árvores, isolando uma da outra com paisagismo exuberante. Assim, as pessoas que preferem morar em casas e manter jardins podem preferir morar nessa área.

8.4.6 Moradia de Alta Densidade

O próximo cinturão chegamos a funções principalmente para moradia de alta densidade. Suas moradias são para aqueles que preferem apartamentos. A razão pela qual algumas pessoas podem querer morar em um apartamento é porque os próprios edifícios de apartamentos têm um grande número de serviços incorporados na torre, proporcionando acesso imediato e próximo para aqueles que podem querer esse tipo de colocação de moradia. As pessoas que optam por morar em apartamentos podem preferir um arranjo de moradia mais denso socialmente. Essas moradias também estão acima do solo, e assim, proporcionam belas vistas da cidade e do ambiente natural circundante.

Em segundo lugar, este cinturão mantém sistemas de

produção de energia, bem como jardins encantadores e áreas de coleta comuns para o relaxamento.

8.4.7 Canais de Água e Cultivo Controlado

Passando do cinturão de habitação de alta densidade em nosso caminho para o anel externo da cidade, chegamos ao cinturão primário de cultivo de alimentos entre dois canais de água. No cinturão de cultivo de alimentos, cultivamos organicamente uma grande variedade de espécies de plantas e insetos, tanto ao ar livre quanto dentro de estufas. Aqui, um belo caminho de caminhada e ciclismo cercando todo o cinturão. A principal função deste cinturão de cultivo é cultivar alimentos suficientes para todos os habitantes da cidade.

Ao olhar para os canais de água, considere por um momento a sabedoria de nossos ancestrais em sua escolha de desenvolver seus sistemas vivos em torno de uma fonte de água. Aqui, as vias navegáveis fornecem armazenamento de água, colheita, irrigação e purificação. Nos canais de água há geradores atmosféricos de captação de água com unidades de destilação solar. Esses sistemas de condensação evaporativa são um dos meios pelos quais a cidade cria água potável. E, pelo menos um canal está sempre disponível para natação. Pode haver outros anéis primários mais próximos do centro onde ocorre o gerenciamento da água.

8.4.8 Uma Barreira Natural

Logo após a hidrovia final é um anel construído como uma barreira geomórfica de vegetação. Ele foi projetado para evitar perturbações ecológicas no centro da cidade e purificar o esco escoado ambiental do próximo cinturão para fora. A vegetação selecionada para essa barreira natural terá um segundo propósito, será usada para a colheita em alimentos, têxteis e muitos outros materiais úteis.

8.4.9 Um Sistema de Agricultura Circular

Nesta configuração, o anel do perímetro externo é [em parte] uma "fazenda circular", um sistema de pastagem holisticamente planejado também conhecido pelos nomes cultivo síbiótico circular, agricultura regenerativa, pastagem rotacional e agricultura sintropia. É um

Figura 25. *Plano de local do conceito inicial de um sistema de cidade integrado*

processo biomimético, que espelha o que ocorre na natureza. Aqui, a "agricultura" segue ciclos ecológicos naturais. Esta área circular é principalmente uma combinação de pastagem e terra de pomar que movemos diferentes animais através de uma ordem particular para imitar ciclos naturais, que constrói nossa base de solo e fornece alimentos.

Nesta área há grama entre árvores, e muitas vezes, quando deixada sem controle, a grama crescerá e sufocará as árvores (o mesmo com arbustos). O início do século XXI geralmente evita essa consequência usando um cortador de grama. Mas a natureza fornece uma alternativa. Imagine correr vários organismos diferentes ao redor desta área circular. Enviamos gado pelo pomar e deixamos eles cortarem toda a grama. E, à medida que vão o gado fertilizar as árvores. Eles depositam seus resíduos, e então, pisoteiam-no no chão para criar solo fértil e rico em carbono. Alguns dias depois do gado, enviamos as cabras, que comem os arbustos que o gado não necessariamente comeria. As cabras também sobem e podam os 1,80 m mais baixos das árvores. Eles também fertilizam. Os porcos são executados como consumidores de resíduos que sobraram. Então enviamos as galinhas em um "golpe de galinha móvel". As galinhas também fertilizam o solo e comem todos os insetos que eclodem do estrume dos dois primeiros ruminantes que passaram. Galinhas vêm depois que os porcos desenterraram grandes pedaços de grama. Eles "limpam" a área e fertilizam com seu alto estrume de nitrogênio. Então, pelo menos, nós intencionalmente executamos 4 espécies animais diferentes por esta área, e como resultado, temos vários cultivos, construímos nossa base de solo, e temos a oportunidade de desempenhar um papel no bem-estar de outras espécies simbióticas, ao mesmo tempo em que nos damos um ambiente pitoresco para desfrutar em uma variedade de modas.

Entre a fazenda circular, este anel também pode ser usado para atividades recreativas como bicicleta, golfe, caminhadas e equitação. As áreas aqui podem ser reservadas para fontes renováveis e limpas de energia, como energia eólica, solar, sistemas de concentração de calor, geotérmica, entre outras. Também pode haver grandes cúpulas de atividade posicionadas em torno deste anel se é isso que a população de uma determinada cidade deseja. Além disso, poderia haver apartamentos mais baixos estruturas do tipo perto da borda externa para pessoas que preferem apartamentos, mas gostariam de um tipo de vida mais ao ar livre, perto de onde a cidade retorna à natureza selvagem. E, finalmente, este perímetro externo poderia ser considerado outra barreira natural, projetada para evitar perturbações ecológicas no centro da cidade.

8.4.10 Retorno à Natureza com Cuidado

Além do cinturão externo, permitimos que o meio ambiente retorne à natureza, enquanto ainda cuidamos do nosso habitat total. Quando uma cidade atinge seu tamanho planejado, paramos e deixamos tudo voltar à natureza entre esta e a próxima cidade. Não há expansão urbana; principalmente, deixamos tudo voltar à natureza entre as cidades - deixamos o meio ambiente voltar ao seu equilíbrio homedinâmico natural. Na natureza, podemos comer comida selvagem e reaprender as habilidades com os nossos ancestrais. Aqui, nos perguntamos: "Como é ser apenas mais um animal na natureza?"

8.4.11 Preservações da vida selvagem e corredores

Habitates de vida selvagem, preservações e corredores, facilitam a restauração e preservação de ecologias naturais, e fornecem muitas outras funções úteis, como conexão com a natureza e educação. Um corredor de vida selvagem, corredor de habitat ou corredor verde é uma área de habitat que conecta populações de vida selvagem separadas por atividades ou estruturas humanas. Simplesmentve, a preservação da vida selvagem são áreas selvagens (que ainda podem ser cuidadas por humanos), onde a vida selvagem floresce e migra. Corredores de vida selvagem são caminhos construídos especificamente que fornecem à vida selvagem a capacidade de viajar com segurança de um habitat separado para outro. Entre as cidades da comunidade existem muitas áreas de preservação da vida selvagem e corredores interligados. Os animais selvagens precisam se mover para completar seus ciclos de vida.

8.4.12 Transporte

Em causa ao transporte, essas cidades geralmente contêm de dois a quatro portais de transporte primário (ou seja, entradas e saídas). Poucos gateways de transporte são necessários para a cidade por causa de seu design eficiente. O transporte entre a cidade e entre as cidades é compartilhado entre sessões transversairs autônomas, veículos elétricos especializados, veículos autoelétricos (por exemplo, bicicleta) e transportadores rápidos em massa (MrTs) – tudo na forma de transporte livre de emissões. O desenho dessas cidades elimina a necessidade de cada indivíduo (ou família) ter um automóvel pessoal. Claro, principalmente, essas cidades são projetadas para caminhar. Algumas cidades, no entanto, são grandes o suficiente para exigir transveyors e/ou um sistema de MRT dentro de seus limites.

> **NOTA:** *Com uma população de mais de 7 bilhões de pessoas no planeta é essencial para nós mesclar nosso conhecimento da natureza com uma orientação de realização que possa guiar as coisas que fazemos e as cidades que criamos.*

9 Habitates Rurais AuraCurve na Comunidade

É possível desenvolver e operar habitates rurais restauradores para apoiar a prototipagem e transição para a comunidade. O subprojeto AuraCurve do Projeto Auravana é o primeiro sistema de serviço de habitat do tipo comunidade (SSH) duplicável para o florescimento humano e restauração ecológica, capaz de iniciar e testar as condições de transição do Estado-mercado (capitalismo) para a comunidade em nível social . O sistema de serviço de habitat AuraCurve é um subprojeto do Projeto Auravana. Toda a documentação AuraCurve é adicionada ao Padrão do Sistema Material. O design AuraCurve integra o suporte de vida, suporte de tecnologia e suporte exploratório em um habitat rural. O objetivo é criar um ambiente seguro, abundante e edificante que apoie a regeneração ecológica e o bem-estar humano. Com o tempo, o sistema de habitat AuraCurve será duplicado (com configurações diferentes), crescendo assim em uma rede de serviços de cadeia de vida regenerativa cada vez maior. Auracurve é o primeiro sistema de serviços de habitat rural de baixa densidade com agricultura restaurativa. Existem muitas configurações diferentes de sistema de serviço de habitat na comunidade. Algumas configurações são de densidade populacional mais alta e outras são mais rurais e de densidade mais baixa. O projeto AuraCurve é um projeto de sistema de serviço de habitat rural (de baixa densidade).

As cidades do século XXI são pesadelos inchados de pobreza, aglomeração, poluição e feiura. O que é necessário é um projeto de reforma de alta densidade, bem como de baixa densidade (agrária) para compartilhar terras, recursos, informações e coordenação de planejamento para uma alta qualidade de vida para a população global. O projeto AuraCurve aborda o lado de baixa densidade (agrário) desse problema.

O subprojeto AuraCurve é uma proposta para enfrentar o desafio de projetar e coordenar sistemas de serviços de habitat que possam reverter problemas de danos ecológicos e empobrecimento humano. Ao evoluir a arquitetura e os projetos paisagísticos, podemos mudar a saúde e o bem-estar da população global. Podemos apoiar a restauração ecológica vitalmente necessária e, ao mesmo tempo, produzir alimentos, combustíveis e outros materiais.

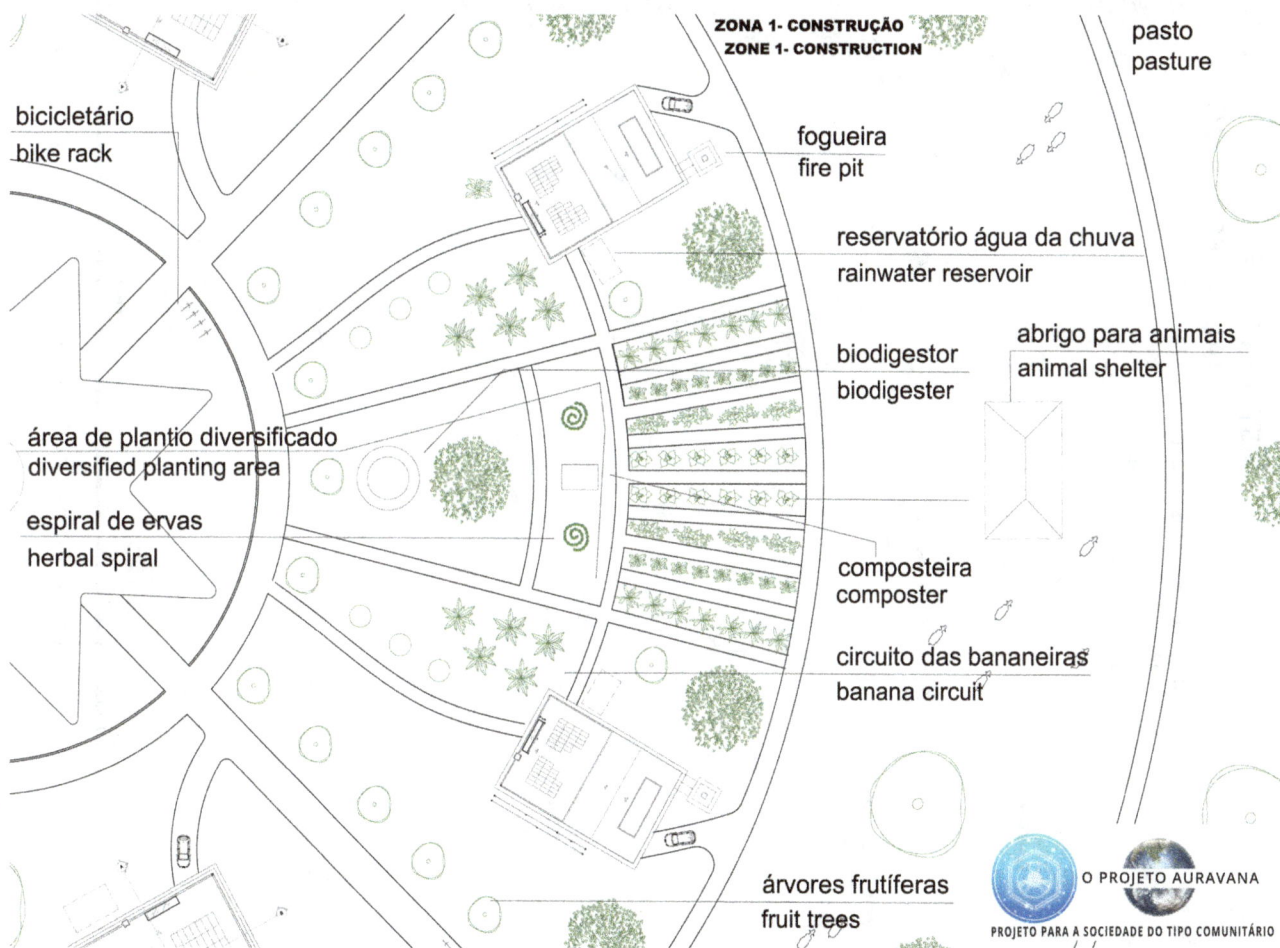

Figura 26. *Uma visão rotulada simples da paisagem de uma versão do AuraCurve Habitat System.*

TIPOLOGIAS

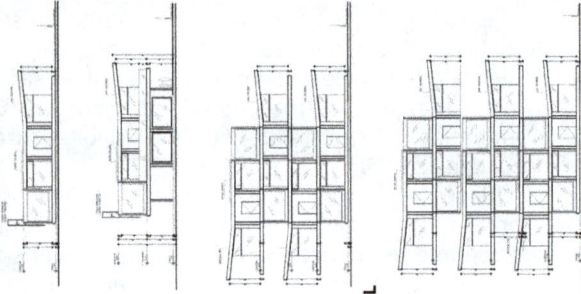

AURACURVE HOUSE CONSTRUCTION METHOD: METALLIC STRUCTURE AND CONCRETE ALVEOLAR PANEL

1 HOUSE = 1 FAMILIES (2 TO 5 PEOPLE)

TOTAL IN THIS HABITAT SYSTEM = 9 HOUSES (18 TO 45 PEOPLE)

TOTAL CIRCULAR AREA = 100,000M² 10 HECTARES

SISTEMA INTEGRADO DE PRODUÇÃO ANIMAL NA AGRICULTURA REGENERATIVA

O PROJETO AURAVANA

PROJETO PARA A SOCIEDADE DO TIPO COMUNITÁRIO

SISTEMA DE SERVIÇO DE HABITAT (ALTA TECNOLOGIA)

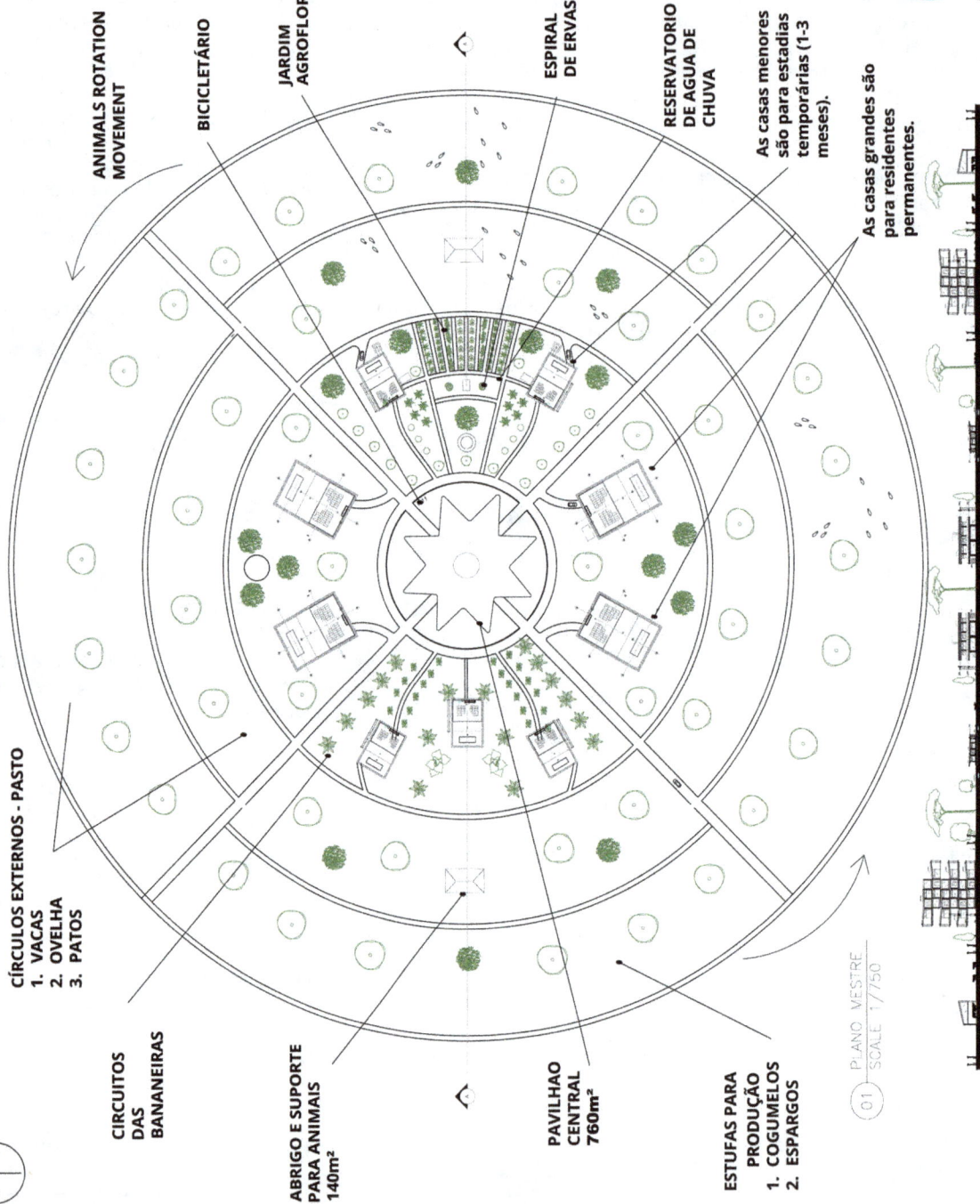

N

CÍRCULOS EXTERNOS - PASTO
1. VACAS
2. OVELHA
3. PATOS

ANIMALS ROTATION MOVEMENT

BICICLETÁRIO

JARDIM AGROFLORESTAL

ESPIRAL DE ERVAS

RESERVATORIO DE AGUA DE CHUVA

As casas menores são para estadias temporárias (1-3 meses).

As casas grandes são para residentes permanentes.

CIRCUITOS DAS BANANEIRAS

ABRIGO E SUPORTE PARA ANIMAIS 140m²

PAVILHAO CENTRAL 760m²

ESTUFAS PARA PRODUÇÃO
1. COGUMELOS
2. ESPARGOS

PLANO MESTRE
SCALE 1/750

Figura 27. Plano do local do sistema de serviço de habitat rural AuraCurve para residentes permanentes e temporários.

03 COBERTURA SCALE 1/100

02 1 PAVIMENTO SCALE1/100

01 TÉRREO SCALE 1/100

08 DETALHE PISCINA SCALE 1/100

06 FACHADA SUL SCALE 1/100

04 FACHADA LESTE SCALE 1/100

10 AA CUT SCALE 1/100

09 CORTE CC — PISCINA SCALE 1/100

07 CORTE BB SCALE 1/100

05 CORTE AA SCALE1/100

O PROJETO AURAVANA

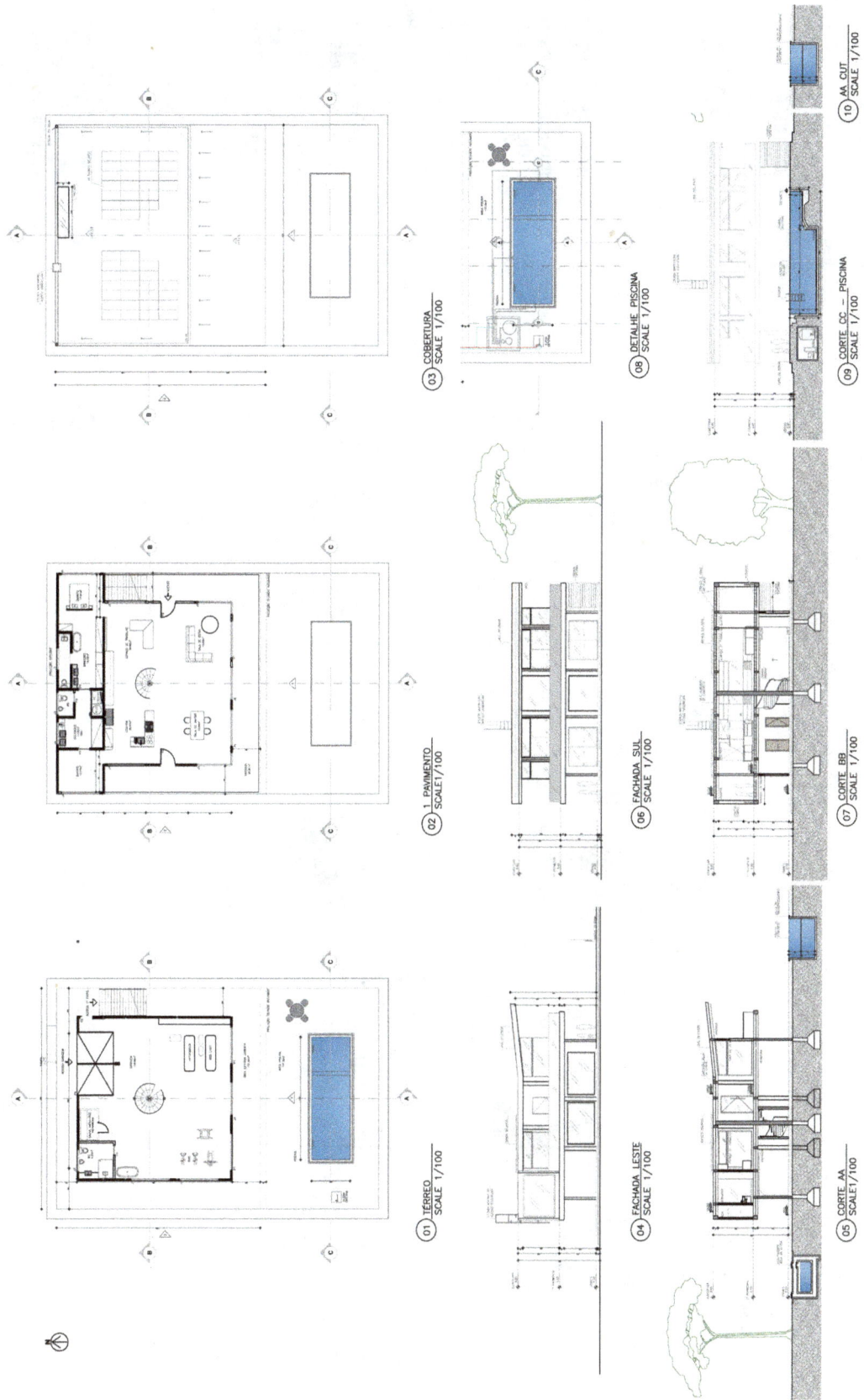

PROJETO PARA A SOCIEDADE DO TIPO COMUNITÁRIO

Figura 28. *Vista da planta arquitetônica da residência AuraCurve de dois andares mostrando o térreo com piscina, o 2º andar "moradia" onde há módulos para dormir, tomar banho, cozinhar, trabalhar, comer e relaxar, além de uma sala técnica/utilidade.*

SISTEMA DE SERVIÇO DE HABITAT PARA COMUNIDADES INDÍGENAS (BAIXA TECNOLOGIA)

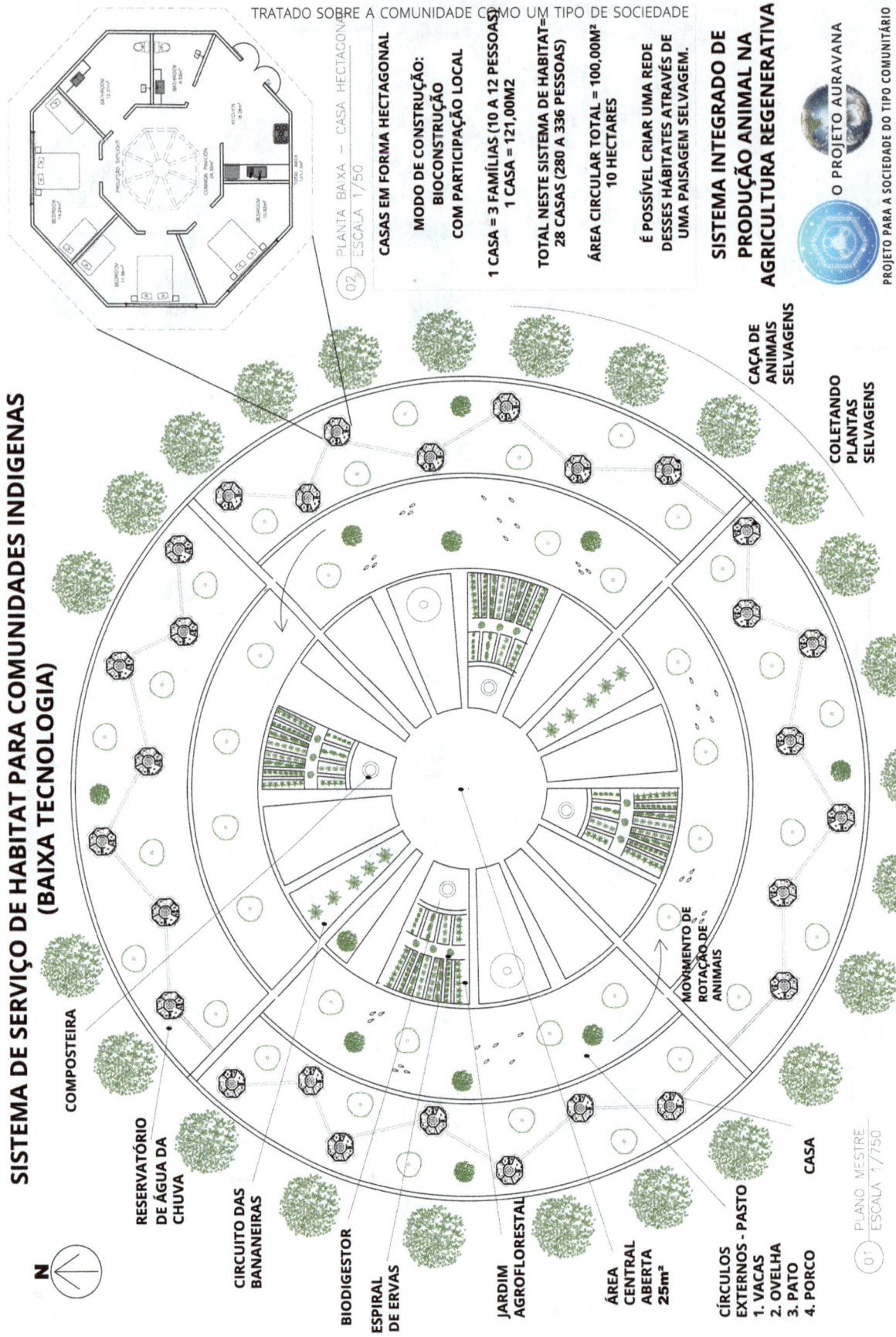

02 PLANTA BAIXA – CASA HECTAGONAL
ESCALA 1/50

CASAS EM FORMA HECTAGONAL

MODO DE CONSTRUÇÃO:
BIOCONSTRUÇÃO
COM PARTICIPAÇÃO LOCAL

1 CASA = 3 FAMÍLIAS (10 A 12 PESSOAS)
1 CASA = 121,00M2

TOTAL NESTE SISTEMA DE HABITAT=
28 CASAS (280 A 336 PESSOAS)

ÁREA CIRCULAR TOTAL = 100,00M²
10 HECTARES

É POSSÍVEL CRIAR UMA REDE
DESSES HÁBITATES ATRAVÉS DE
UMA PAISAGEM SELVAGEM.

**SISTEMA INTEGRADO DE
PRODUÇÃO ANIMAL NA
AGRICULTURA REGENERATIVA**

O PROJETO AURAVANA

PROJETO PARA A SOCIEDADE DO TIPO COMUNITÁRIO

CAÇA DE
ANIMAIS
SELVAGENS

COLETANDO
PLANTAS
SELVAGENS

MOVIMENTO DE
ROTAÇÃO DE
ANIMAIS

COMPOSTEIRA

RESERVATÓRIO
DE ÁGUA DA
CHUVA

CIRCUITO DAS
BANANEIRAS

BIODIGESTOR

ESPIRAL
DE ERVAS

JARDIM
AGROFLORESTAL

ÁREA
CENTRAL
ABERTA
25m²

CÍRCULOS
EXTERNOS - PASTO
1. VACAS
2. OVELHA
3. PATO
4. PORCO

CASA

N

01 PLANO MESTRE
ESCALA 1/750

Figura 29. Plano de local do sistema de serviço de habitat rural para tribos indígenas usando baixa tecnologia.

AuraCurve propõe uma agricultura restauradora combinada com um estilo de vida mais rural. O círculo central é uma área de reunião comum e é um edifício. Quatro moradias maiores (direções Norte e Sul) estão posicionadas no 2º círculo para fora, junto com quatro moradias menores (e estruturas de suporte, nas direções Leste e Oeste). Existem também dois edifícios de apoio posicionados na área circular externa (direções leste e oeste) para suporte de animais. A terceira e a quarta circulares são pastagens com técnicas agroflorestais para o cultivo simbiótico de animais e plantas. Existem muitas configurações locais possíveis do sistema de serviço de habitat, bem como muitas configurações em rede de vários sistemas de serviço de habitat AuraCurve.

O sistema de serviço de habitat AuraCurve é um ecossistema comunitário biologicamente diverso que depende de serviços integrados de infraestrutura, bem como de criação de animais e sistemas agroflorestais. A fertilidade vem de animais e outros organismos criados no habitat. Os animais a pasto são essenciais para otimizar a regeneração do solo e fornecer nutrição alimentar essencial para o homem. O AuraCurve é

Figura 30. *A figura mostra a duplicação (crescimento) do habitat AuraCurve sobre a paisagem. Quanto mais o habitat se duplica, maior a área de pastagem para rotação de animais e maior o potencial produtivo da paisagem para alimentos, combustível e fibras. Depois de totalmente estabelecida, a área de pastagem é mantida por poucas pessoas.*

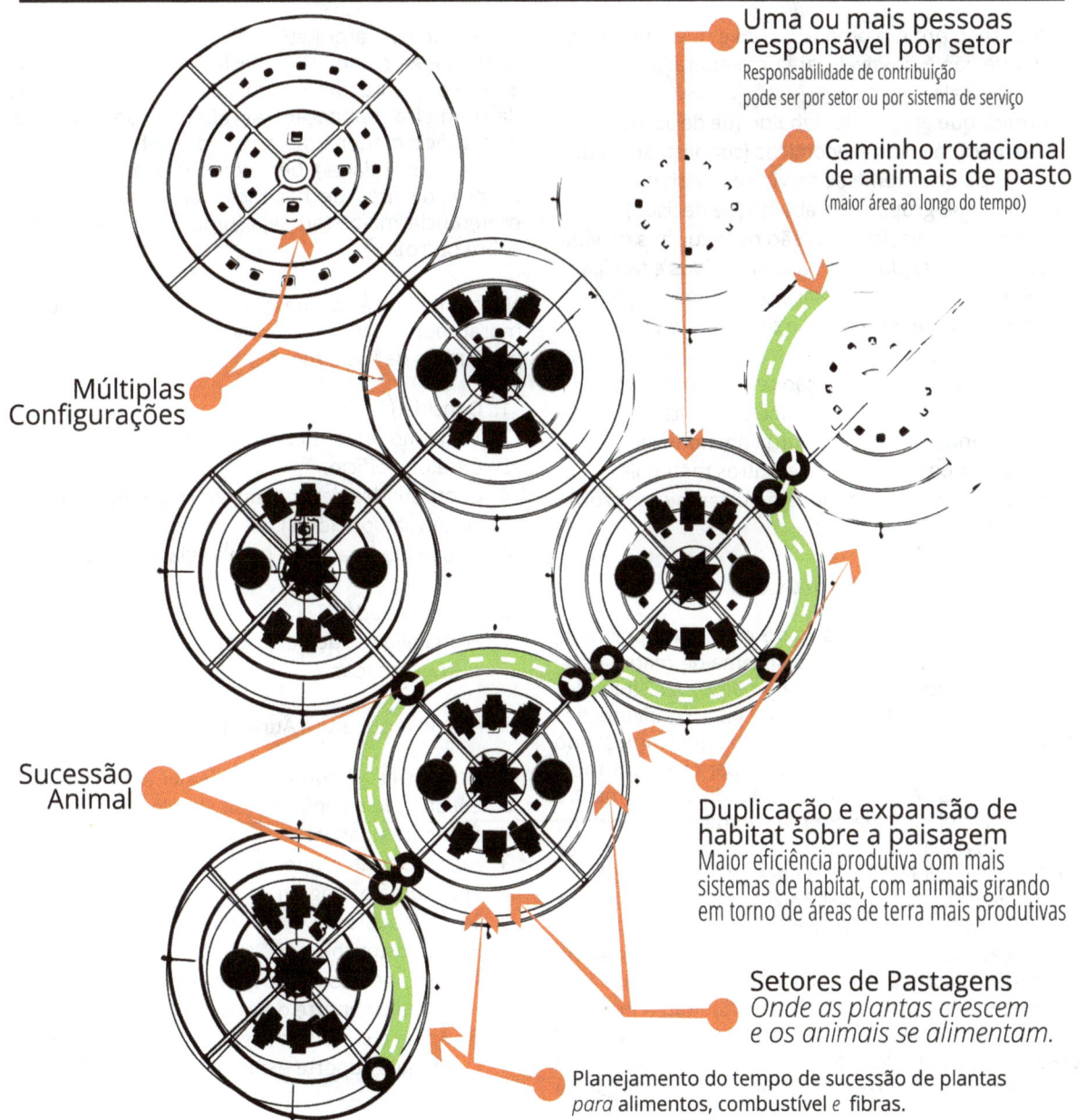

Crescimento de Rede de Habitat AuraCurve ao longo do tempo

Uma ou mais pessoas responsável por setor
Responsabilidade de contribuição pode ser por setor ou por sistema de serviço

Caminho rotacional de animais de pasto
(maior área ao longo do tempo)

Múltiplas Configurações

Sucessão Animal

Duplicação e expansão de habitat sobre a paisagem
Maior eficiência produtiva com mais sistemas de habitat, com animais girando em torno de áreas de terra mais produtivas

Setores de Pastagens
Onde as plantas crescem e os animais se alimentam.

Planejamento do tempo de sucessão de plantas *para* alimentos, combustível *e* fibras.

uma proposta de reforma de terras rurais (agrária), transformando-as em uma rede de sistemas integrados e regenerativos de serviços de habitat que cultivam a abundância.

A proposta AuraCurve não defende que todos vivam em ambientes rurais de baixa densidade. Muitas pessoas na comunidade optam por viver em sistemas urbanos integrados de alta densidade. A comunidade dá aos indivíduos a liberdade de escolher um estilo de vida de alta ou baixa densidade. Em contraste com um ambiente urbano de alta densidade, um ambiente rural de baixa densidade permite edifícios residenciais um pouco maiores para seus residentes. Dito isso, a arquitetura aqui pode ser usada para ambientes de alta densidade também.

O subprojeto AuraCurve irá:

1. Conectar o projeto proposto com o que é possível, e o que não é possível, para uma operação em maior escala.
2. Permitir que grupos de trabalho [de decisão] executem cálculos econômicos [socialistas] em um protótipo de sistema de serviço de habitat.
3. Permita que grupos de trabalho [de decisão] comecem a calcular quais são os requisitos de vida, tecnologia e exploração para indivíduos e famílias.
4. Ajude uma população local a determinar o que é explicitamente necessário e preferido, e efetue esses serviços.
5. Permitir que uma população tenha o primeiro sistema operacional de serviço de habitat funcionando que produza uma abundância de alimentos, combustível e outros materiais, enquanto facilita a restauração de ambientes rurais regionais.

9.1 O Plano mestre AuraCurve

O habitat AuraCurve é construído e mantido por meio de um plano mestre padrão do sistema de materiais. O plano diretor mostra o posicionamento das unidades funcionais na paisagem. Como há muitas configurações possíveis, um exemplo deve ser dado aqui (começando com a circular central e movendo-se para fora por meio de uma correia. A primeira versão do plano mestre AuraCurve inclui uma plataforma central e edifício onde os indivíduos compartilham acesso comum a serviços tecnológicos e exploratórios. O acesso é compartilhado de uma maneira priorizável entre usuários individuais da comunidade, bem como membros da equipe de contribuição do habitat. A segunda faixa é uma via circular que circunda o edifício central e permite fácil acesso interno a todos os setores do habitat. A próxima faixa para fora é um cinturão residencial e de cultivo. Moradias posicionadas dentro desta circular. Onde houver terreno apropriado, o cultivo de horta orgânica

está operacional. Neste cinturão também podem haver edifícios de serviço para apoiar a manutenção do habitat por equipes de pessoas contribuindo. Este setor também mantém biodigestores e composteiras.

A próxima circular é a pastagem agrícola restauradora. No pasto existem edificações de apoio aos animais. A pastagem restauradora é principalmente circular em forma, e as parcelas são principalmente retangulares. Aqui, as bordas do círculo quadrado são habitats florestais selvagens (embora mantidos).

Ao juntar os planos diretores de sistemas de serviços de habitat individuais e, em seguida, conectar os habitats fisicamente posicionando-os próximos uns dos outros na paisagem, é possível otimizar a experiência humana de serviços de habitat.

9.2 Plano Arquitetônico AuraCurve

A experiência arquitetônica do AuraCurve pode ser classificada como um design estético minimalista e devidamente integrado. Existem várias versões da primeira habitação AuraCurve: uma versão de preferência menor, uma versão de preferência maior (de um ou dois andares), bem como diferentes densidades de piso da área de habitação principal da versão de preferência maior (ou seja, uma habitação empilhada sobre outro).

Na comunidade, as pessoas têm a escolha de onde morar, porque têm preferências de onde querem viver em termos de [pelo menos]:

1. Densidade.
2. Tamanho dimensional do espaço.
3. Casa ou Edifício.
4. Coordenadas de localização no planeta (que distância posicional).
5. Qualidade locacional (qual região sócio-técnica do planeta).
6. Acessibilidade.
7. Probabilidade de perturbar ou ser incomodado por outras pessoas.

Vitrines de arquitetura AuraCurve:

1. Integração apropriada de elementos de design.
2. Construção e configuração simples com pré-fabricação parcial.
3. Fácil de manter, operar e limpar.
4. Apoia uma paisagem regenerativa.
5. Edifícios sustentáveis e design permacultural.
6. Bonito (estético).
7. Apoia as necessidades humanas e o bem-estar.
   A. Apoia o suporte de vida apropriado.
   B. Apoia o suporte de tecnologia apropriado.
   C. Apoia o suporte exploratório apropriado.

9.3 Plano de Cultivo AuraCurve

As circulares de cultivo holísticas são policulturas projetadas com animais, plantas e outros organismos que produzem alimentos, combustível e fibras. O plano para a paisagem cultivada do habitat é uma verdadeira policultura perene, incluindo rotação de gado e planejamento de sucessão (e plantio) de múltiplos culturas perenes e plantios intercalares. O AuraCurve Sistema de Serviço de Habitat (SSH) apresenta duas ou mais circulares de cultivo holísticas (conhecido como, "cinturões de agricultura restaurativa"). Essas correias são separadas em pastagens e, a partir delas, em piquetes. Em um arranjo de terreno tipo quadrado, os quatro ângulos retos (ou seja, cada borda do círculo quadrado) são florestas. A agricultura restaurativa inclui um arranjo simbiótico de plantas e animais, que tem o potencial de facilitar a restauração do solo local e produzir uma abundância de alimentos, alguns dos quais podem ser vendidos no mercado [da sociedade externa].

Um sistema de cultivo circular restaurador, simbiótico com animais de criação (uma policultura holística), otimizando os serviços ecológicos.

1. Um sistema de produção ecológico razoavelmente autônomo que produz abundância [de alimentos, combustível, fibras] para serem distribuídos local e regionalmente dentro da rede comunitária.
2. Um padrão de serviço de habitat para segurança e cumprimento de recursos humanos.
3. Arquitetura de código aberto que é fácil de construir e maximiza o bem-estar humano.
4. Um projeto sócio-técnico em evolução sobre o qual os habitats (cidades) futuros altamente eficientes podem ser construídos.
5. Um sistema total integrado seguindo uma abordagem científica de sistemas para a sustentabilidade e a realização humana.

A agricultura restaurativa envolve os seguintes elementos:

1. Circulares de cultivo
   A. As pastagens individuais são separadas por cercas e vias de transporte.
   B. As próprias pastagens são separadas em piquetes vedados.
   C. As bordas angulares direitas do terreno são arborizadas.
   D. Existem lagoas de retenção de água por toda parte.
2. Rotação de gado
   A. As circulares de cultivo incluem uma variedade de diferentes espécies de animais.

As opções possíveis incluem: vacas, ovelhas, cabras, porcos, galinhas, patos, etc..
   B. Os animais herbívoros são girados ao redor e através das pastagens de maneira apropriada, geralmente circular.
3. Cultivo de plantas
   A. Uma diversidade de espécies de plantas são cultivadas aqui, todas para fornecer alimentos, combustível e fibra.
   B. As circulares incluem todas as técnicas agroflorestais possíveis para melhorar os serviços ecológicos e o potencial de produção da paisagem.

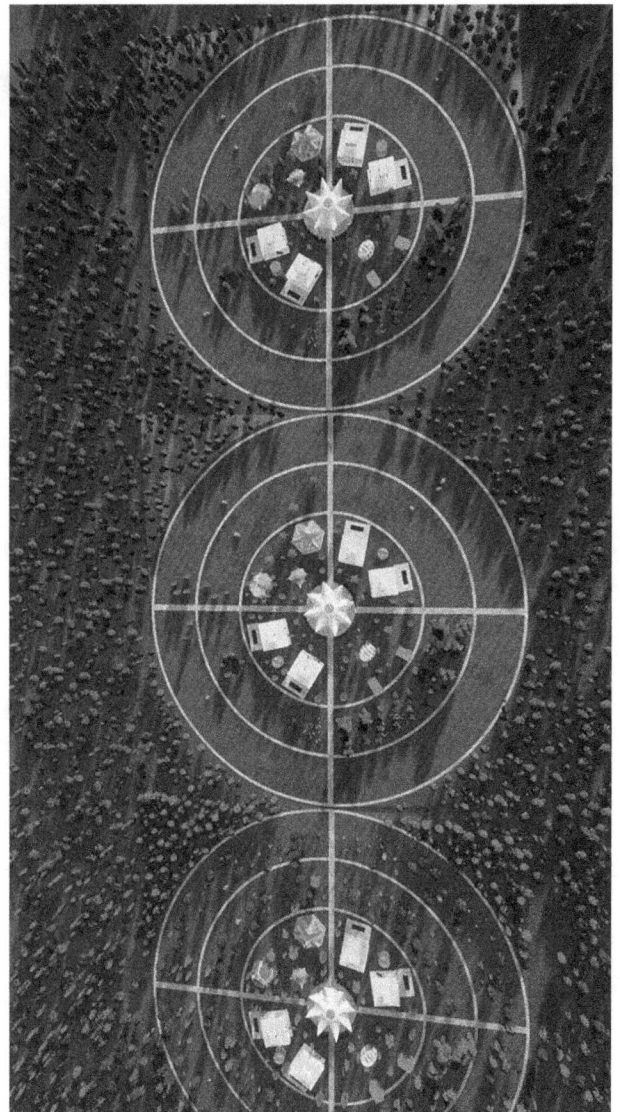

Figura 31. *Esta é uma imagem 3D renderizada do habitat AuraCurve duplicado três vezes sobre a paisagem.*

O Modelo De Comunidade Do Mundo Real

Travis A. Grant,

Contatos de Afiliação: *trvsgrant@gmail.com*

Versão aceita: 18 de Abril de 2022

Evento de aceitação: *aceitação do coordenador do projeto*

Último ponto de integração de trabalho: *Integração do coordenador do projeto*

Palavras-chave: modelo de sociedade, modelo de sistemas de sociedade, sistema de informação de sociedade, estrutura de dados sociais, modelagem de sociedade, engenharia social, desenvolvimento de sociedade, simulação social, simulação da sociedade, modelo sócio-técnico, estrutura de dados sociotécnicos, sistemas sociais, padrões da sociedade, protocolo de informação, modelo de informação do mundo real, modelo de comunidade, modelo de sistemas de informações comunitárias, modelo de sistemas de informações da sociedade do tip- comunitário.

Resumo

Uma sociedade é um sistema complexo de partes inter-relacionadas. O padrão de especificação para uma sociedade do tipo comunidade é dividido em um conjunto de subsistemas inter-relacionados que formam todo um sistema de informação social. Os subsistemas primários de um sistema social são: o sistema social; o sistema de decisão [econômico]; o sistema material; e o sistema de estilo de vida. Essas categorias de sistemas sociais se aplicam a todos os tipos de sociedades; dos quais é sua configuração interna e inter-relação emergentemente criada que são observáveis como um tipo de sociedade. Todos os sistemas sociais podem ser subdivididos, para fins de compreensão, design e adaptação, nessas concepções de categorização. Se a sociedade é um esforço colaborativo, então um sistema de informação comum e unificado é essencial para interpretar adequadamente o que é real com regularidade. A uniformidade na geração e utilização de um sistema de informação permite que sujeitos individuais entre uma população social trabalhem uns com os outros para funcionar melhor e aumentar a probabilidade de sobrevivência e prosperidade; assim, ligando o interesse próprio ao interesse social (auto-realização mútua e realização social). Por meio de um modelo unificado de organização da informação, a realização humana pode ser alcançada estruturalmente. Este modelo pode ser usado programaticamente para ler e escrever sociedade.

Resumo Gráfico

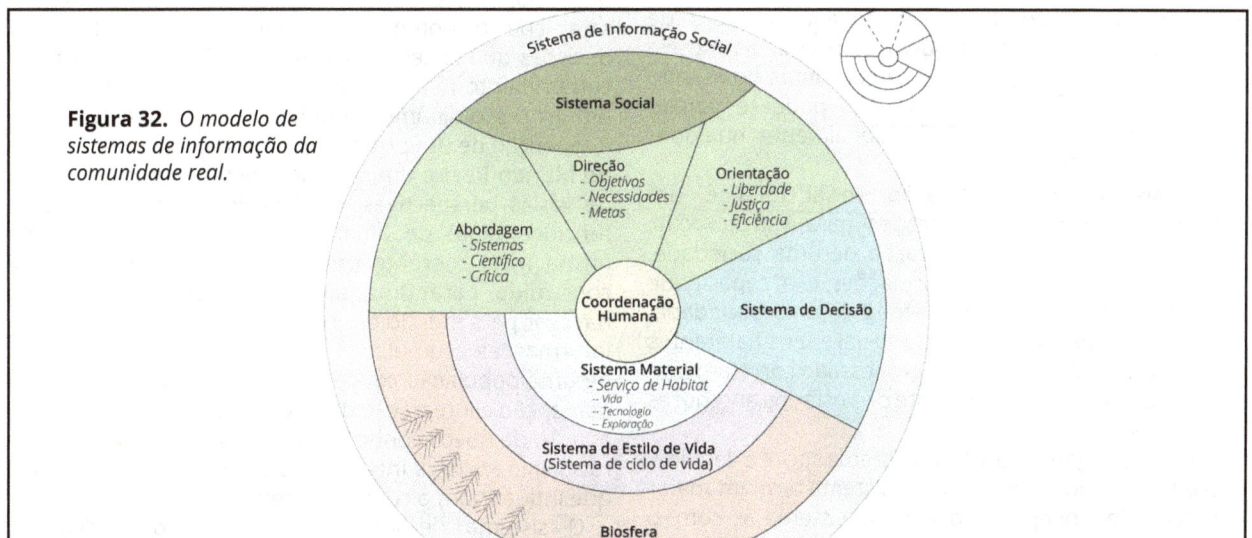

Figura 32. *O modelo de sistemas de informação da comunidade real.*

1 Introdução

INSIGHT: *Estamos diante de um reconhecimento científico iminente de que somos de fato uma família compartilhando uma família (a Terra) vinculada pelas mesmas leis da natureza e, portanto, a mesma concepção operacional unificadora.*

O Modelo Comunitário do Mundo Real (MCMR; também conhecido como Modelo Comunitário do Mundo-Real) é o modelo de mais alto nível que descreve a organização informacional de uma sociedade do tipo comunitário - é um modelo de sistemas de informação (SI) para esse tipo de sociedade. Este é o modelo de mais alto nível no quadro social. O modelo representa um "mapa" formal pelo qual a sociedade estrutura informações e chega a decisões importantes que envolvem os sistemas e recursos dos quais a sociedade é composta. Como um modelo, visualiza de quais informações a referida sociedade é composta, e descreve como a sociedade é composta em termos de seus relacionamentos de alto nível. Os principais insumos do modelo incluem os sistemas sociais comuns a todos os tipos de sociedade, e seus subsistemas diretos. O modelo apresenta esses sistemas em sua inter-relação espiralada (helicoidal), retratando o potencial para permitir a evolução em espiral do sistema da sociedade, e seus habitantes. Esse tipo de design social é superior a outros modelos, pois está sujeito a alterações à medida que informações mais precisas se tornam disponíveis. Com a iteração vem a capacidade de design adaptativo, que pode ser direcionada através de uma capacidade de orientar aplicando ferramentas e estratégias às questões atuais. O modelo representa um ponto de foco comum para uma sociedade (do tipo "comunidade"), bem como uma abordagem estruturada [à sistemas] para se envolver com precisão com o mundo real. Essencialmente, o Modelo da Comunidade do Mundo Real é o modelo de mais alto nível representando o sistema de informação unificado para uma sociedade do tipo comunidade, e mapeia o escopo da concepção e arquitetura de dados da sociedade; é o modelo de referência mestre para a sociedade. O que é real causa efeitos no mundo experiencial e objetivo. Este modelo pode ser usado para entender e projetar intencionalmente qualquer tipo de sociedade

Um sistema de informação social (SIS) é um sistema que fornece informações para estruturação, decisão e controle da organização de uma sociedade. Estrutura o conjunto de informações e a capacidade de processamento de informações de uma sociedade. Cada evento que afeta o sistema social e seus habitantes tem uma probabilidade de ser processado corretamente dentro do sistema, independente dos estados anteriores do sistema.

Quando a organização de um sistema social é definida, então os usuários individuais do sistema têm um maior potencial de engajamento com o sistema e com o mundo real, uma vez que toda sociedade existe dentro do mundo real, mas nem toda sociedade responde por sua presença. Ao navegar na realidade, boas decisões (como decisões que criam uma dinâmica de estado satisfatória para aqueles que navegam juntos) exigem mapas precisos que traçam todo o terreno da vida. Mapas são úteis para decidir um curso de viagem (ou seja, a viagem a ser percorrida) e eles facilitam a chegada a decisões cujos resultados mantêm as características desejadas e os resultados da viagem. Essencialmente, o Modelo Comunitário do Mundo Real é um modelo de sistema de informação para a organização semântica, armazenamento e processamento de informações em um nível social para preocupação individual, social e ecológica sobre o mundo real em que toda a humanidade vive.

Note-se que o termo "mundo real" no título do modelo é sinônimo de realidade comum da humanidade – é o mundo real que todos vivenciam, ou têm o potencial condicional de vivenciar, em comum. Aqui não há "minha realidade" e "sua realidade"; existe a/nossa experiência da realidade. Esta realidade compartilhada (existência) pode ser percebida e explicada por aqueles dentro dela, ou não. Na realidade da experiência humana incorporada há um mundo que permanece teimosamente importante, e pode ser chamado de "o mundo real". O mundo real fornece uma referência de estabilidade quando uma população navega em conjunto. E, uma comunidade é, em parte, uma população de pessoas navegando juntas em comum.

É importante que a população note que no mundo fenomenológico real e descoberto, todos os modelos sociais devem ser reavaliados e recalibrados à medida que novas informações se tornam disponíveis. Além disso, ao investigar como um sistema atende às reais necessidades de uma população, então todo o sistema deve ser contabilizado: todo o mundo real deve ser modelado; deve existir uma contabilidade global de informações no espaço mundial. Ao contabilizar e organizar informações sobre uma realidade comum, uma população de indivíduos torna-se capaz (ou seja, cria o potencial compartilhado) de chegar a decisões que os levam, iterativamente, a um estado de cumprimento maior e mais ideal. A sociedade é, em si, um processo dinâmico e iterativo (no qual, a iteração é a repetição de um processo). O modelo da Comunidade do Mundo Real é um modelo único que pode ser visto de várias perspectivas, e foi projetado para refletir o funcionamento de uma sociedade que responde da forma mais coerente possível para o mundo real. É construído para uma população social que decidiu navegar pelo mundo em conjunto. Este modelo contém informações acumuladas através da experiência vivida de uma população cooperativa. O modelo determina a percepção e integração de novas informações e facilita a criação de novos conhecimentos. Este modelo explica o raciocínio social, a inferência e os processos de decisão que influenciam o comportamento e a experiência.

O sistema de informação que é o Modelo da

Comunidade do Mundo Real é projetado com uma arquitetura "independente da pessoa". Como um sistema de informação funcional e comum, o modelo é projetado para externalizar informações sem julgamento ou projeção subjetiva, de modo que as decisões da sociedade mantenham uma arquitetura de processamento independente e não arbitrária. É um sistema projetado para explorar implicitamente processos sociais e atividades físicas, e torná-los explícitos (ou seja, visualizá-los explicitamente) para que toda a sociedade se beneficie da evolução dos entendimentos. Como tal, o modelo tem o potencial de ser comumente informado por todos os participantes da sociedade. Nele, ele representa um design formalizado que processa dados independentemente da autoridade de qualquer indivíduo ou grupo de indivíduos. Pode-se dizer que é um modelo ou ferramenta que é "colaborada" para o benefício de todos. Como ferramenta, o modelo funciona independentemente de questões de jurisdição, opinião ou conduta. Sua forma de funcionamento é transparentemente objetiva e coletivamente formalizada.

Um sistema de informações em evolução deve cumprir as seguintes funções para sobreviver e florescer:

• Adaptar [-ção]
• Integrar [-ção]
• Orientar [-ação]
• Direcionar [-ção]

Um modelo de informação comum e uma lógica compartilhada são necessárias para:

1. Uma população para manter concordância sobre a forma como um determinado sistema deve operar.
2. Identificar os princípios fundamentais pelos quais um determinado sistema deve operar.
3. Um complexo de grupos de trabalho e equipes operacionais colaborando em um determinado plano.

Realidade é informação na qual a consciência explora por meio de um corpo físico. A realidade de um sistema de informação é: o sistema evolui reduzindo a entropia. Então, a configuração ideal de um sistema social é a da cooperação, pois a cooperação reduz a entropia. As interações sociais podem ser otimizadas quando os indivíduos se preocupam uns com os outros e, portanto, agirem cuidadosamente uns com os outros. Uma diminuição da entropia significa duas coisas: primeiro, significa menos caos (menos incerteza); e segundo, significa que mais informações estão presentes no sistema para chegar a soluções mais ideais. Na teoria da complexidade emergente, à medida que ocorre a auto-organização, há uma redução da entropia.

"Vivemos em uma sociedade da informação, um sistema de informação global, um sistema simbiótico que se estende para fora quase ao infinito. Assim, a própria ideia de separação torna-se literalmente e tangivelmente não

Figura 33. *Um modelo de visão geral de alto nível dos domínios da comunidade do mundo real.*

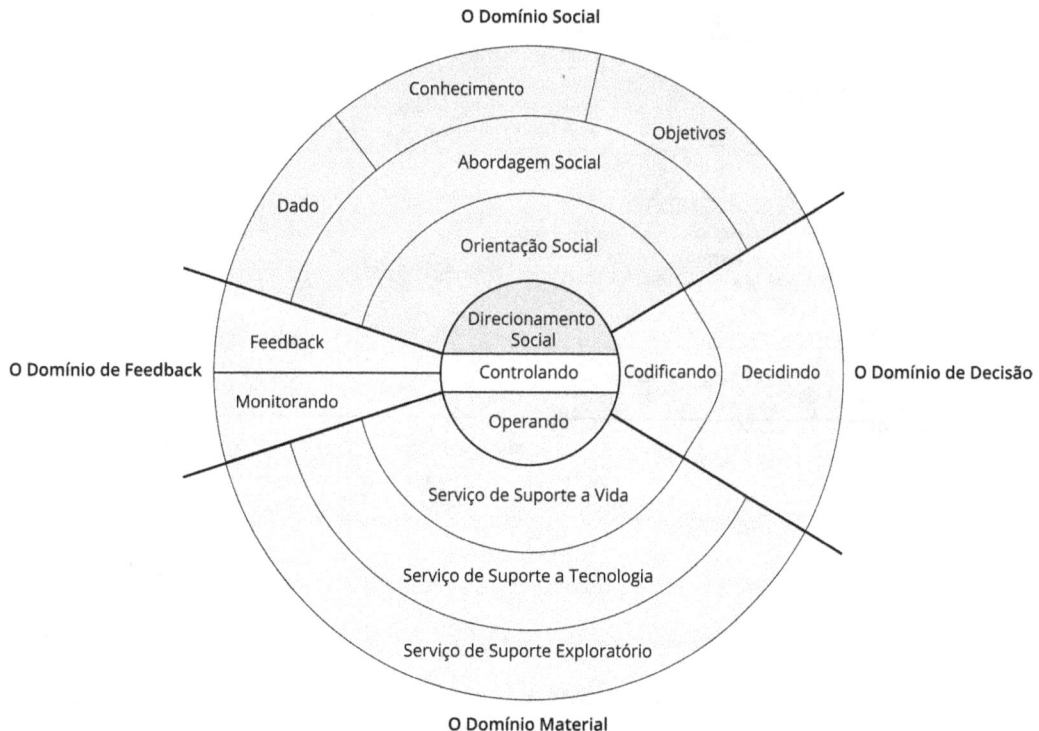

aplicável à maneira como abordamos nossa vida, a maneira como abordamos o conhecimento, a maneira como abordamos a sociedade, e a maneira como abordamos a economia, que é a característica definidora de nossa existência - como conseguimos o que precisamos, como nos relacionamos com esse outro sistema do qual nossos recursos são derivados , e como nos relacionamos tecnologicamente uns com os outros através de um sistema comum. A percepção é que temos que começar a unificar todos os conceitos, 'consilience' [*wikipedia.org*].
- Peter Joseph

2 Os Domínios do Modelo Comunitário do Mundo Real

Também conhecido como., Modelo de Sistemas de Informação do mundo real, o sistema de informações unificados, o sistema de informação da sociedade, o modelo de sistemas de informação social do mundo real, o modelo de operação de sistemas informacionais.

O Modelo Comunitário do Mundo Real é um sistema de informação composto por três subdivisões organizacionais primárias, conhecidas como domínios do sistema. Cada domínio do sistema de nível flexível é composto por subdomínios representando um ou mais submodelos para esse domínio do sistema. Cada domínio [espaço] é um subsistema de informação e um componente da existência comum da humanidade no mundo real [sistema de informação]:

1. **O domínio do sistema social** - A organização social da sociedade. Este conteúdo é detalhado na íntegra no Padrão de Especificação do Sistema Social.

Figura 34. *O modelo de sistemas de informação da comunidade real.*

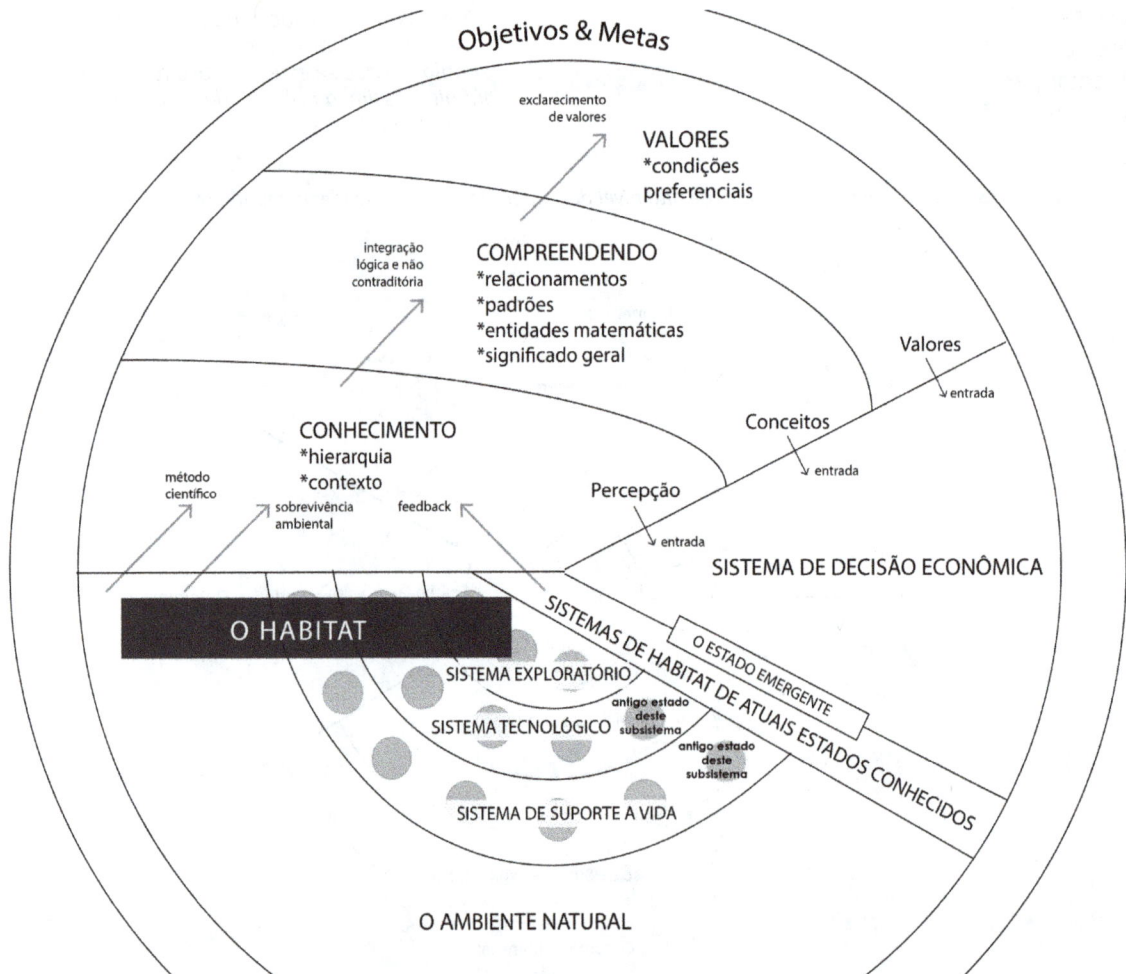

A. **O domínio do propósito** - O propósito da existência da comunidade no mundo. Este é o domínio de direção, e inclui metas e outros componentes direcionais.

B. **O domínio dos dados** - Todos os dados disponíveis que são comumente coletados e produzidos através de vários meios e métodos. Este espaço de domínio também pode ser referido como o "domínio de percepção". Esse domínio inclui dados coletados do ambiente e da saída de dados como resultado do processamento das informações.

C. **O domínio do conhecimento** –A integração lógica das observações e das relações em conhecimento comum. Este espaço de domínio também pode ser referido como o "domínio da concepção". Esse domínio inclui a abordagem social e o conhecimento produzido a partir dessa abordagem.

D. **Domínio dos valores** – O domínio dos valores é composto pelo sistema de valores da sociedade e seu raciocínio. O sistema de valor envolve essas condições [com base no que é conhecido] que suportam o cumprimento de nossas necessidades e orientam nosso alinhamento total [sistemas] com nossa direção comum de intenção. O domínio dos valores define o conjunto de condições de valor que orientam as decisões para o cumprimento das necessidades humanas do mundo real. Este é o domínio de orientação, e inclui objetivos e outros componentes orientacionais.

2. **Domínio do sistema de decisão** - A organização da decisão da sociedade. Este conteúdo é detalhado na íntegra no Padrão de Especificação do Sistema de Decisão.

A. **O domínio da decisão [econômica]** – modelo de decisão formalizado se aplicava a uma mudança no estado conhecido atual da dinâmica do habitat. O sistema de decisão modifica a dinâmica operacional [reestruturação] da comunidade.

Figura 35. *Um modelo de sistemas de informação da comunidade real que retrata informações de dados (sociais/conceituais) e objetos (espaciais) dentro de um padrão de espiral bidirecional onde soluções sociais, decisionais, materiais e de vida são resolvidas.*

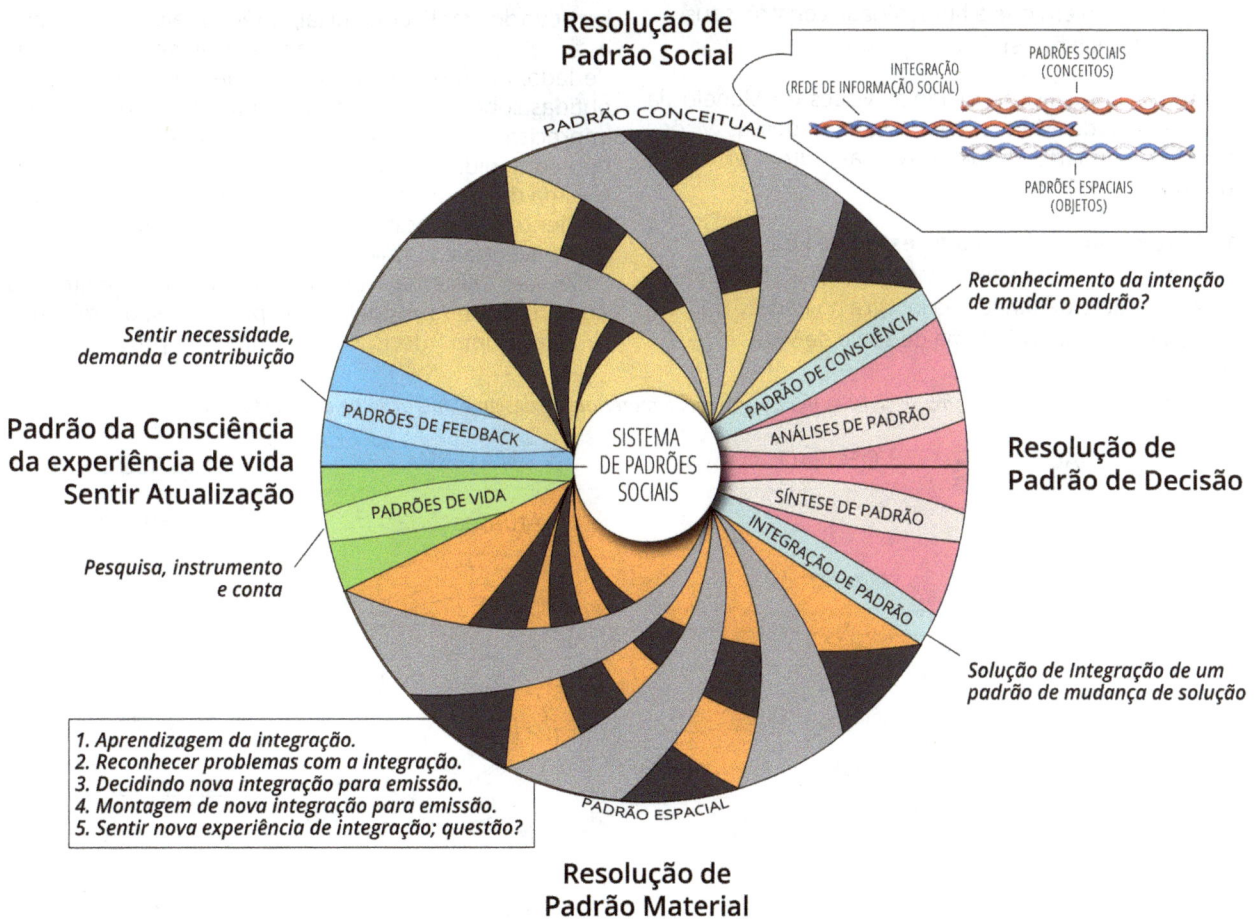

B. **O atual estado conhecido do habitat** - Este é o modelo da dinâmica de funcionamento da comunidade atualmente conhecida.

3. **O domínio do sistema material** - A organização material da sociedade. Este conteúdo é detalhado na íntegra no Padrão de Especificação do Sistema de Material.

A. **O domínio dos sistemas de serviços de habitat** – Os sistemas de serviço operacional que fornecem a infraestrutura arquitetônica para a continuação do habitat da sociedade e seu cumprimento material das necessidades dos indivíduos. O domínio do sistema de serviço de habitat também inclui um registro da dinâmica do estado de todos os estados anteriores do sistema de serviço de habitat.

B. **O domínio ambiental natural** – O domínio do qual a humanidade adquire recursos, descobre conhecimento e no qual os sistemas de serviços de habitat são produzidos e integrados. Este é o maior sistema ecológico ambiental que a humanidade afeta e que afeta a humanidade. Este é o fundamento da vida que sustenta o habitat e a existência material da humanidade. É aquilo em que a humanidade constrói seus sistemas de serviço.

Observe que existem múltiplas visões do Modelo da Comunidade do Mundo Real. Algumas dessas visões contêm um quarto domínio. Nessas outras visões, o quarto domínio pode ser:

1. **O domínio do sistema de estilo de vida** - a organização do estilo de vida da sociedade. Este conteúdo é detalhado na íntegra no Padrão de Especificação do Sistema de Estilo de Vida.

2. **O domínio do feedback** - a organização de monitoramento, levantamento e feedback da sociedade.

3. **O domínio do plano de projeto** - o plano do projeto para trazer à existência e sustentar a sociedade. Este conteúdo é detalhado na íntegra no Padrão de Especificação do Plano de Projeto.

Dentro do Modelo Comunitário do Mundo Real, o sistema de materiais é dividido em dois sistemas interrelacionados. O primeiro sistema é o do ambiente natural [ecológico & fenomenológico], que é descobrivel e pesquisável, e representa o solo de vida do cumprimento material. O ambiente natural é ao mesmo tempo descoberto e também é patrimônio comum da humanidade. O segundo sistema é o dos sistemas de serviço de habitat, dos quais existem três principais subdivisões (Leia: vida, tecnologia e exploração). Este segundo sistema está incorporado dentro do primeiro. O habitat de uma sociedade, e seus sistemas de serviço, existem dentro de um sistema fenomenalmente ecológico maior. A estrutura do sistema de serviços, organiza o provisionamento do cumprimento.

Algumas sociedades não buscam explicar uma totalidade suficiente do mundo real. Quando o mundo real não é suficientemente contabilizado no projeto iterativo de um sistema social, então a realização humana e a felicidade geral provavelmente serão deixadas de lado. Além disso, há informações precisas a serem obtidas sobre o mundo real, e também há informações imprecisas sobre o mundo real. Uma sociedade do tipo comunidade requer informações precisas sobre si mesma dentro do mundo real, se for para permanecem resilientes e adaptativos a um ambiente que "dita" sua sobrevivência e bem-estar.

Se um sistema (ou na literatura, 'agente' ou 'construtor') não modela com precisão seu ambiente, seu raciocínio, decisão e resultados provavelmente

Figura 36. *Visão geral das quatro dimensões informacionais e materiais de design e operação de uma sociedade.*

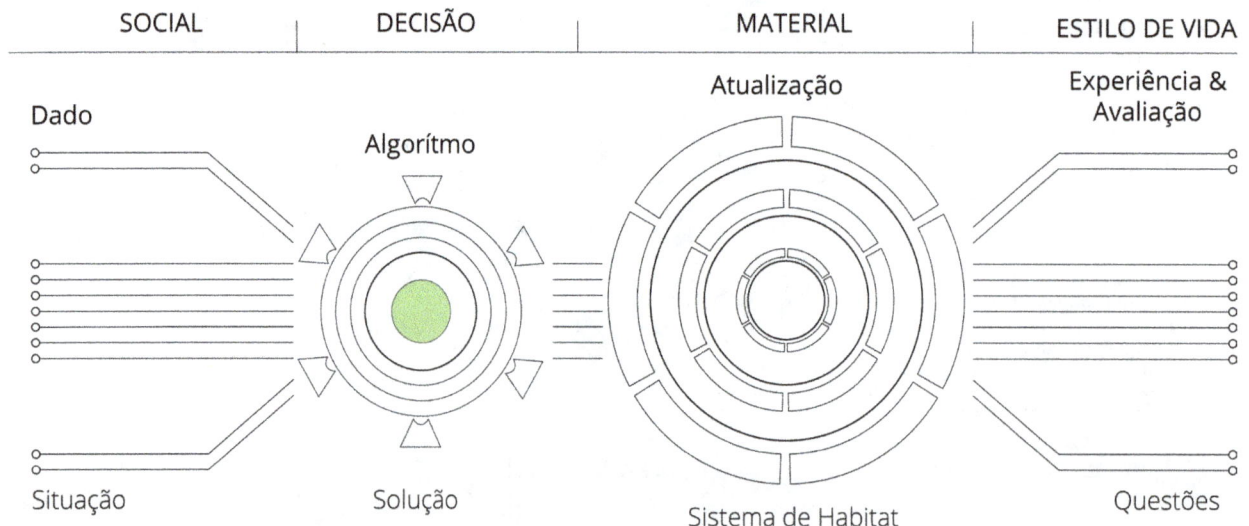

sofrerão. No mundo real, os sistemas são cercados por seus ambientes, formando um todo coeso, que pode ser modelado e então simulado dinamicamente. Criaturas que são incapazes de modelar com sucesso o mundo ao seu redor provavelmente perecerão mais rapidamente. O sistema de informação de uma sociedade do tipo comunidade deve ser suficientemente flexível e aceitar feedback para adaptar seu modelo "mapeado" do mundo [real] à medida que mais informações são obtidas sobre o "terreno". Organismos que são bem sucedidos em modelar e modificar de forma sustentável o mundo ao seu redor são mais propensos a prosperar. Cada ação decidida tomada representa uma escolha com consequências prováveis. Assim, uma sociedade saudável e intencional deseja um modelo preciso e lógico de seu espaço-mundo, com cada nova iteração do modelo atuando como uma nova imagem do mundo real, o mais próximo possível do real.

Modelos desorientam até o ponto em que são imprecisos em sua descrição do espaço mundial que modelam. Alguns modelos são mais precisos em sua descrição do mundo real do que outros modelos. Um modelo mais preciso, provavelmente desorienta seus usuários menos (ou não em tudo) em sua navegação

dentro do mundo real, do que uma representação altamente imprecisa do mundo. E, fundamentalmente, todos os modelos imprecisos têm o potencial de desorientar seus usuários. Se os indivíduos se preocupam com sua própria sobrevivência e com a prosperidade da sociedade da qual são parte integrante, então é prudente facilitar o desenvolvimento e a evolução desses modelos que estruturam a realização interconectada de todos.

Em geral, todas as informações do Modelo comunitário do mundo real são transparentemente acessíveis e disponíveis para qualquer um que queira observar, perceber e verificar. O modelo está participativamente aberto a novas descobertas, a novos entendimentos e integrações, a novas tecnologias e formas de viver, e para novos estados de existência em um verso em progresso (um verso uni-multi-omni). A contribuição e a participação com o modelo leva a um modelo mais informado e unificado, e um maior grau de potencial florescendo para todos.

O Modelo Comunitário do Mundo Real está estruturado para facilitar a organização e o compartilhamento de informações, energia e serviços entre uma sociedade. O que é o uso da organização da compreensão da realidade, se não, em parte, para produzir um complexo sistema

Figura 37. *O modelo de sistemas de informação da comunidade real.*

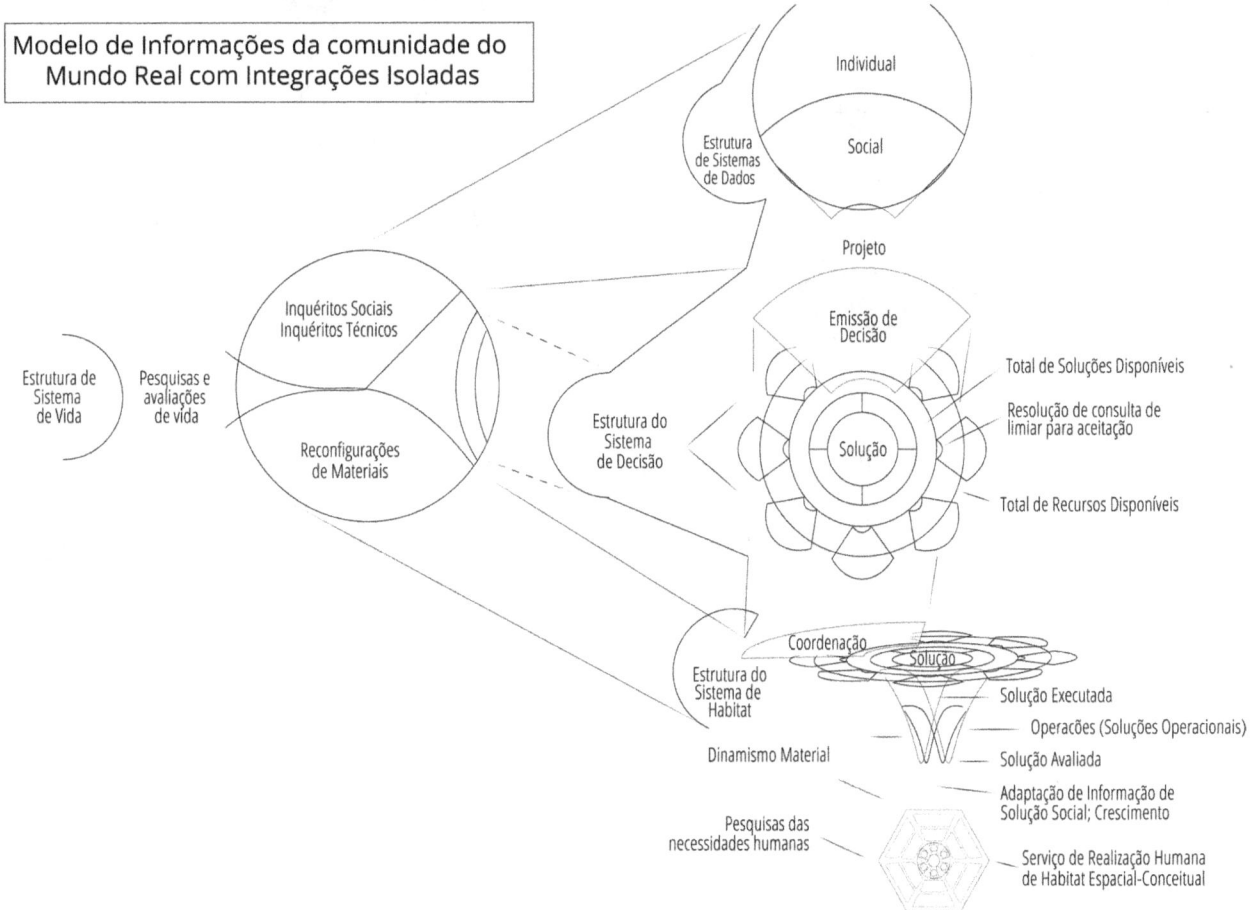

de informação computacional para facilitar a realização humana e florescer no nível social. De certa forma, a vida é uma configuração de informação. O que "nós" chamamos de realidade física é definido pela informação de forma estruturada. Informação e computação formam o alicerce [terreno] da realidade consciente da humanidade e, portanto, sua estruturação social ideal. Como comunidade, a humanidade pode modelar seus sistemas para que permaneçam flexívelmente transparentes a um ambiente social do mundo real seletivamente adaptável. Fundamentalmente, o mundo contém informações que indivíduos e populações sociais podem descobrir, organizar e usar para enriquecer suas vidas.

INSIGHT: *Uma vez que uma estrutura é definida pela consciência incorporada, então o cérebro começará a procurar, coletar e padronizar, reconhecer coisas que se alinham com essa estrutura. Todas as estruturas têm um potencial para a criação. Em que potencial a*

humanidade está estruturando seu sistema de informação fundamental? Todos os sistemas de informação mantêm uma geometria estrutural. Uma estrutura geométrica tem (ou gera) características específicas em sua existência desdobrante (ou seja, comportamentos expressos).

2.1 O Sistema de Informação Social

O sistema completo de informação social, está subcomposto de vários subcompactos de informações, separados em duas categorias.

A primeira categoria representa o projeto social em si e sua visão geral do sistema de alto nível:

1. **O Plano de Projetos (PP)** - Aqui está o plano, a integração dos elementos de mais alto nível que requerem coordenação [entre localização, tempo

Figura 38. *O modelo de sistemas de informação da comunidade real.*

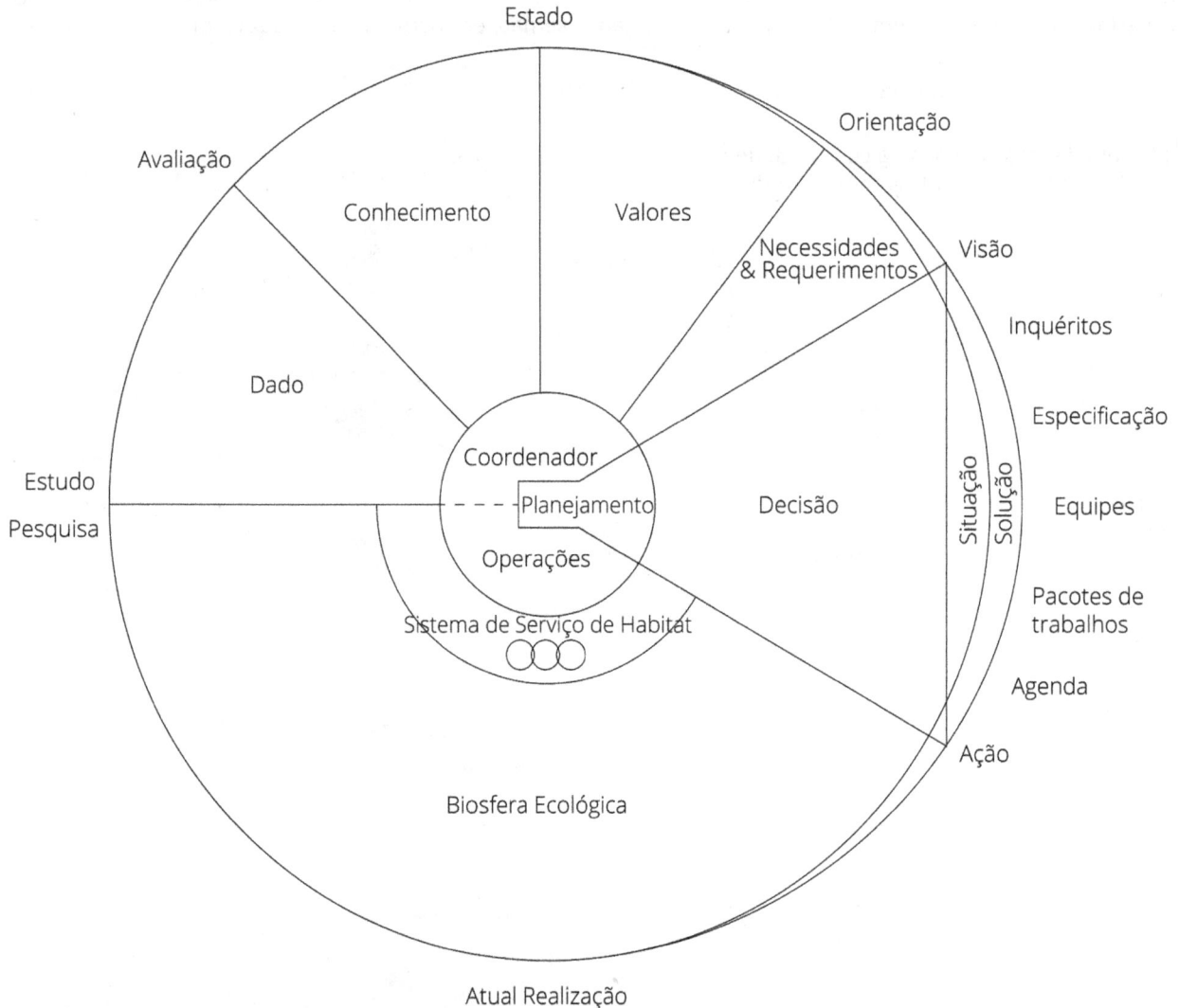

e concepção] a fim de gerar de forma sustentável uma sociedade do tipo-comunidade. Simplificando, o sistema social = concepção; o sistema de decisão = seleção de tempo e concepção; e o sistema material = espacialização de localização da concepção no tempo, agora, ou então, quando.

2. **A visão geral do sistema (SO; também conhecida como visão geral hipotética)** - O modelo de nível mais alto ou visão teórica do sistema. Uma visão geral de todo o sistema através de seu modelo teórico de mais alto nível. Tecnicamente falando, o sistema social pode ser modelado no mais alto nível como uma integração de todos os sistemas em um modo de sistemas de informação unificado e adaptável.

A segunda categoria representa o sistema de informação social, que é composto pelos quatro sistemas sociais primários do qual cada tipo de sociedade é composta:

1. **O Sistema Social (SS)** - É o sistema informativo e de navegação para um população social. O sistema social inclui uma estrutura direcional, orientacional e abordagem para orientar e enquadrar a decisão. E o habitat experimenta a mudança. A organização social do Modelo Comunitário do Mundo Real pega eventos perceptíveis e os processa através de uma estrutura com o propósito existente de navegar pela comunidade, em conjunto. O sistema de informações sociais codifica processos que estão realmente acontecendo no mundo real.

2. **O Sistema de Decisão (DS)** - Aqui está o sistema de decisão, os protocolos algorítmicos desenvolvidos por grupos de trabalho que resolvem decisões em mudanças de estado [padrão] integradas ao ambiente material realizadas pela equipe InterSystem. O domínio de decisão econômica chega a decisões selecionadas que são codificadas no ambiente material por meio de uma série de redes de sistemas de serviços de habitat. Aqui, uma sociedade aborda a mudança ambiental com planejamento e coordenação. O sistema de decisão codifica processos que a população pretende que aconteçam, ou construíram, no mundo real. Nisso, a ideia de um sistema de decisão leva necessariamente ao planejamento algorítmico em escala populacional.

3. **O Sistema de Materiais (MS)** - Aqui está o sistema material, as [superfícies] espacializadas com as suas interfaces de personificação consciente, e tem

Figura 39. *Este é um projeto para desenvolver e operar um tipo de sociedade que existe para o benefício mútuo de todos os usuários.*

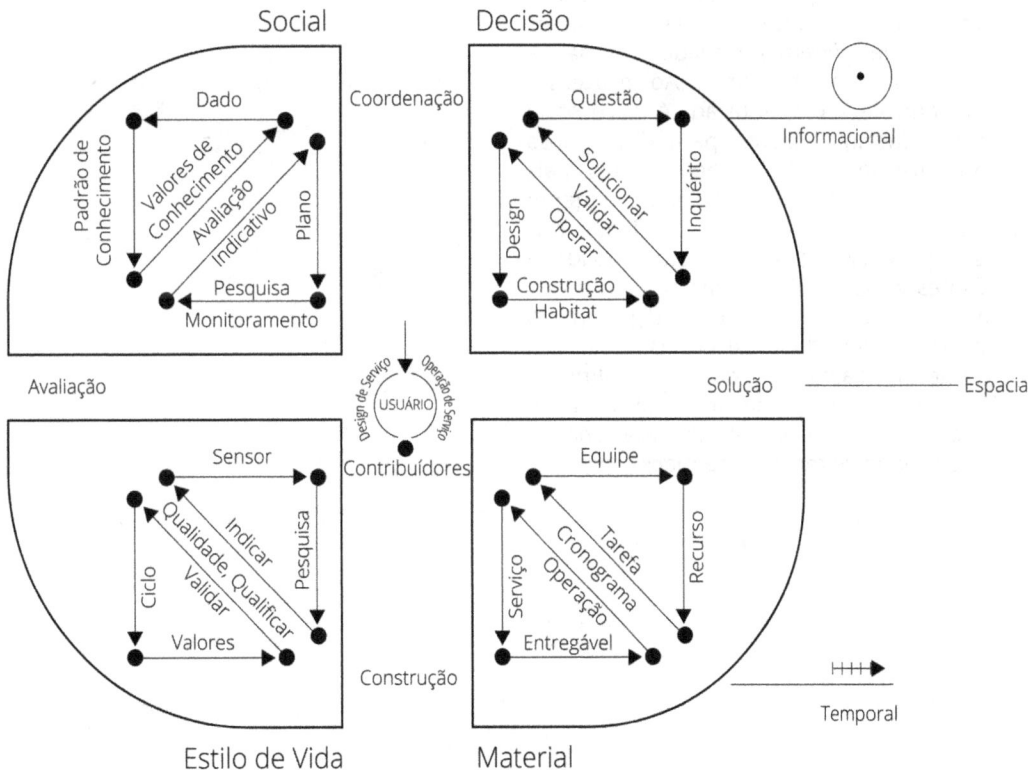

requisitos e experiências consequentes. O sistema material abrange tanto o sistema de serviço de habitat feito pelo homem, quanto a biosfera (e abrangendo o cosmos físico).

4. **O Sistema de Estilo de Vida (LS)** - Aqui está o sistema de estilo de vida, a descrição dos ciclos de personificação ideais humanos e o estilo de vida selecionado (ou selecionável), incluindo, portanto, o raciocínio.

Este sistema de informação do mundo real permite o desenvolvimento contínuo de um padrão unificado de engenharia sociotécnica para operar um sistema social humano e ecologicamente responsável. Porque uma sociedade do tipo comunidade reconhece (em primeiro lugar) e explica (em segundo lugar) os três (ou quatro) sistemas fundamentais de qualquer sociedade, é possível gerar uma sociedade harmoniosa e harmoniosa, onde outros tipos de sociedade podem ser incapazes de fazê-lo. (por causa da falta de reconhecimento e contabilização do que realmente existe). Em parte, esse modelo de informação é chamado de modelo de "mundo real" porque reconhece e dá conta do mundo real e, ao fazê-lo, permite que seu usuário gere estados de harmonia mais ressonantes, que podem aparecer, por exemplo, como um ambiente estético, intuitivo e florescente.

2.2 Feedback

Juntos, uma sociedade pode construir sistemas de informação e máquinas que possam fazer as medições que removam o potencial do viés humano e reduzam as limitações artificiais que definem os indivíduos humanos em competição uns com os outros. Ao processar feedback para controle da orientação, é necessário distinguir a fonte das informações para distinguir a qualidade e organização dos dados. Aqui, fontes mais objetivas (Leia: comumente verificáveis e visualmente compreensíveis) significam uma maior qualidade dos dados. Fontes verificáveis significam maior qualidade de dados. E, fontes visualizáveis, significam uma maior qualidade de dados. Máquinas com código aberto significam uma maior qualidade de dados. É através do feedback que a adaptação pode ser útilmente controlada. O feedback é necessário para a estruturação autodirecional e navegação. Consciência situacional e/ou crítica é a capacidade de receber feedback.

Figura 40. *Qualquer sociedade é um sistema "experimental" completo que pode ser proposto como um projeto e ter seu design projetado para uma existência compreendida e objetiva, onde os seres humanos tenham potencialmente atendido aos requisitos sociotécnicos. Os seres humanos podem planejar [a próxima iteração] do sistema social por meio da coordenação de projetos de um ambiente conceitual e espacial, onde os humanos navegam juntos. Qualquer sistema central de informação da sociedade, pode ser visto em alto nível como um conjunto de quatro subsistemas conceituais principais: o social, a decisão, o material e o estilo de vida. Esses subconjuntos de sistemas de informação podem ser formalizados, definidos, entendidos e explicados como um conjunto de padrões sociais. Algumas sociedades propõem e juntas decidem (ou, principalmente, pré-decidem) seus sistemas informacionais e materialmente integrados. Aqui, existe um mundo real onde os seres humanos experimentam um ao outro e sentem estados cada vez menores de satisfação, fluxo, bem-estar etc. É possível planejar a próxima iteração de uma sociedade do mundo real, onde um mundo global população de seres humanos individuais é realizada de forma sustentável / contínua. Tecnicamente, esta é uma representação de alto nível de um 'construtor social'.*

MODELO DE SUB-CONSTRUÇÃO DA INGESTÃO SOCIAL

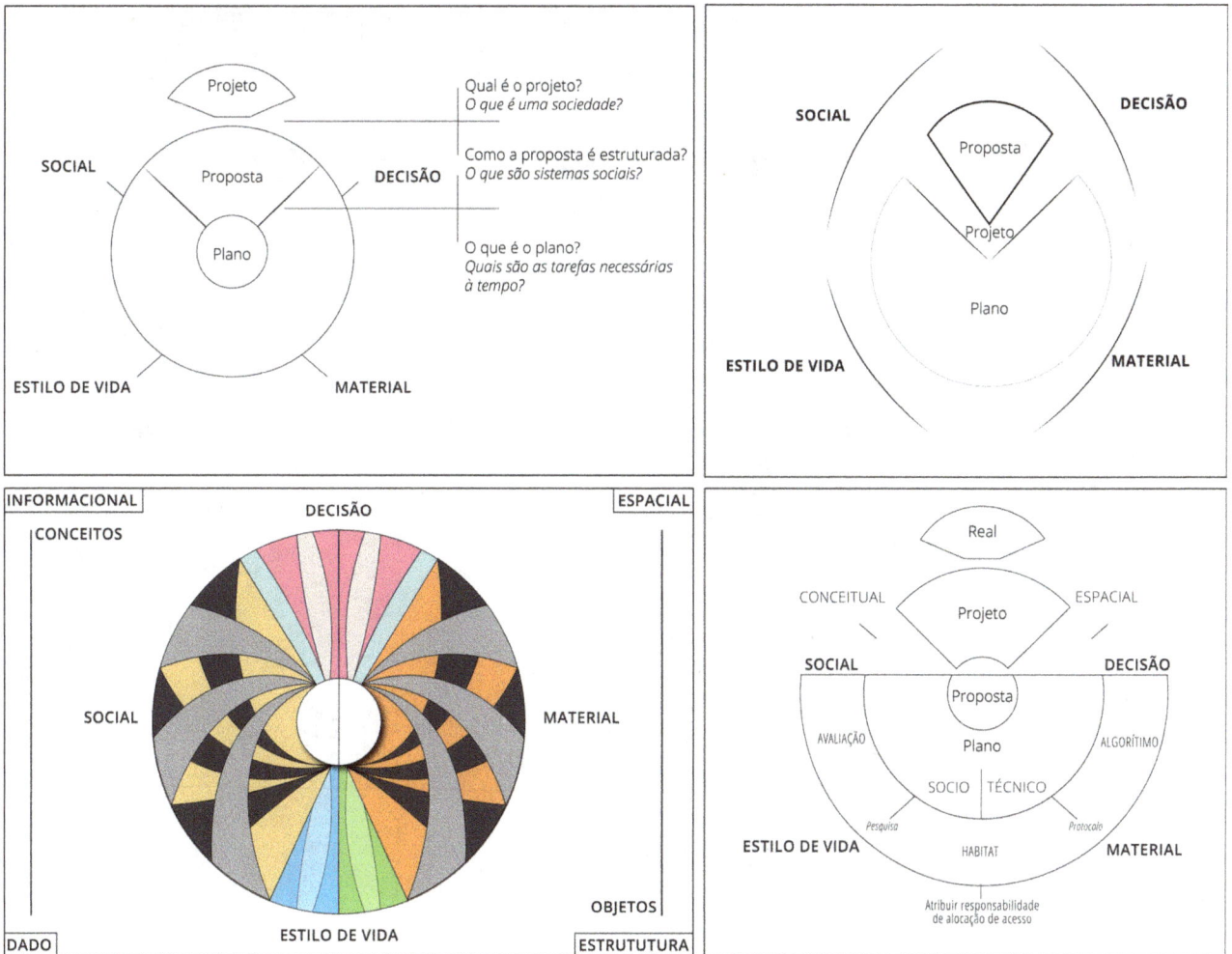

Modelos Conceituais de uma Sociedade do Tipo Comunitário

Travis Grant,

Contatos de afiliação: *trvsgrant@gmail.com*

Versão aceita: 18 de Abril de 2022

Evento de aceitação: *Aceitação do coordenador do projeto*

Último ponto de integração de trabalho: *Integração do coordenador do projeto*

Palavras-chave: modelos e figuras representativas [em alto nível de escala] de uma sociedade do tipo comunidade, figuras de visão geral da comunidade, modelos de visão geral da comunidade, visualização de concepção de sistema comunitário

Resumo

Os modelos a seguir compõem um conjunto de modelos de visão geral (figuras) que visualizam o sistema integralmente a partir da escala de representação de visão geral. Esses modelos são compostos de visões gerais visuais da comunidade (ou seja, formando um livreto de figuras do tipo visão geral). É por meio desses modelos que a comunidade é conceituada, construída, operada e ciclada. A sociedade pode ser visualizada comumente como uma representação sociotécnica, como um sistema de informação significativo. Através da visualização e padronização da comunidade, a população tem uma definição e prova de conceito, e certamente é viável começar a projetar e testar várias configurações sociais do tipo comunidade, enquanto migra a sociedade do início do século XXI através de mudanças estratégicas. Os indivíduos são capazes de compreender e, assim, se unir por meio de visualizações comuns de sistemas comuns de serviços sociais. Toda comunicação [re-visualização], como receber e interpretar com precisão, requer modelagem [mental/conceitual]. A visualização interna de cada indivíduo da sociedade é um ciclo de feedback influente que conforma seu espaço de decisão e, nele, suas vidas. Juntos, a humanidade pode visualizar uma sociedade onde a realização humana global não é apenas possível, mas provavelmente bem-sucedida. Para alcançar a comunidade na escala social, os indivíduos podem usar este livreto de modelos para entender melhor a concepção e a operação sociotécnica da comunidade [na escala social] para a realização global da humanidade. Juntos, a humanidade visualizará um presente comumente gratificante. Através da atualização (aplicação) desses modelos, agora é possível começar a operacionalizar e testar a comunidade em nível global no início do século XXI.

As pessoas pensam que no futuro criaremos modelos de um sistema social capaz de operar como comunidade em escala planetária. Podemos vir a perceber que através dos seguintes modelos, tal sistema está disponível agora.

Resumo Gráfico

Veja todos os modelos no site do Projeto.

Todos os modelos nesta seção são identificados com um título.

Use o título para pesquisar a imagem; seguindo as instruções na página da web.

auravana.org/standards/models

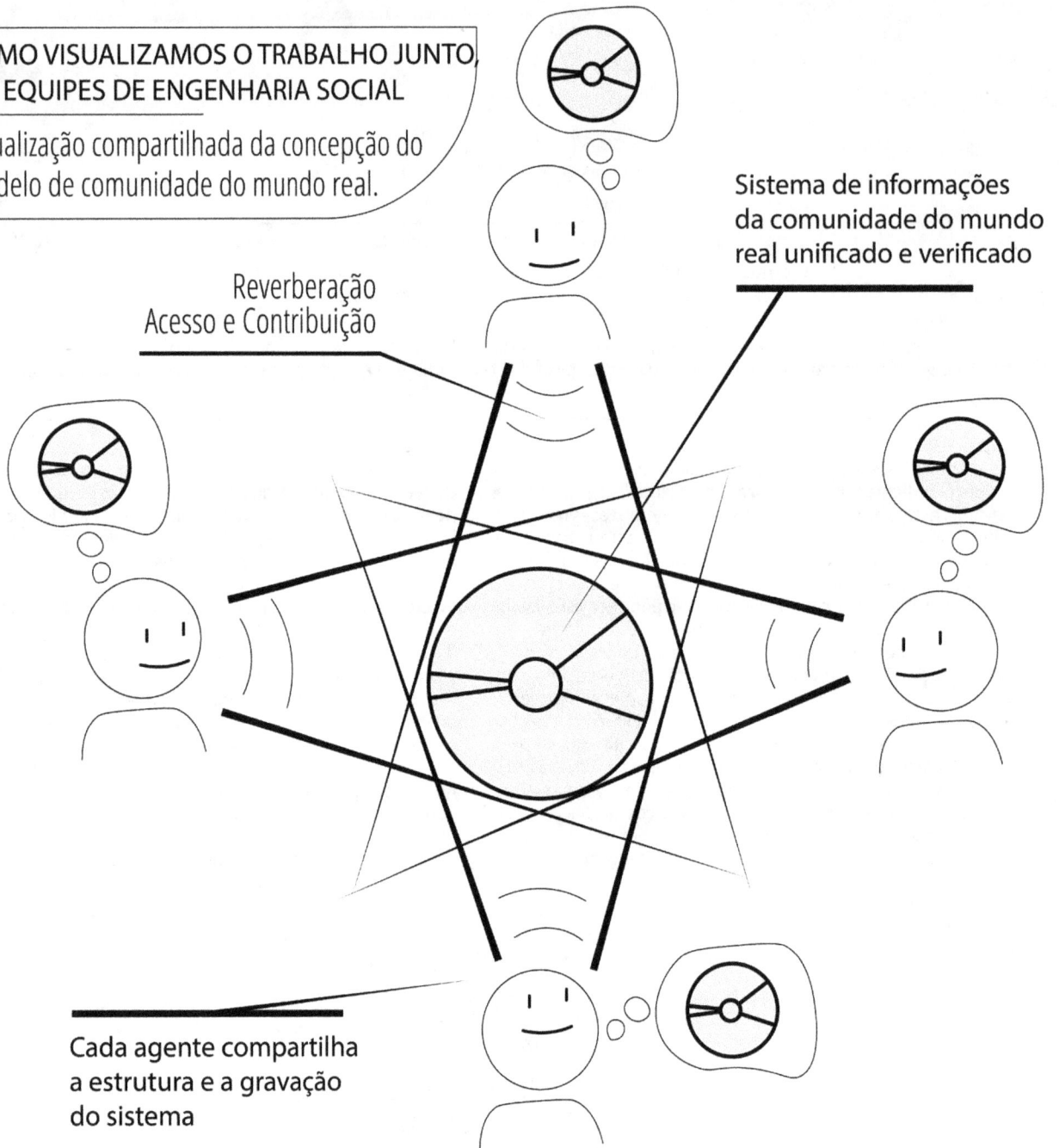

COMO VISUALIZAMOS O TRABALHO JUNTO, EM EQUIPES DE ENGENHARIA SOCIAL

Visualização compartilhada da concepção do modelo de comunidade do mundo real.

Sistema de informações da comunidade do mundo real unificado e verificado

Reverberação
Acesso e Contribuição

Cada agente compartilha a estrutura e a gravação do sistema

Figura 41. *É possível visualizar e compartilhar um modelo de realização humana global..*
TÍTULO: *model-project-execution-contribution-team-visualization-conception-shared-unified-societal-real-world-alignment*

A EXPERIÊNCIA DE PROJETO SOCIAL DA COMUNIDADE DO MUNDO REAL

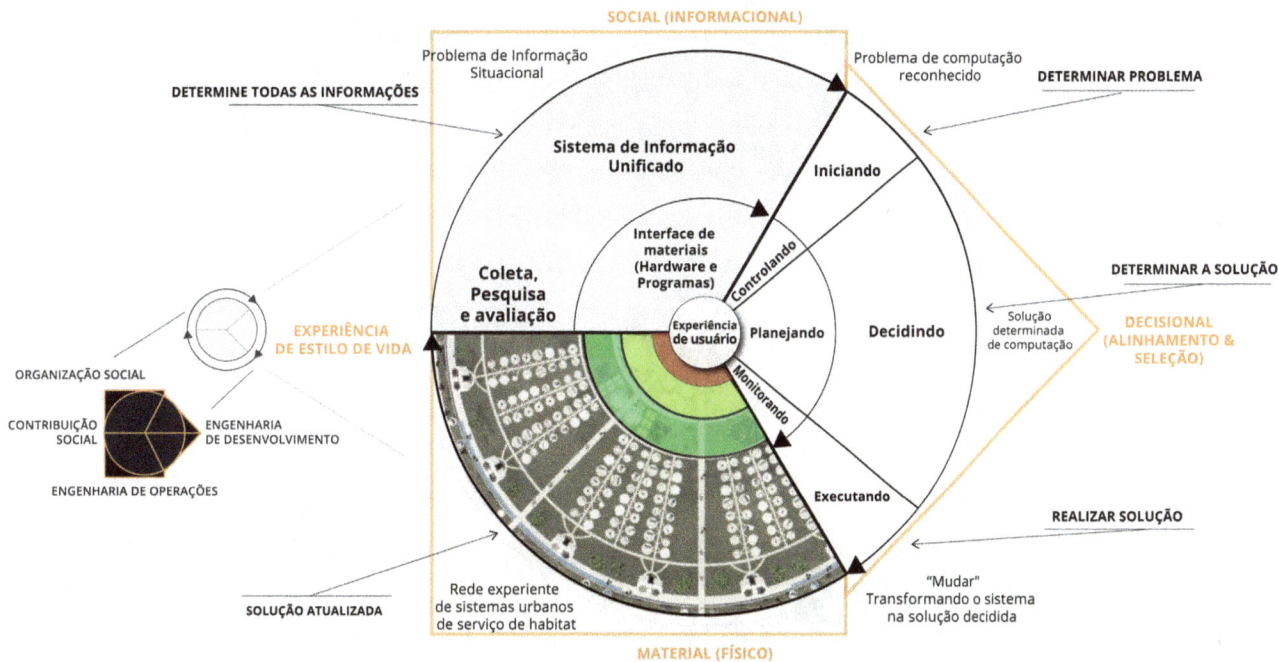

Figura 43. *O modelo de comunidade do mundo real mostrando a coordenação de projetos para atender às demandas dos usuários humanos nos níveis informacional e material.*
TÍTULO: *model-project-direction-plan-real-world-community-societal-project-experience*

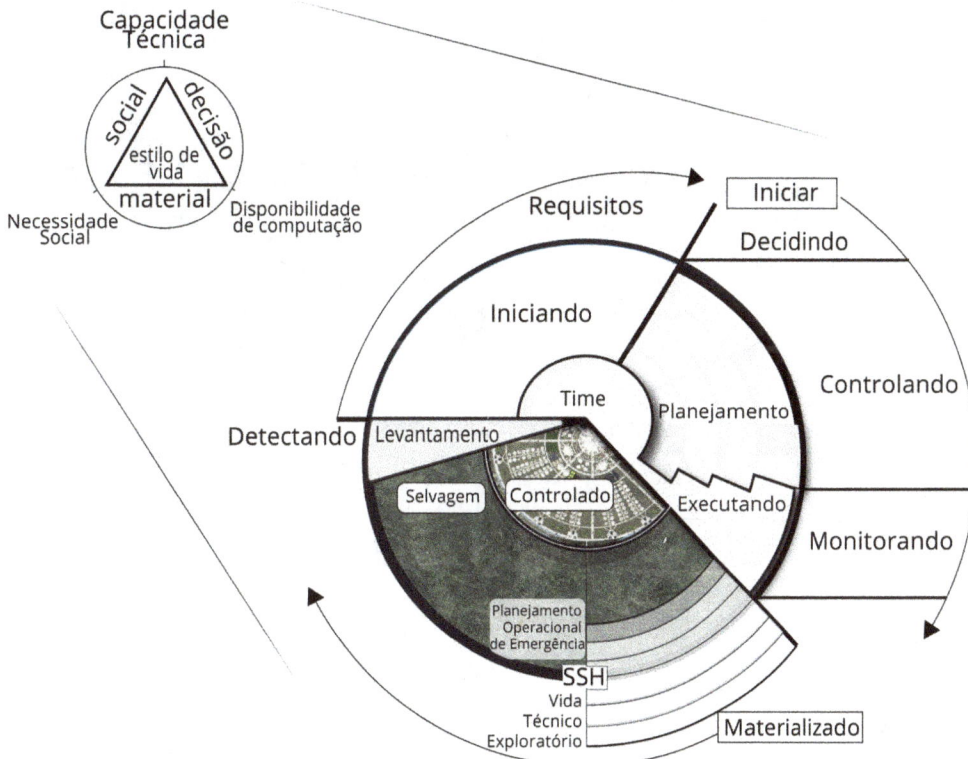

Figura 42. *Representação baseada em projeto do modelo social do tipo comunidade do mundo real.*
TÍTULO: *model-project-direction-plan-real-world-community-societal-sociotechnical-computational-material*

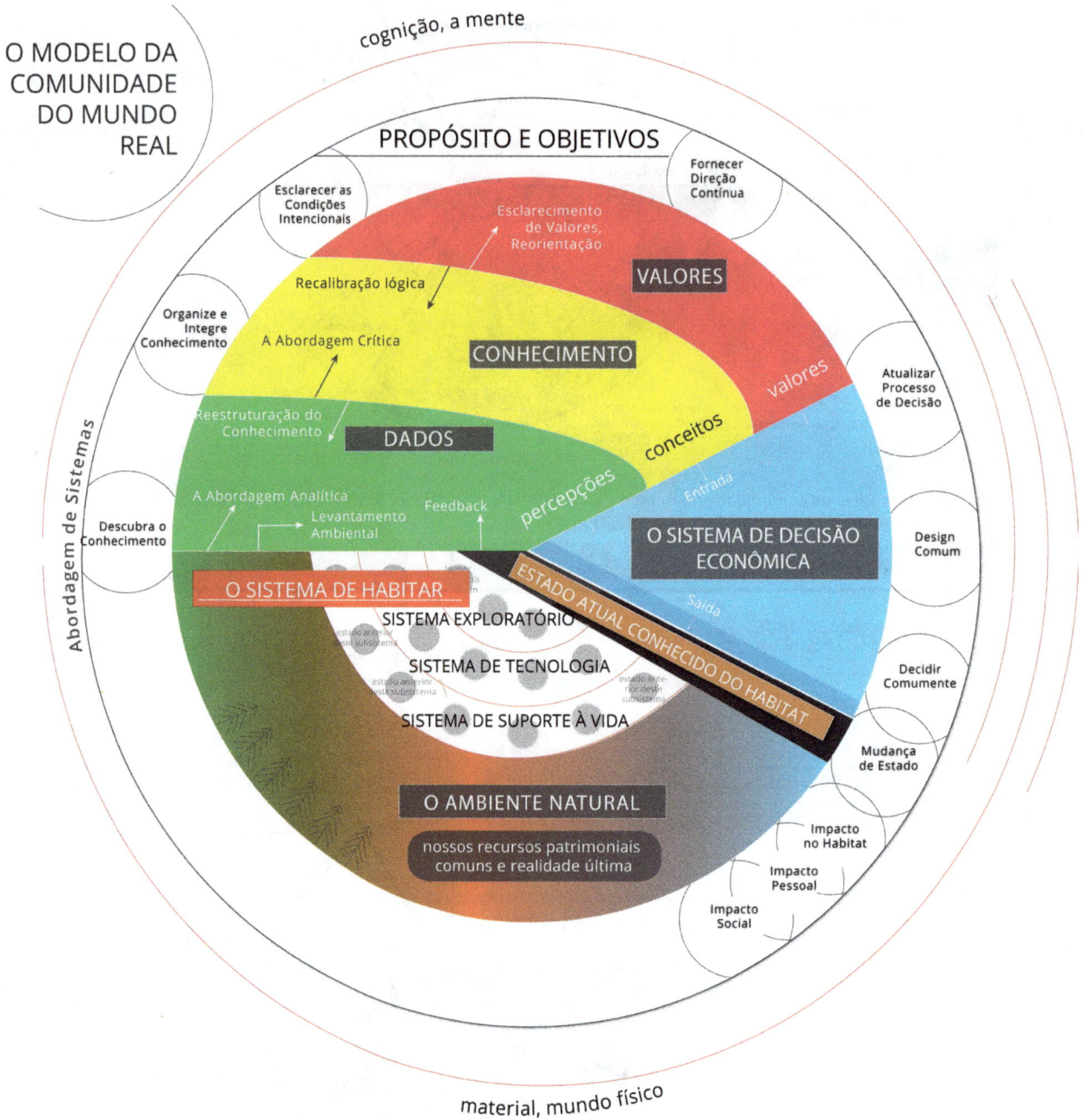

Figura 44. *O modelo do mundo real do sistema de informação unificado. Não contém o sistema de estilo de vida.*
TÍTULO: *model-overview-real-world-community-information-system-V8*

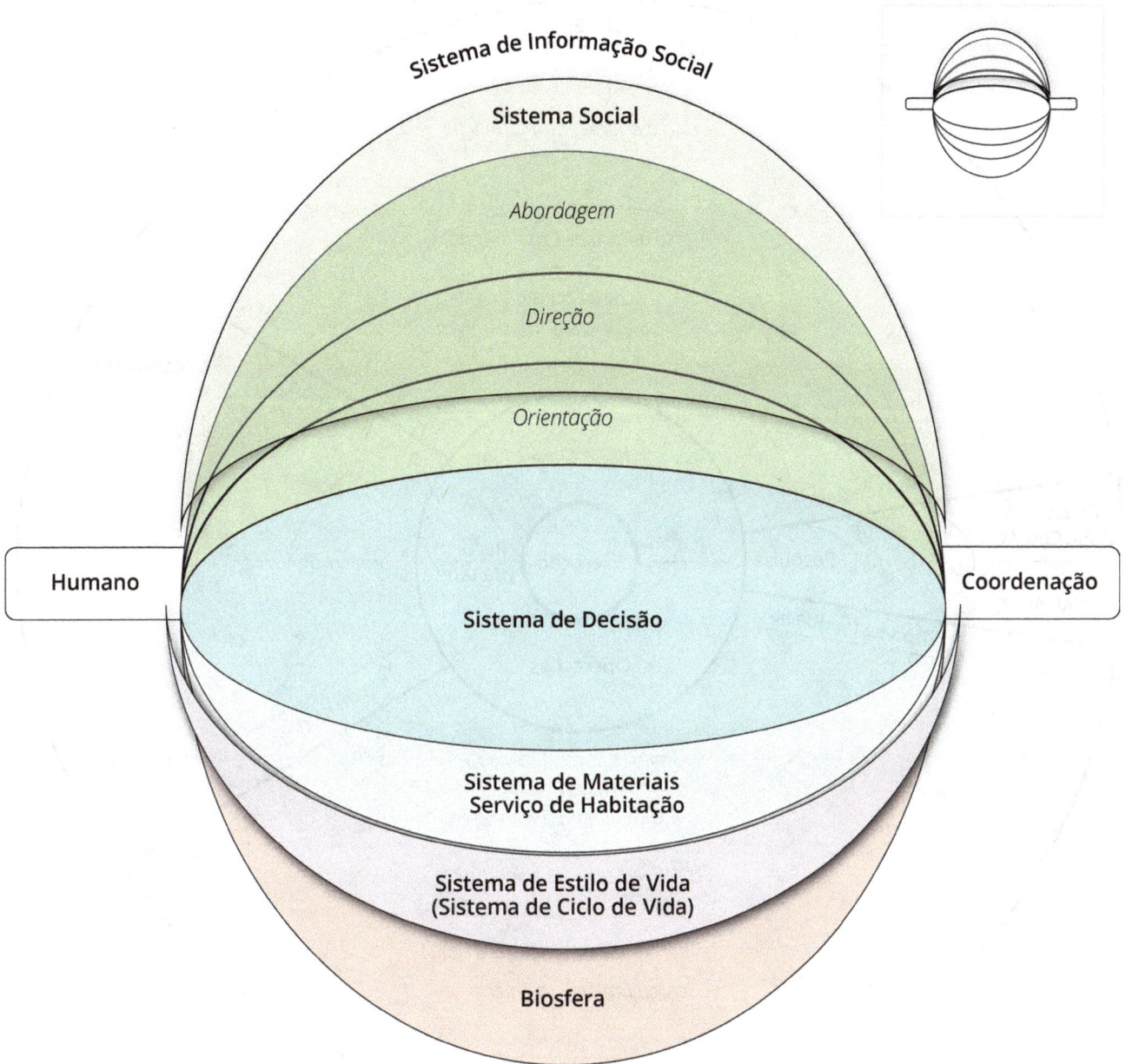

Figura 45. *Uma visão em camadas do modelo de comunidade do mundo real.*
TÍTULO: *model-overview-real-world-community-information-system-view-front*

SISTEMA DE INTERCONEXÃO DE CONTROLE DE INFORMAÇÃO
PARA CUMPRIMENTO MÚTUO DO MUNDO REAL

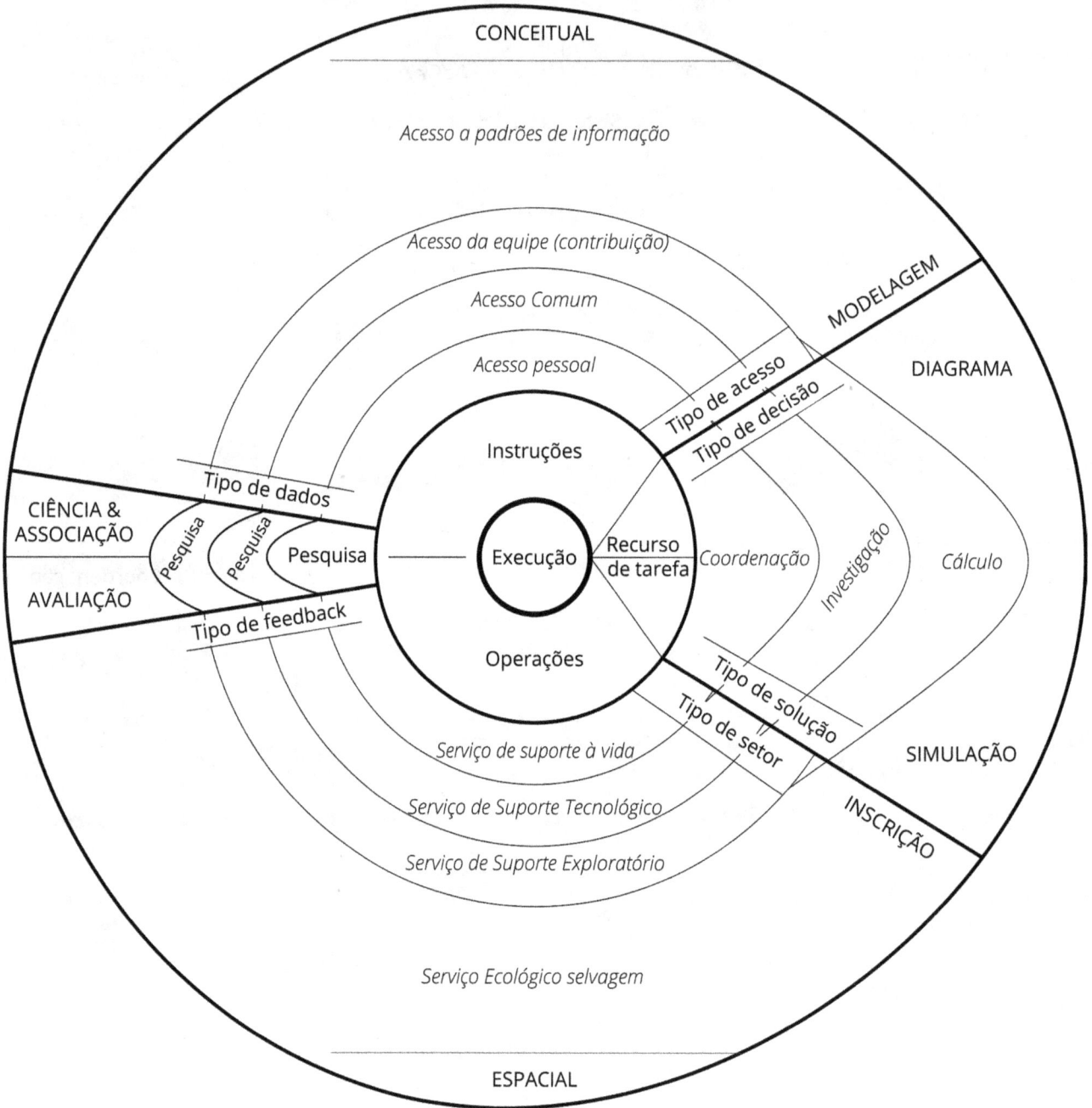

Figura 46. *O modelo de comunidade do mundo real coordenando a execução de um tipo de sociedade que atende aos requisitos de acesso dos usuários por meio de projetos e operações de habitat.*
TÍTULO: *model-decision-overview-system-plan-control-spiral-real-world-sociotechnical-interconnection*

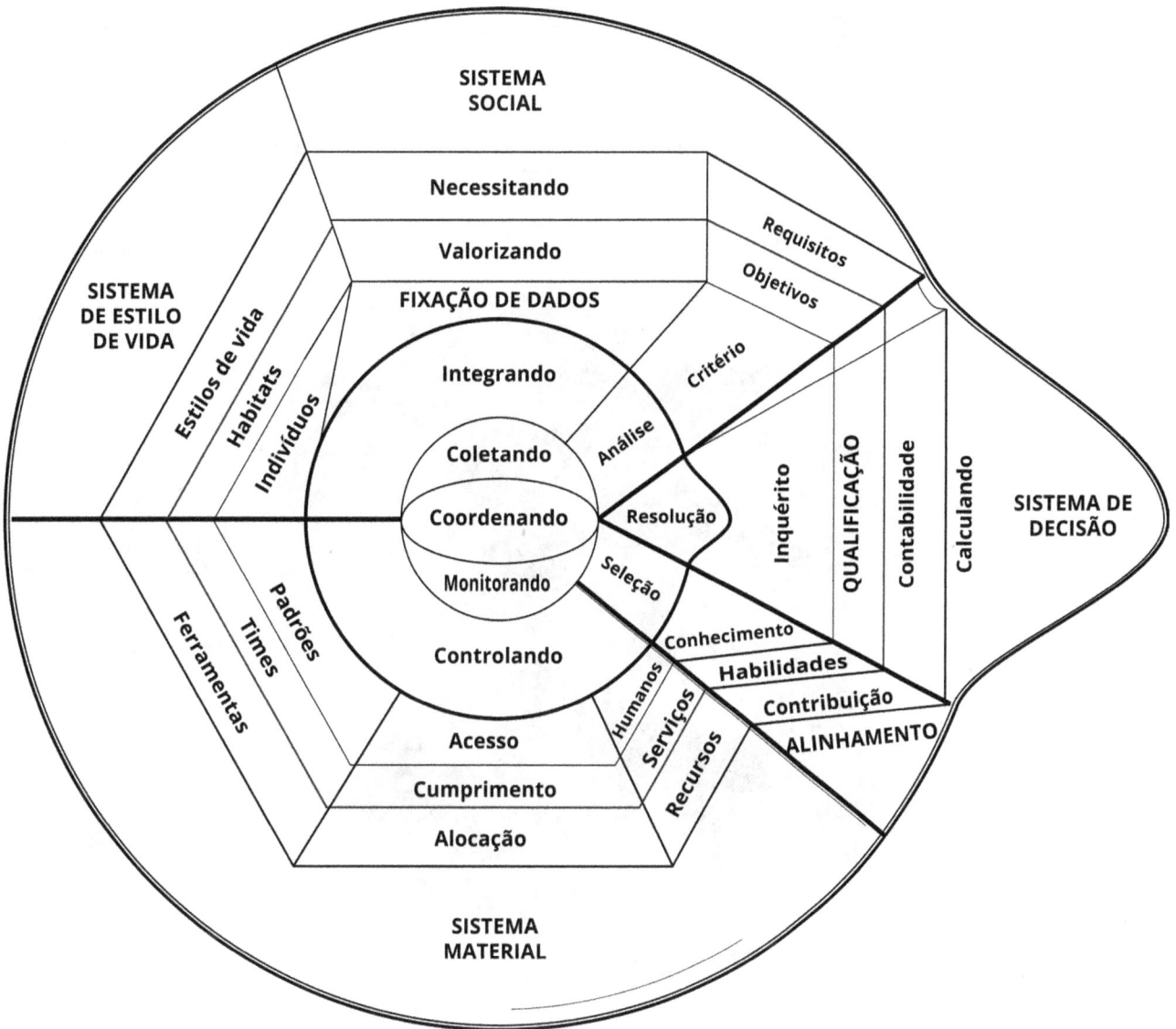

Figura 47. *O modelo de comunidade do mundo real coordenando a execução de um tipo de sociedade que atende aos requisitos de acesso dos usuários por meio de projetos e operações de habitat.*
TÍTULO: *model-overview-real-world-community-unified-societal-system*

Figura 48. *O sistema de informação da comunidade do mundo real com modelagem de entrada-saída.*
TÍTULO: *model-overview-community-real-world-information-system-simple-input-output-color*

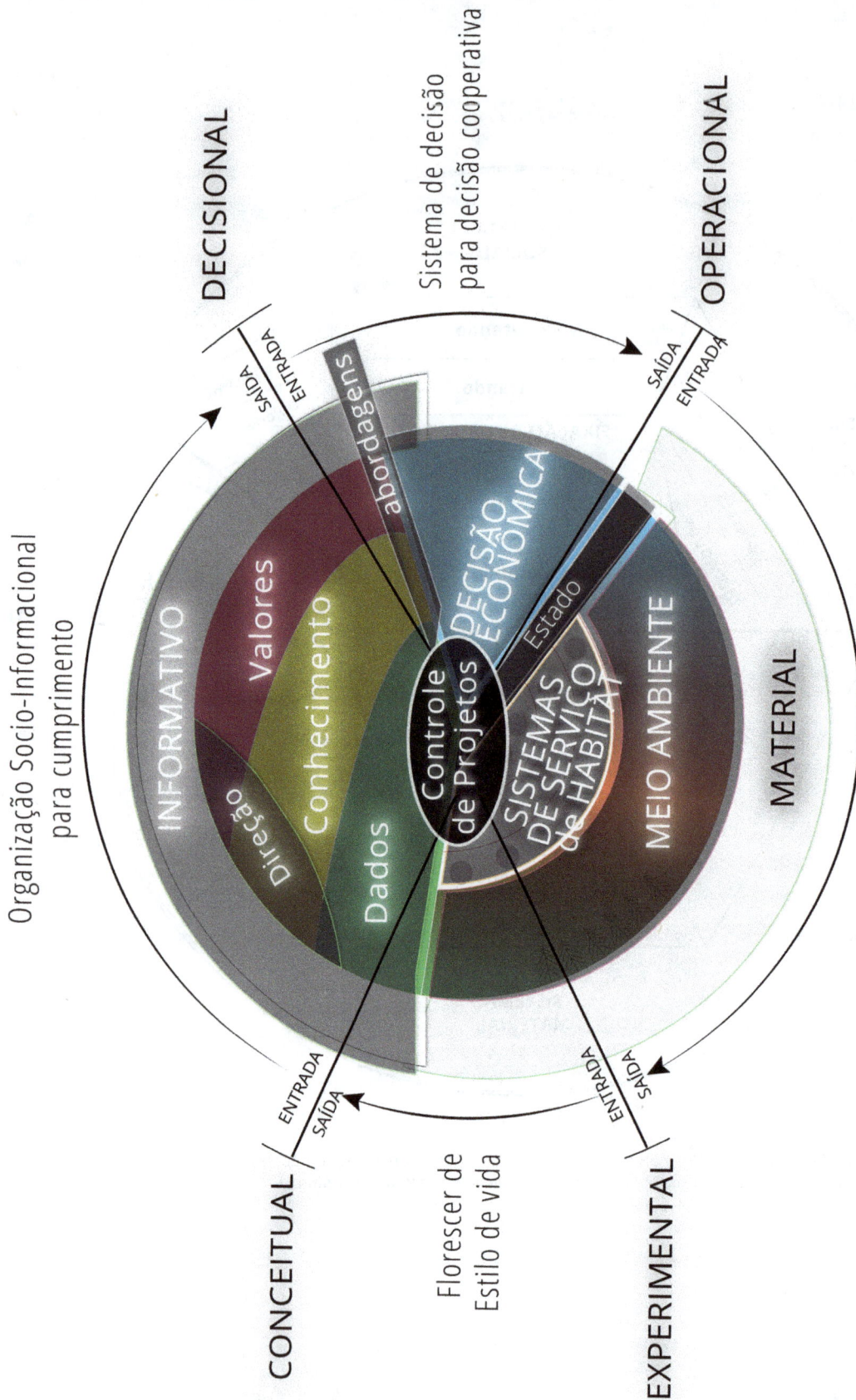

Organização Socio-Informacional para cumprimento

DECISIONAL

Sistema de decisão para decisão cooperativa

OPERACIONAL

CONCEITUAL

Florescer de Estilo de vida

EXPERIMENTAL

SAÍDA
ENTRADA

abordagens

INFORMATIVO

Valores

Conhecimento

Direção

Dados

Controle de Projetos

DECISÃO ECONÔMICA

Estado

SISTEMAS DE SERVIÇO de HABITAT

MEIO AMBIENTE

MATERIAL

O Modelo de Feedback Social Encadeado em Espiral da Comunidade do Mundo Real

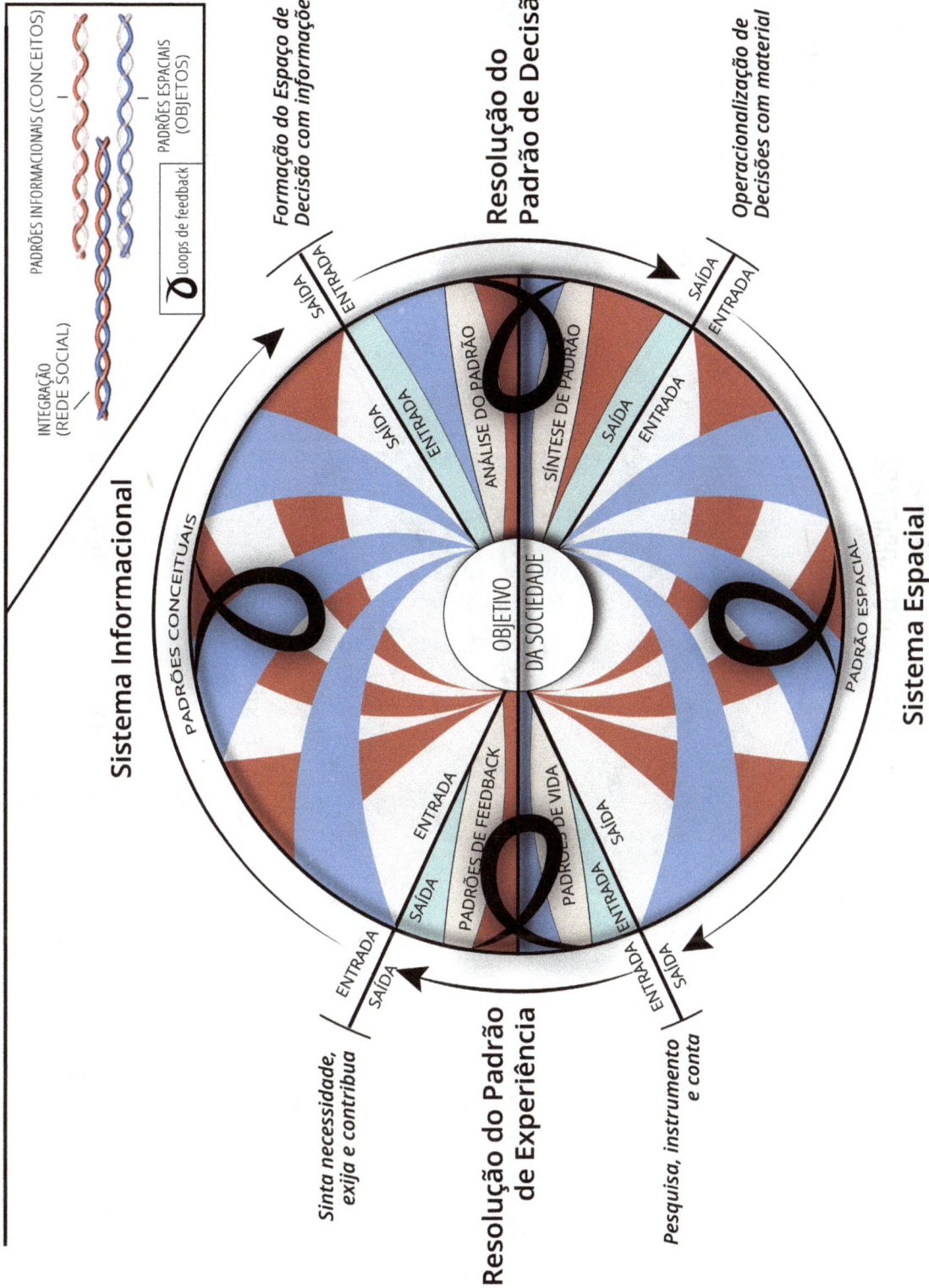

PADRÕES INFORMACIONAIS (CONCEITOS)

PADRÕES ESPACIAIS (OBJETOS)

INTEGRAÇÃO (REDE SOCIAL)

Loops de feedback

Sistema Informacional

Formação do Espaço de Decisão com informações

Resolução do Padrão de Decisão

Operacionalização de Decisões com material

SAÍDA
ENTRADA
SAÍDA
ENTRADA
ANÁLISE DO PADRÃO
SÍNTESE DE PADRÃO
SAÍDA
ENTRADA
SAÍDA
ENTRADA

PADRÕES CONCEITUAIS

PADRÃO ESPACIAL

OBJETIVO DA SOCIEDADE

ENTRADA
SAÍDA
PADRÕES DE FEEDBACK
PADRÕES DE VIDA
ENTRADA
SAÍDA

Sistema Espacial

ENTRADA
SAÍDA

Sinta necessidade, exija e contribua

Resolução do Padrão de Experiência

ENTRADA
SAÍDA

Pesquisa, instrumento e conta

Figura 49. *O sistema de informação da comunidade do mundo real com modelagem de entrada-saída com loops de feedback. O sistema social é um sistema de informação espacial com.*
TÍTULO: *model-overview-real-world-community-information-system-spiral-input-output-informaitonal-spatial*

Figura 50. *O sistema de informação da comunidade do mundo real mostrando a conceituação para a materialização e operação de uma sociedade.*
TÍTULO: *model-overview-community-real-world-information-system-complex-composition-society*

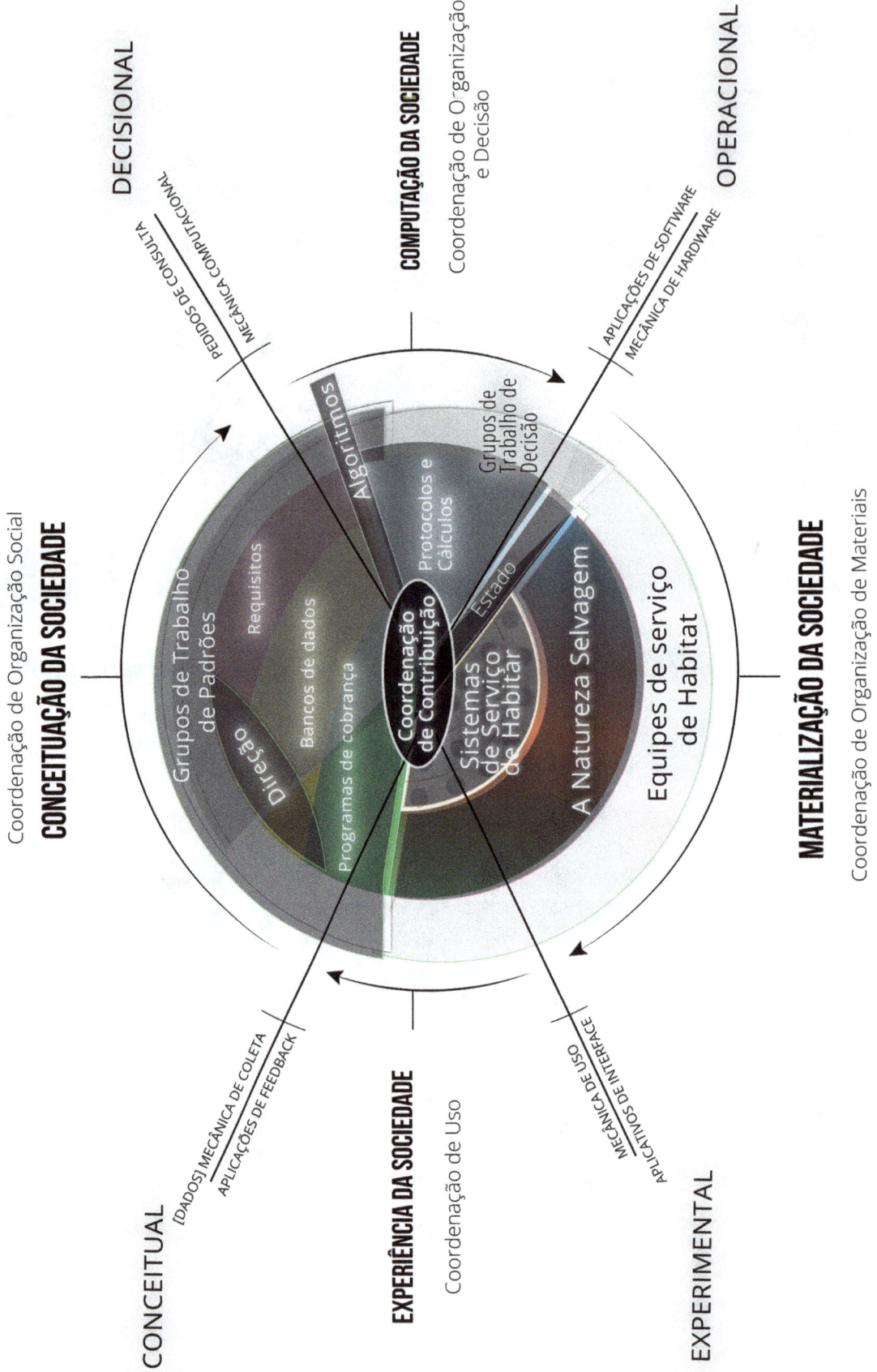

Modelo de Realização Coordenada da Comunidade Integrada do Mundo Real

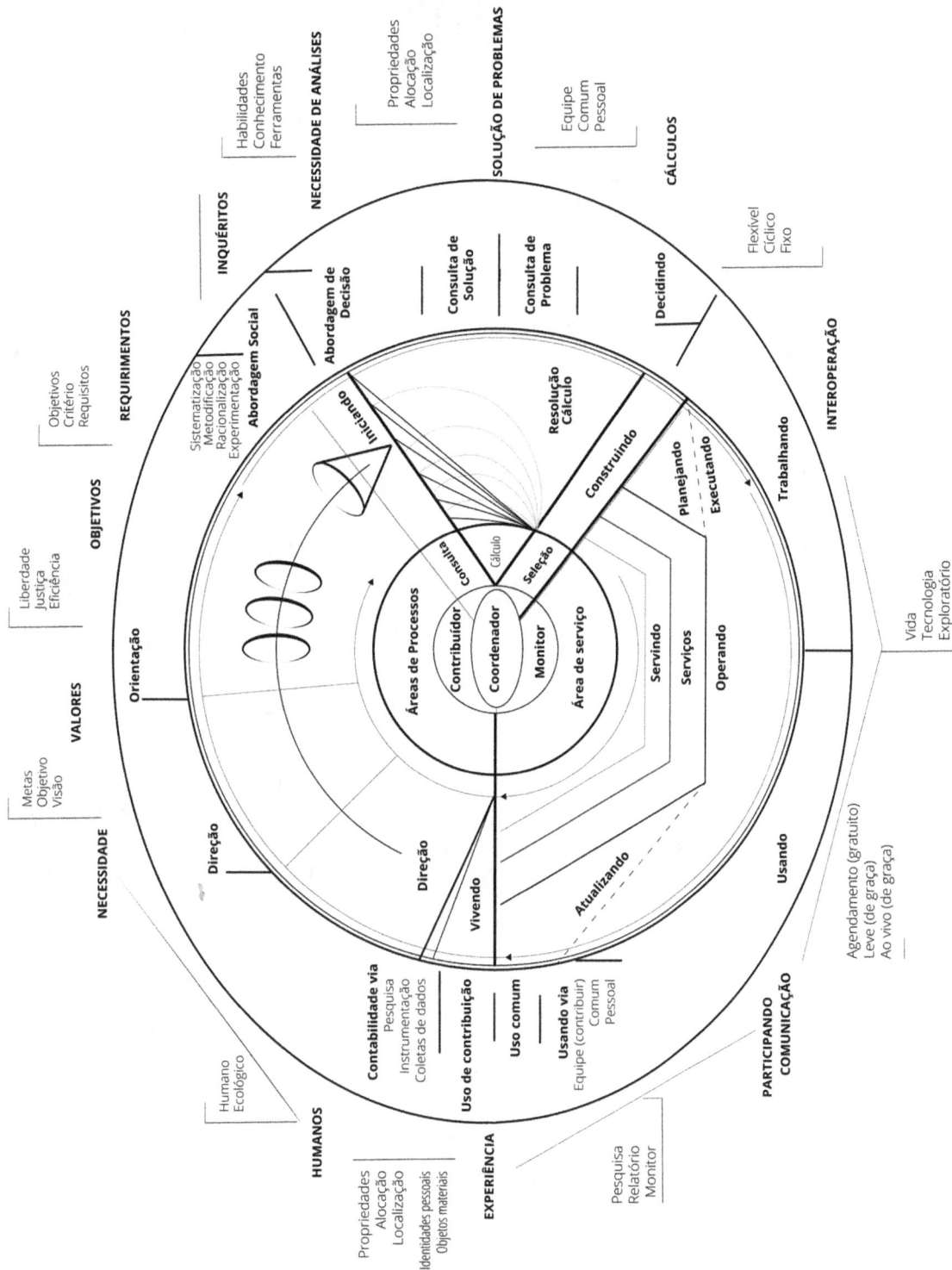

Figura 51. *Modelo de comunidade do mundo real como principais entidades de organização que permitem uma estruturação e navegação segura.*
TÍTULO: *model-overview-real-world-community-unified-societal-standard-information-processes*

Figura 52. *Esta é uma versão simplificada do modelo de comunidade do mundo real mostrando apenas os movimentos/ processos fundamentais de uma sociedade do tipo comunidade.*
TÍTULO: *model-overview-real-world-community-ion-verb-motion-process-completion*

Modelo Simplificado de Movimento/Processo da Comunidade do Mundo Real

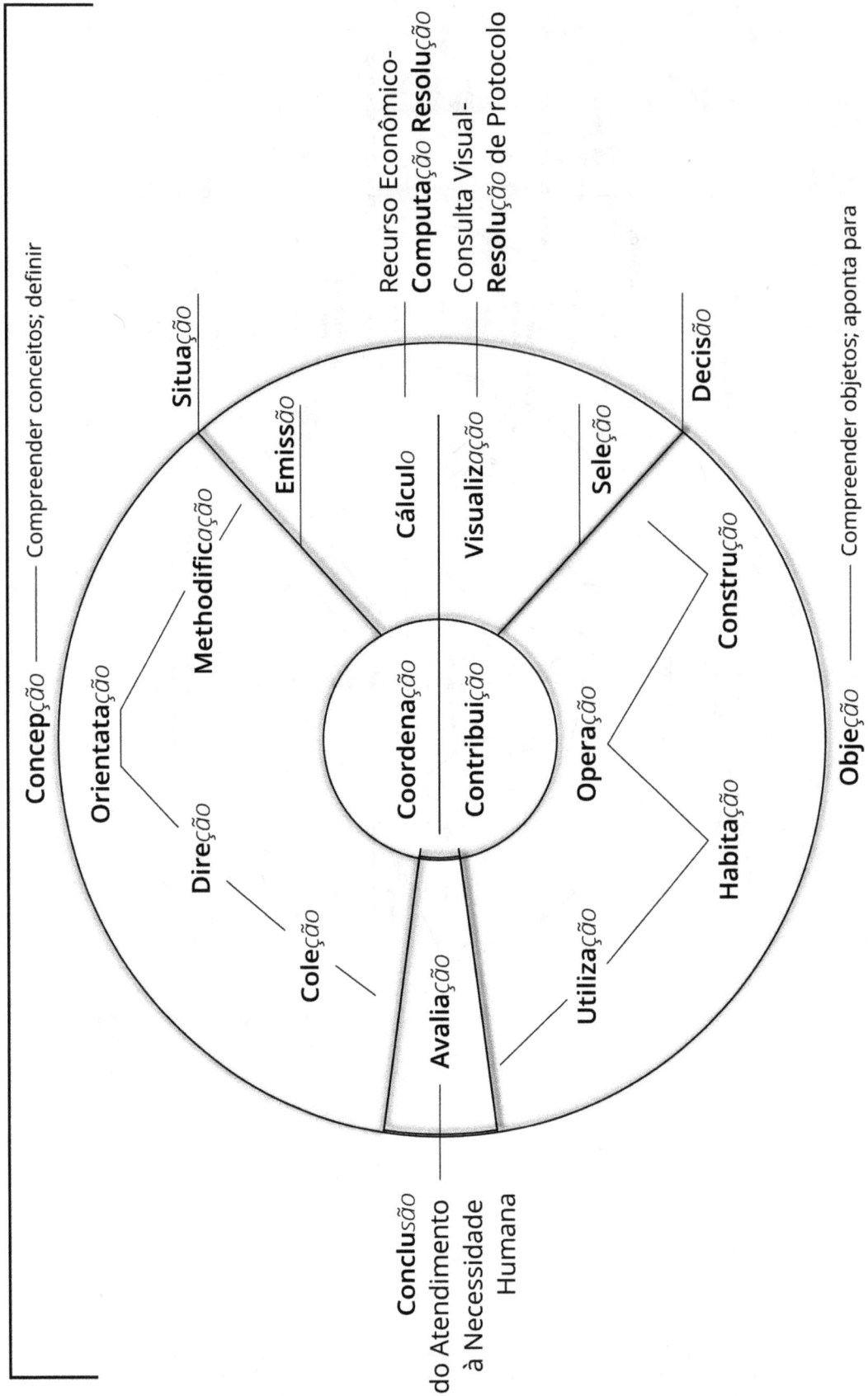

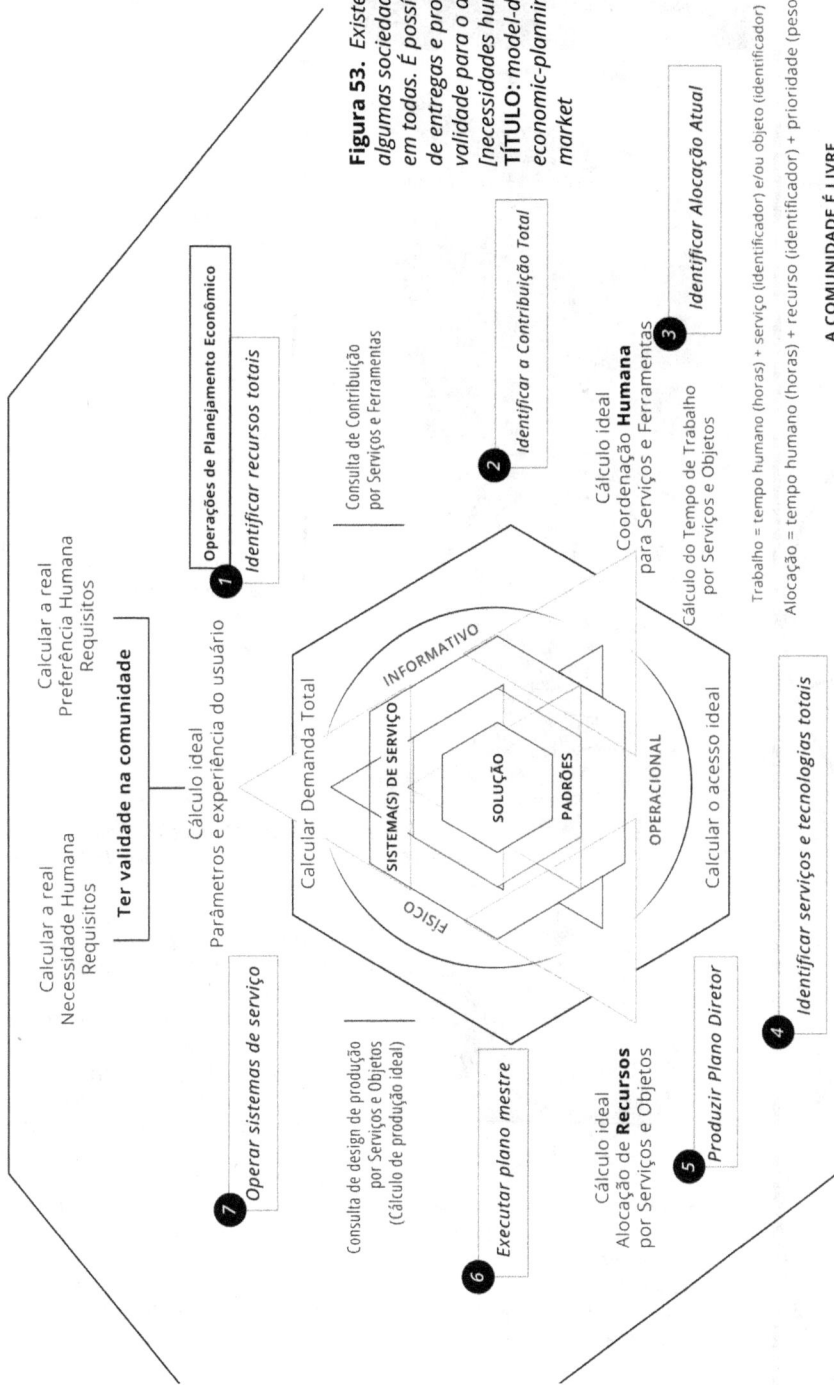

Figura 53. Existem concepções válidas em algumas sociedades que não são válidas em todas. É possível identificar um conjunto de entregas e processos que tenham validade para o atendimento de todas as [necessidades humanas globais].
TÍTULO: model-decision-overview-economic-planning-transition-community-market

A COMUNIDADE

Calcular a real
Preferência Humana
Requisitos

Calcular a real
Necessidade Humana
Requisitos

Ter validade na comunidade

Cálculo ideal
Parâmetros e experiência do usuário

Operações de Planejamento Econômico

1

Identificar recursos totais

Consulta de Contribuição
por Serviços e Ferramentas

2

Identificar a Contribuição Total

Cálculo ideal
Coordenação **Humana**
para Serviços e Ferramentas

Cálculo do Tempo de Trabalho
por Serviços e Objetos

3

Identificar Alocação Atual

Trabalho = tempo humano (horas) + serviço (identificador) e/ou objeto (identificador)

Alocação = tempo humano (horas) + recurso (identificador) + prioridade (peso)

**A COMUNIDADE É LIVRE
DO MERCADO (COMÉRCIO)**

INFORMATIVO

SISTEMA(S) DE SERVIÇO

SOLUÇÃO

PADRÕES

FÍSICO

OPERACIONAL

Calcular Demanda Total

Calcular o acesso ideal

4

Identificar serviços e tecnologias totais

**As contas abaixo
não têm validade na comunidade:**

Comércio de Negócios
de Trabalho Humano

lucros e perdas

receitas e despesas

Venda comercial
Compra comercial

Propriedade comercial
Dívidas comerciais

ativos e passivos) perdem

Capitalistas

Bens

Trabalho

Controle do Capital

Operar sistemas de serviço

7

Consulta de design de produção
por Serviços e Objetos
(Cálculo de produção ideal)

Executar plano mestre

6

Cálculo ideal
Alocação de **Recursos**
por Serviços e Objetos

5

Produzir Plano Diretor

O MERCADO

Modelo representando um sistema de decisão que integra e resolve decisões integrando decisões sobre recursos entre padrões sociais (desenvolvidos por grupos de trabalho) e um habitat do mundo real (operado por equipes de serviço de habitat.

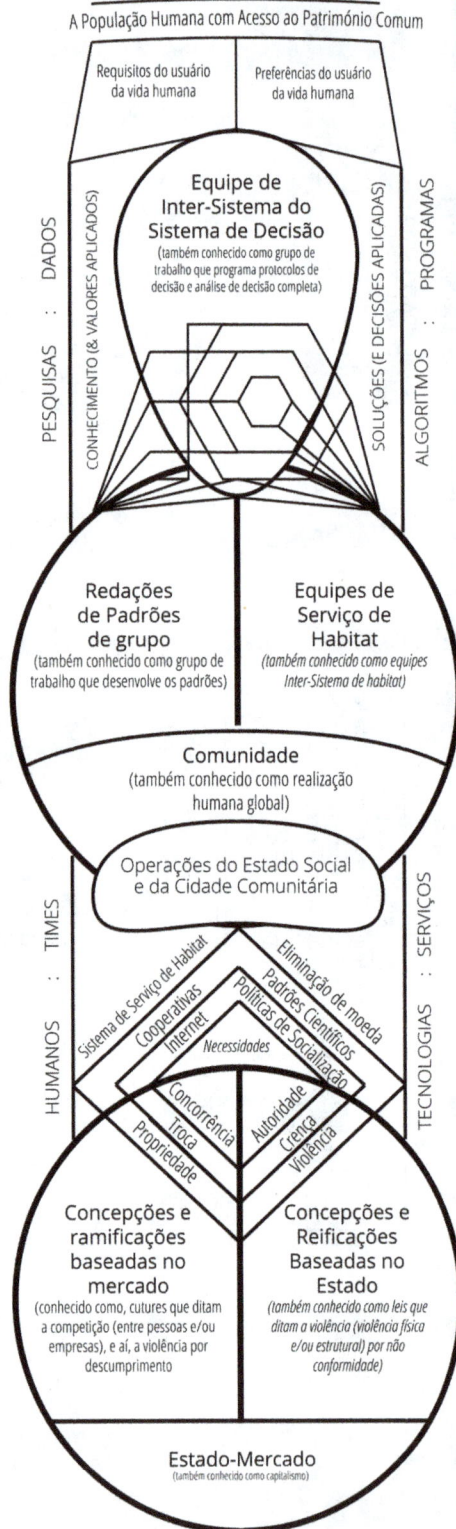

Figura 54. *O modelo à esquerda mostra a relação entre uma organização comunitária de trabalho e a transição do Estado-mercado (capitalismo).*
TÍTULO: *model-project-execution-transition-components-decision-community-interface-market-state*

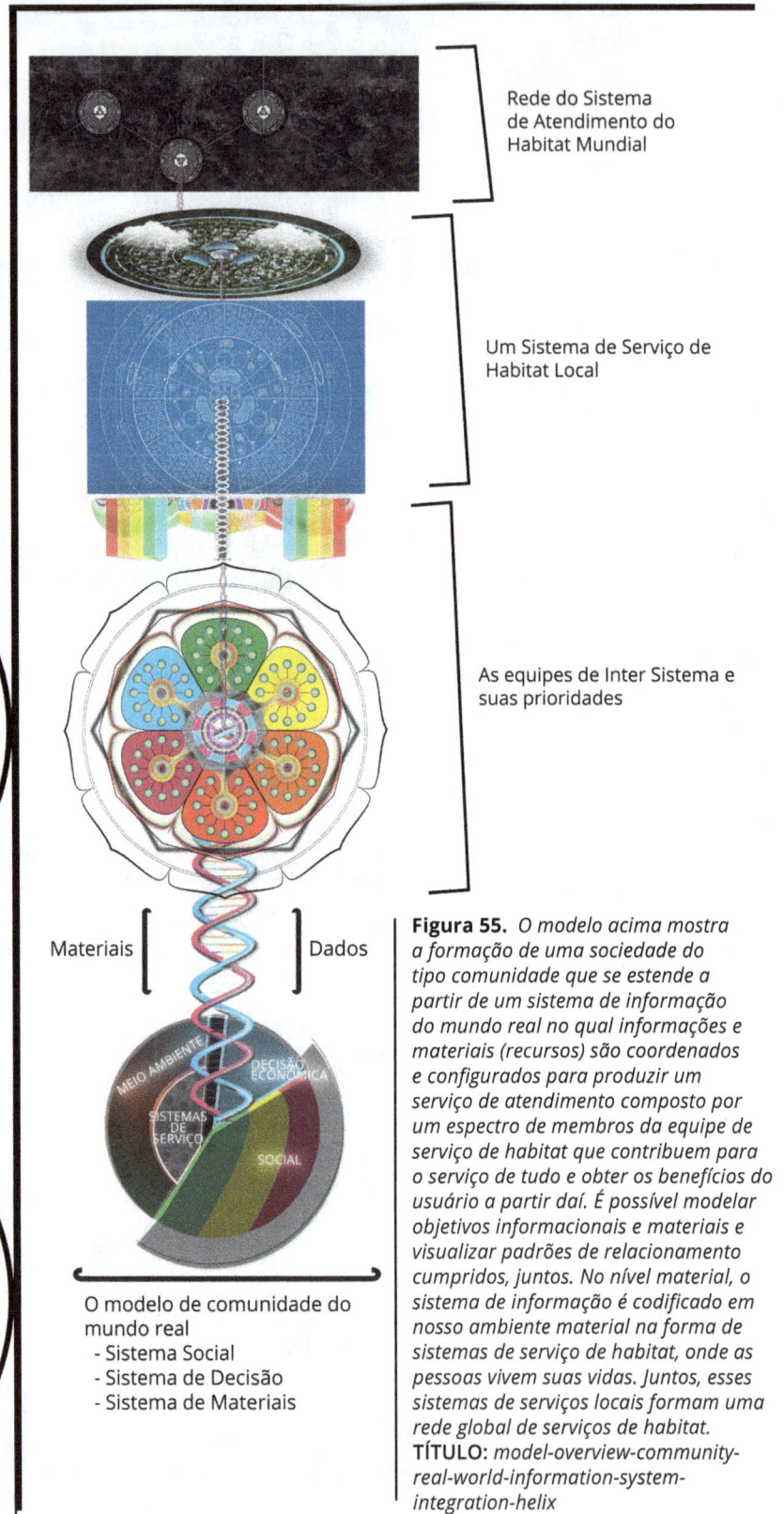

A População Humana com Acesso ao Patrimônio Comum

Requisitos do usuário da vida humana

Preferências do usuário da vida humana

PESQUISAS : DADOS

CONHECIMENTO (& VALORES APLICADOS)

Equipe de Inter-Sistema do Sistema de Decisão
(também conhecido como grupo de trabalho que programa protocolos de decisão e análise de decisão completa)

SOLUÇÕES (E DECISÕES APLICADAS)

ALGORITMOS : PROGRAMAS

Redações de Padrões de grupo
(também conhecido como grupo de trabalho que desenvolve os padrões)

Equipes de Serviço de Habitat
(também conhecido como equipes Inter-Sistema de habitat)

Comunidade
(também conhecido como realização humana global)

Operações do Estado Social e da Cidade Comunitária

TIMES

HUMANOS

Sistema de Serviço de Habitat
Cooperativas
Internet
Padrões Científicos
Políticas de Socialização
Eliminação de moeda
Necessidades
Concorrência
Troca
Propriedade
Autoridade
Crença
Violência

SERVIÇOS

TECNOLOGIAS

Concepções e ramificações baseadas no mercado
(conhecido como, cutures que ditam a competição (entre pessoas e/ou empresas), e aí, a violência por descumprimento)

Concepções e Reificações Baseadas no Estado
(também conhecido como leis que ditam a violência (violência física e/ou estrutural) por não conformidade)

Estado-Mercado
(também conhecido como capitalismo)

Rede do Sistema de Atendimento do Habitat Mundial

Um Sistema de Serviço de Habitat Local

As equipes de Inter Sistema e suas prioridades

Materiais

Dados

MEIO AMBIENTE

DECISÃO ECONÔMICA

SISTEMAS DE SERVIÇO

SOCIAL

O modelo de comunidade do mundo real
- Sistema Social
- Sistema de Decisão
- Sistema de Materiais

Figura 55. *O modelo acima mostra a formação de uma sociedade do tipo comunidade que se estende a partir de um sistema de informação do mundo real no qual informações e materiais (recursos) são coordenados e configurados para produzir um serviço de atendimento composto por um espectro de membros da equipe de serviço de habitat que contribuem para o serviço de tudo e obter os benefícios do usuário a partir daí. É possível modelar objetivos informacionais e materiais e visualizar padrões de relacionamento cumpridos, juntos. No nível material, o sistema de informação é codificado em nosso ambiente material na forma de sistemas de serviço de habitat, onde as pessoas vivem suas vidas. Juntos, esses sistemas de serviços locais formam uma rede global de serviços de habitat.*
TÍTULO: *model-overview-community-real-world-information-system-integration-helix*

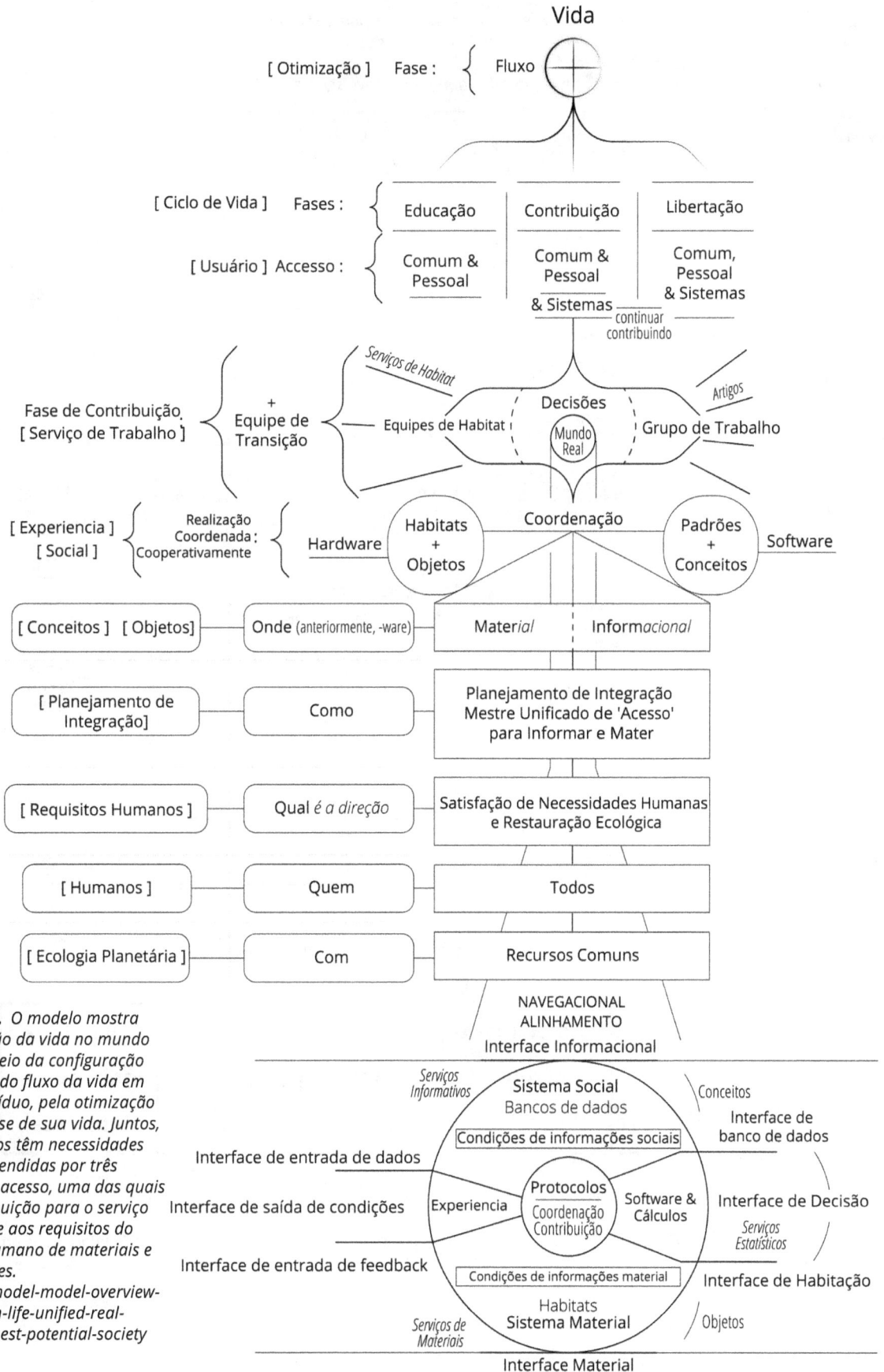

Figura 56. *O modelo mostra a realização da vida no mundo real por meio da configuração otimizada do fluxo da vida em cada indivíduo, pela otimização de cada fase de sua vida. Juntos, os humanos têm necessidades comuns atendidas por três formas de acesso, uma das quais é a contribuição para o serviço que atende aos requisitos do usuário humano de materiais e informações.*
TÍTULO: *model-model-overview-integration-life-unified-real-world-highest-potential-society*

Figura 57. *O modelo mostra o arranjo conceitual sobreposto dos padrões primários do sistema social integrando a vida dos indivíduos, axiomas conceituais, resultados sociais e contribuições humanas em uma experiência de vida globalmente satisfatória.*
TÍTULO: *model-overview-societal-system-standard-action-give-receive-service*

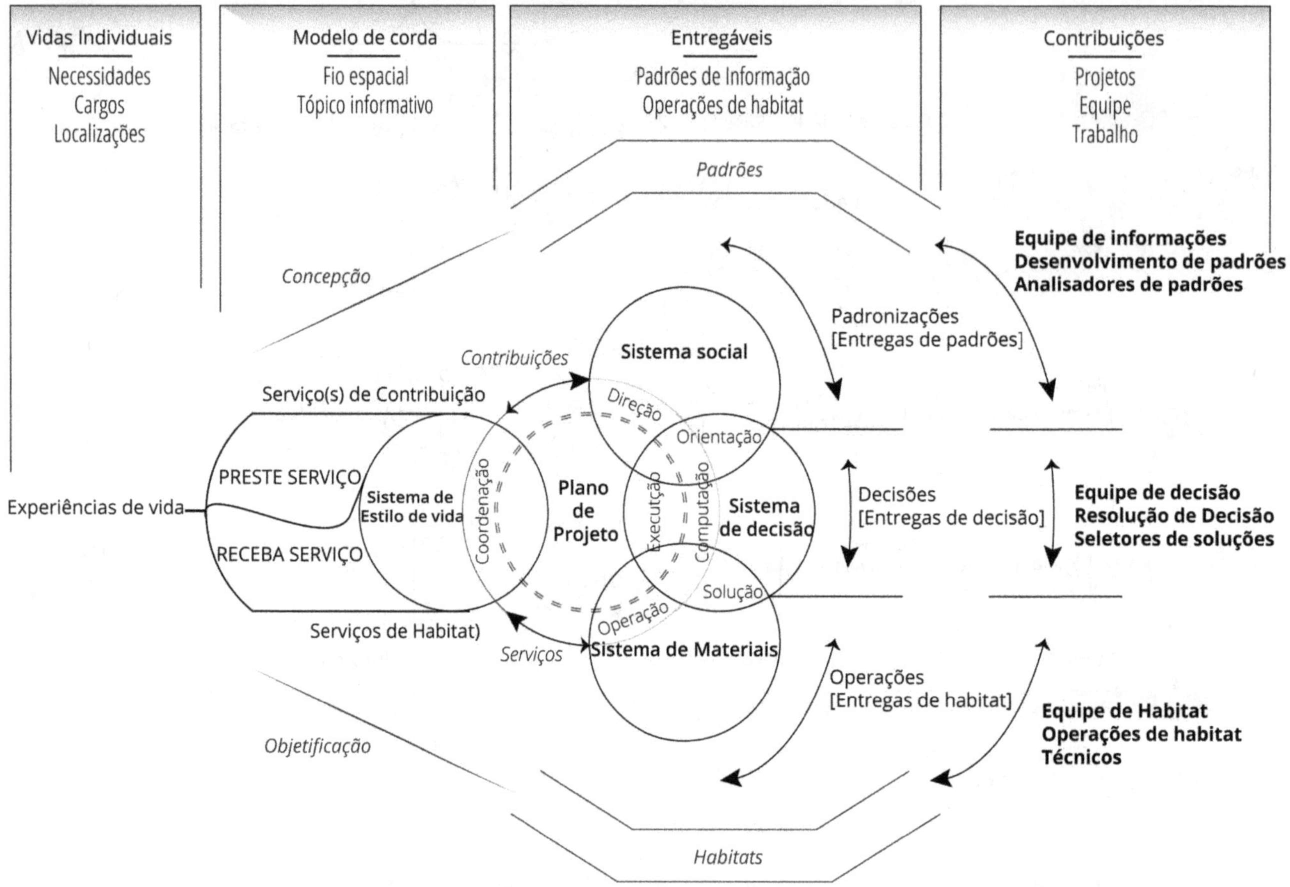

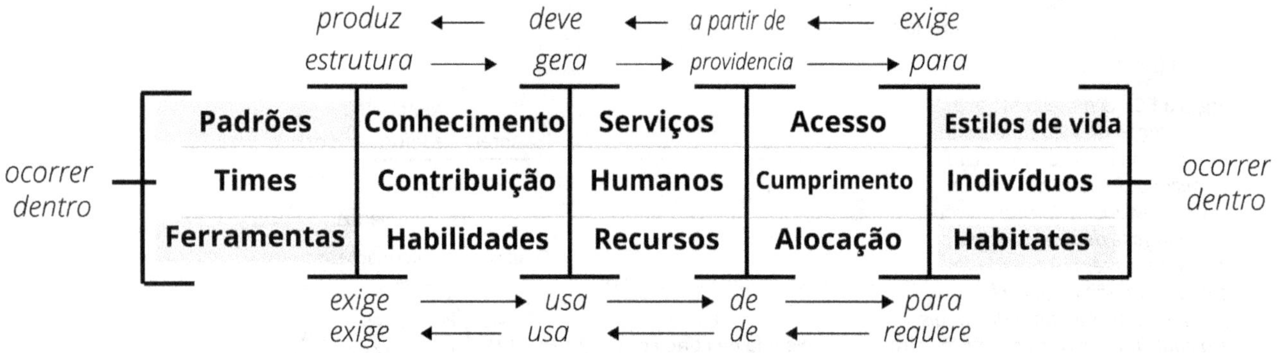

Figura 58. *Representação de um sistema integrado de serviços de habitat onde os estilos de vida são informados por padrões e ferramentas para formar habitats onde o cumprimento é uma ocorrência planejada e regular.*
TÍTULO: *model-overview-unified-conceptual-structure-relationships*

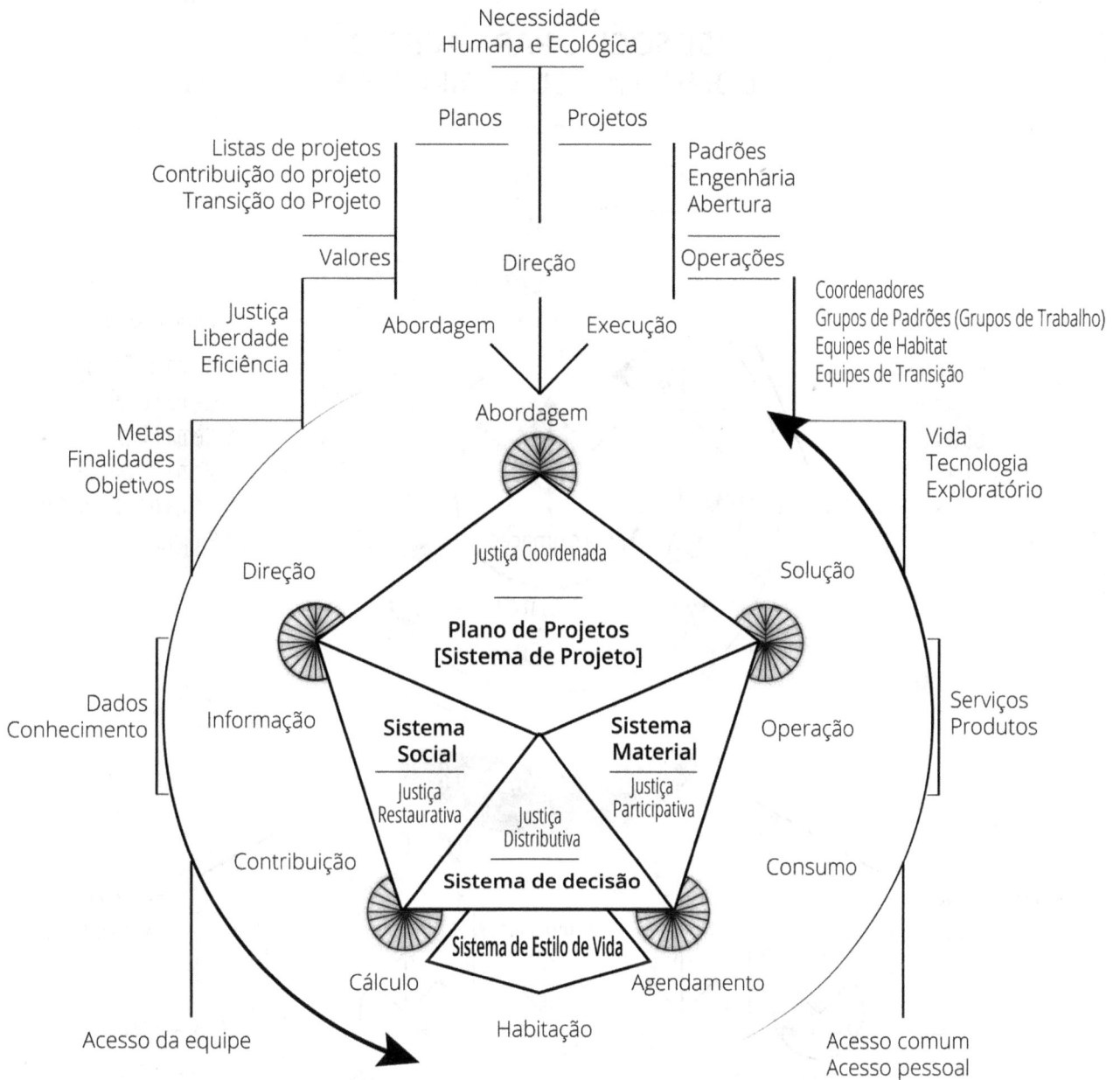

Figura 59. *Os cinco sistemas sociais primários são mostrados em seu contexto de navegação (Leia: direção, orientação, abordagem, solução, cálculo, operação, programação e consumo) com elementos de modelagem de informações sociais associados.*
TÍTULO: *model-overview-unified-societal-system-standards-axioms*

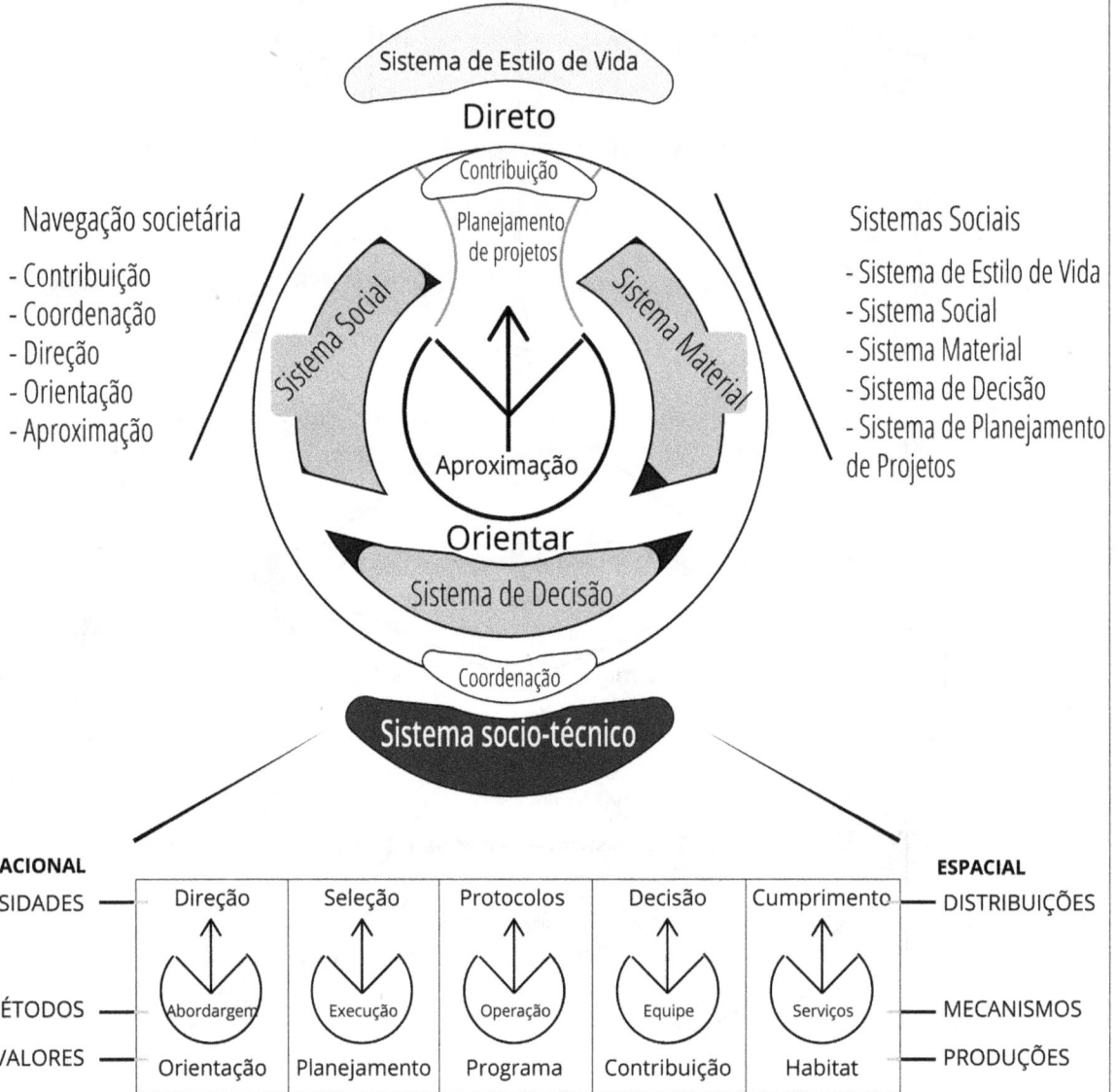

BASE SOCIAL PARA ACESSO COMUM AO CUMPRIMENTO

Navegação societária

- Contribuição
- Coordenação
- Direção
- Orientação
- Aproximação

Sistemas Sociais

- Sistema de Estilo de Vida
- Sistema Social
- Sistema Material
- Sistema de Decisão
- Sistema de Planejamento de Projetos

Figura 60. *Modelo simplificado dos padrões do sistema social unificado composto por informações e elementos espaciais que direcionam a seleção de protocolos e a decisão para o cumprimento humano [serviço de habitat].*
TÍTULO: *model-overview-unified-societal-system-standard-common-fulfillment-information-spatialization*

Unificação de Transição Conceitual da Comunidade

Por meio de um sistema de informação social unificado que conceitua e opera um habitat material para acesso a produtos-serviços por meio de produções envolvendo recursos e esforço humano direcionados ao atendimento de todas as necessidades humanas.

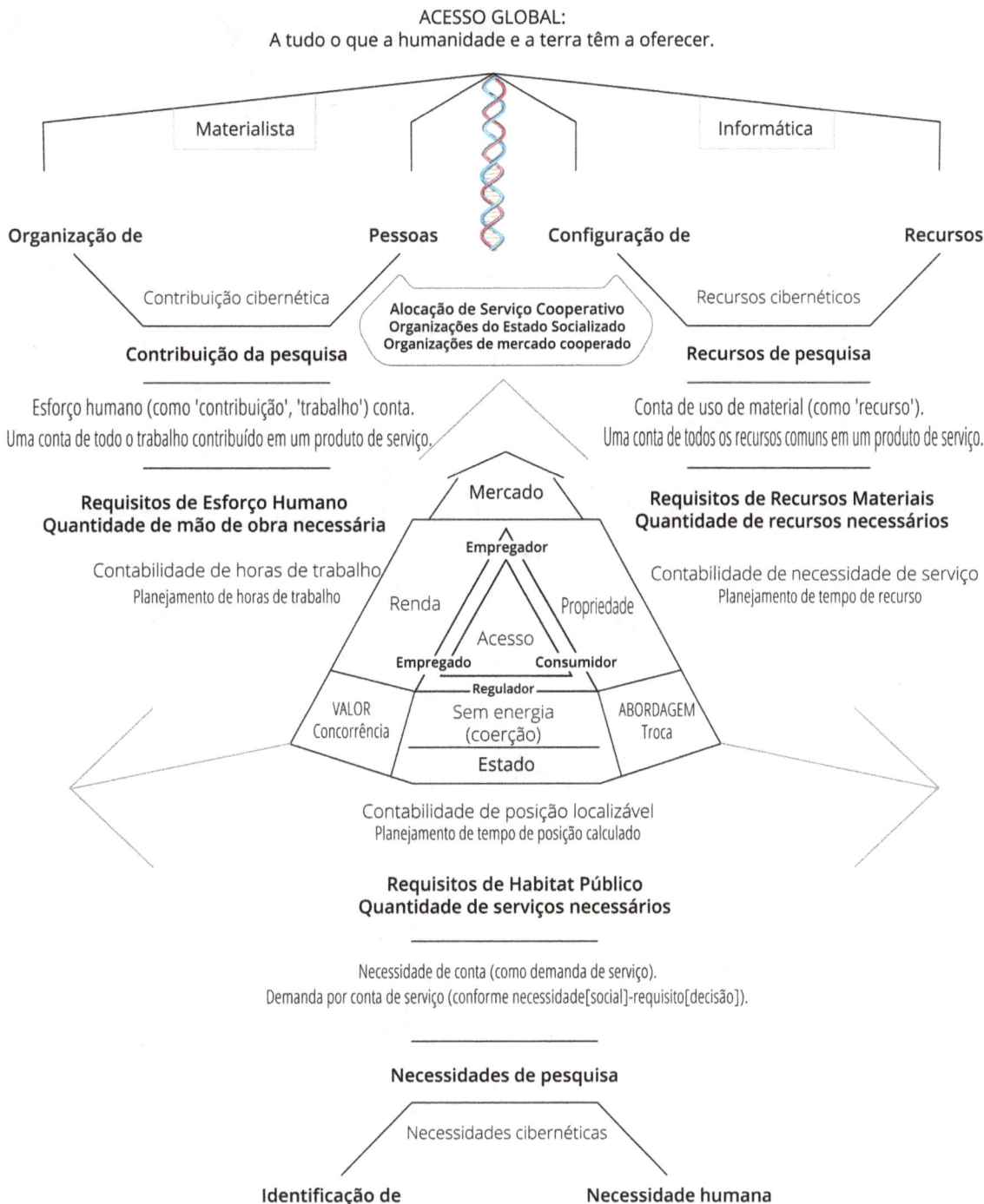

ACESSO GLOBAL:
A tudo o que a humanidade e a terra têm a oferecer.

Materialista

Informática

Organização de

Pessoas

Configuração de

Recursos

Contribuição cibernética

Recursos cibernéticos

**Alocação de Serviço Cooperativo
Organizações do Estado Socializado
Organizações de mercado cooperado**

Contribuição da pesquisa

Recursos de pesquisa

Esforço humano (como 'contribuição', 'trabalho') conta.
Uma conta de todo o trabalho contribuído em um produto de serviço.

Conta de uso de material (como 'recurso').
Uma conta de todos os recursos comuns em um produto de serviço.

**Requisitos de Esforço Humano
Quantidade de mão de obra necessária**

**Requisitos de Recursos Materiais
Quantidade de recursos necessários**

Contabilidade de horas de trabalho
Planejamento de horas de trabalho

Contabilidade de necessidade de serviço
Planejamento de tempo de recurso

Mercado

Empregador

Renda

Propriedade

Acesso

Empregado

Consumidor

Regulador

VALOR
Concorrência

Sem energia
(coerção)

ABORDAGEM
Troca

Estado

Contabilidade de posição localizável
Planejamento de tempo de posição calculado

**Requisitos de Habitat Público
Quantidade de serviços necessários**

Necessidade de conta (como demanda de serviço).
Demanda por conta de serviço (conforme necessidade[social]-requisito[decisão]).

Necessidades de pesquisa

Necessidades cibernéticas

Identificação de

Necessidade humana

Figura 61. *Os modelos mostram uma sociedade de Estado-mercado no centro do acesso em uma determinada sociedade, controlada por renda, propriedade e poder sobre os outros. O modelo então mostra a circulação de dinheiro através de empregadores, empregados e consumidores. O modelo então mostra quais tipos de coleta de dados precisam ser agrupados para produzir realização humana por meio de uma organização de pessoas e recursos.*
TÍTULO: *model-overview-transition-market-state-labor-contribution-material-resource-state-service-allocation*

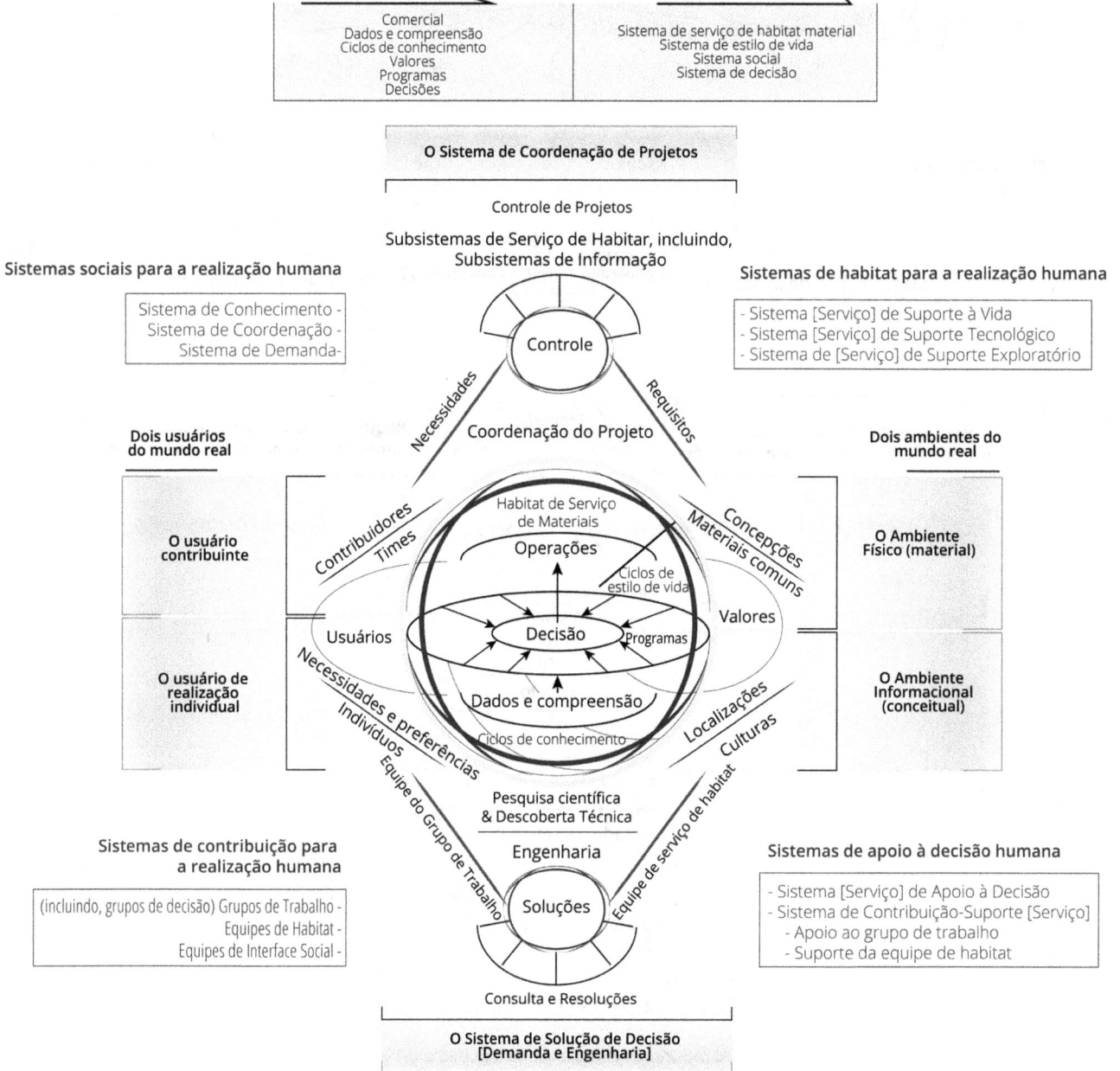

Figura 62. *O modelo de comunidade do mundo real em que os usuários orientam e resolvem decisões que direcionam a sociedade para uma maior realização humana global.*
TÍTULO: *model-overview-integration-real-world-community-social-socio-technical-system*

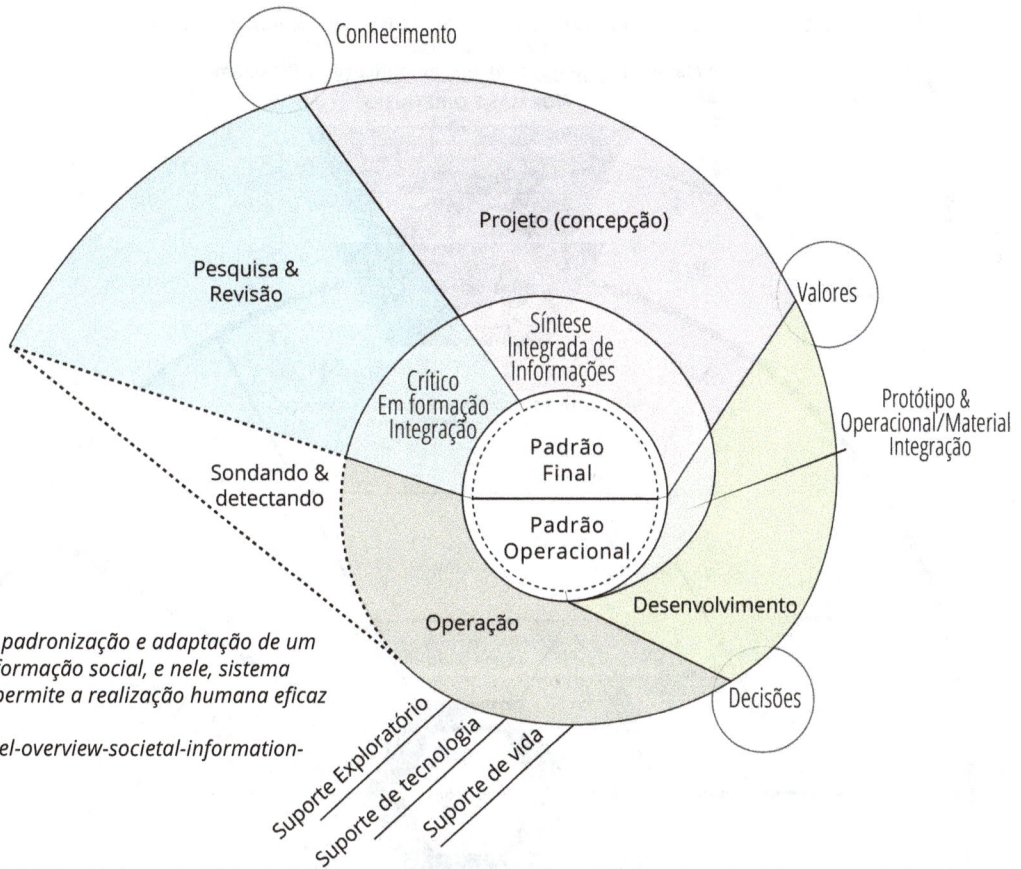

Figura 64. *A padronização e adaptação de um sistema de informação social, e nele, sistema operacional, permite a realização humana eficaz e eficiente.*
TÍTULO: *model-overview-societal-information-spiral*

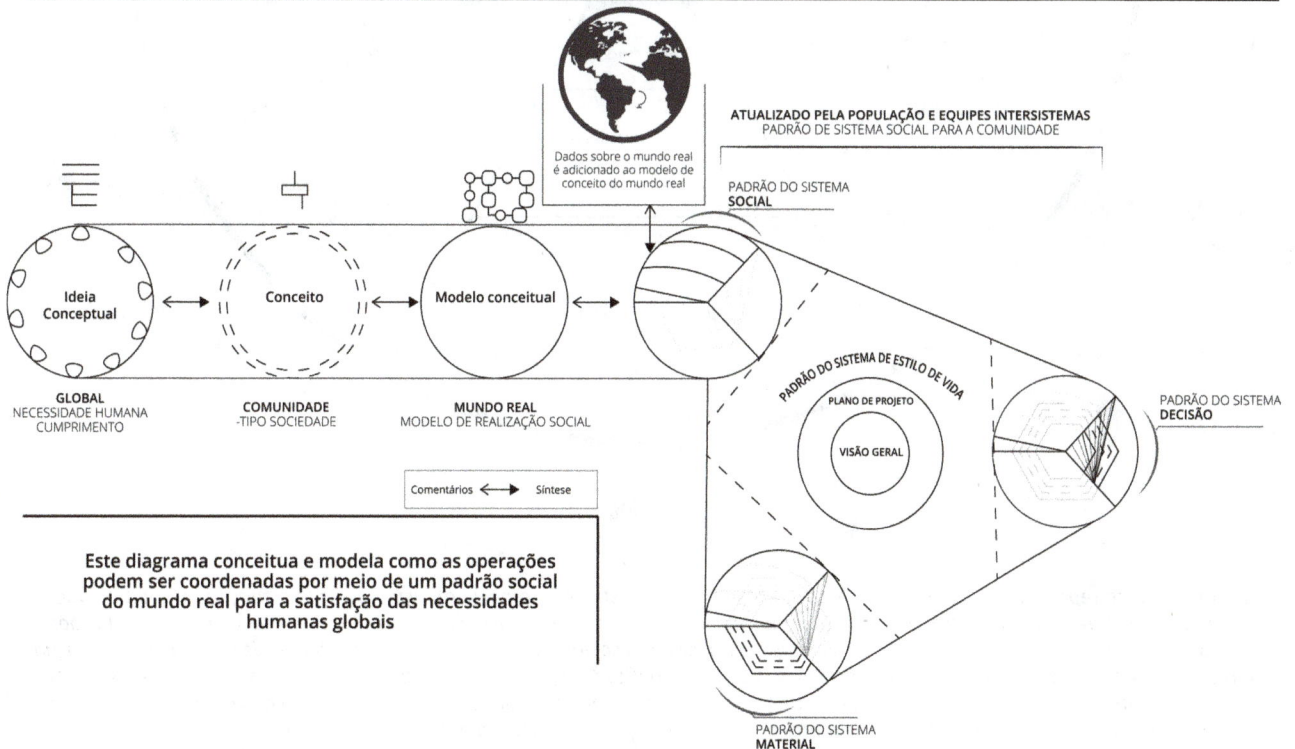

Figura 63. *O modelo mostra a conceituação do modelo de sistemas de informação do mundo real onde os dados sobre o mundo real são aplicados a um sistema coordenado para operar sistemas informacionais e espaciais para realização humana.*
TÍTULO: *model-overview-conception-real-world-model*

Modelo Cibernético da Comunidade do Mundo Real [sistemas viáveis] de uma sociedade do tipo comunitário:
Incluindo ambiente, controle, amplificação e filtragem

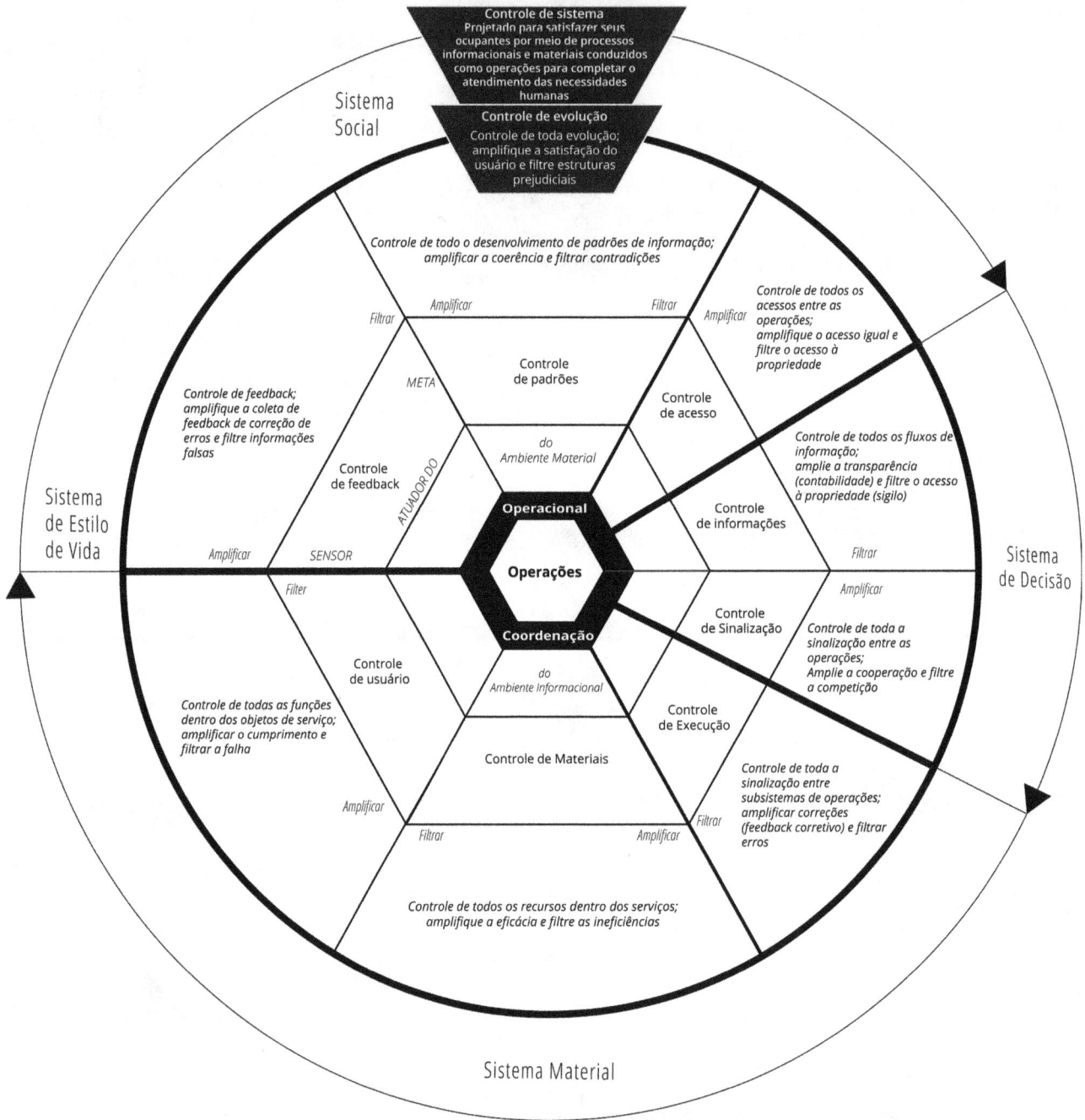

Figura 65. *Uma representação do modelo de sistemas viáveis cibernéticos do modelo de sistemas de informação da comunidade do mundo real. Este modelo mostra operações que são simultaneamente desenvolvidas, coordenadas, operadas e controladas por normas e diretrizes. Os quatro principais subsistemas de um sistema social são mostrados com seus fluxos de adaptação e evolução [direcionais]. Os controles são identificados nele, assim como amplificadores e filtros. Todo sistema de controle tem um sensor, um processador/ativador e um objetivo. Existem dois ambientes primários na comunidade que as operações controlam: a ramificação/ linha de informação e a ramificação/linha de material. O propósito para a aplicação dessa estrutura no nível social [engenharia] é atualizar um sistema social [informacional e material] do mundo real que atenda às necessidades humanas do mundo real [para satisfação] em um nível global. Para completar isso, as operações sociotécnicas e as operações de coordenação são contribuídas por indivíduos (e recursos comuns). Os controles de nível superior são uma declaração: O feedback do acesso social informa as decisões que configuram novos estados do ambiente material (e informação) [a ser experimentado].*
TÍTULO: *model-overview-real-world-community-cybernetic-viable-systems-model*

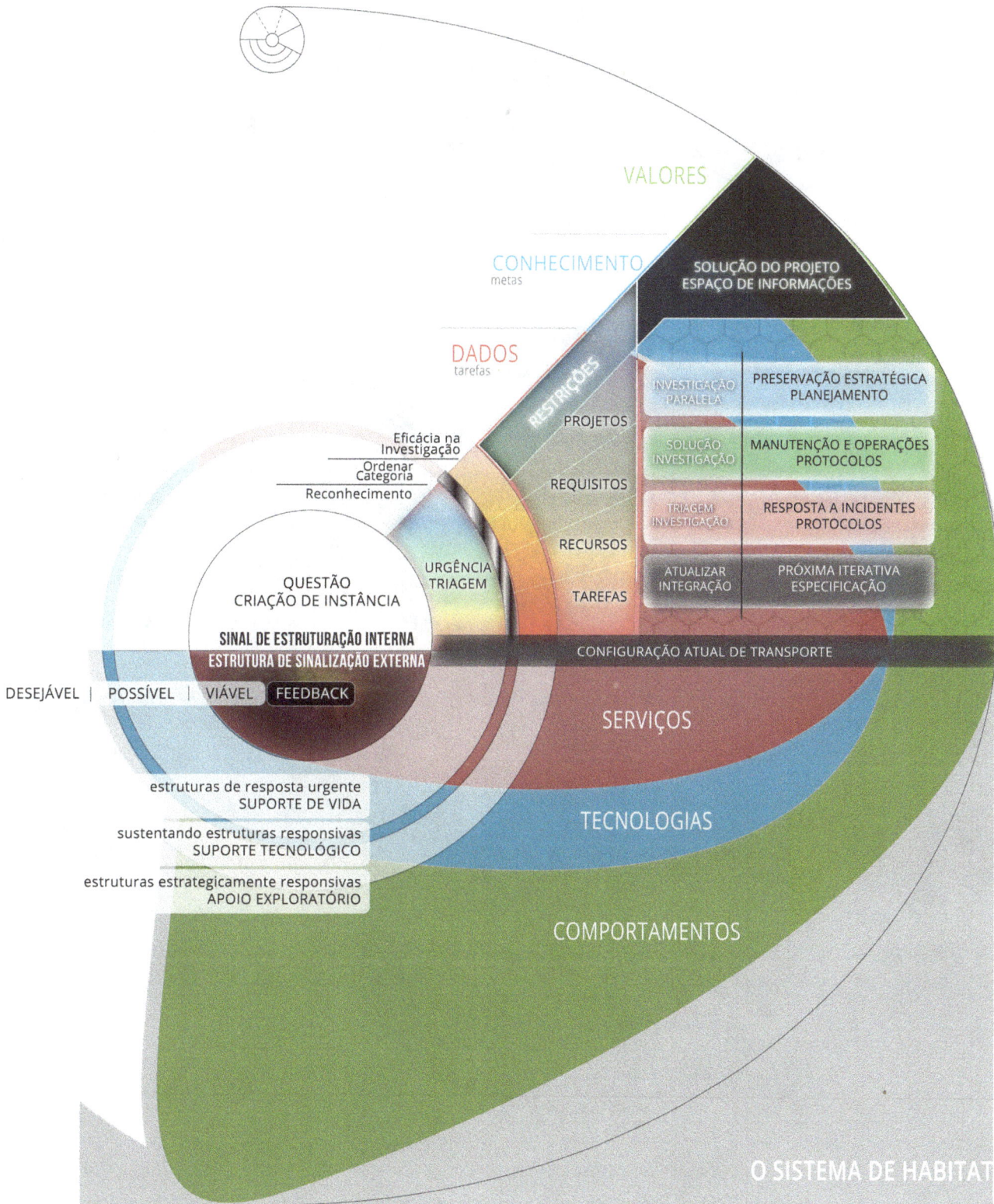

VALORES

CONHECIMENTO
metas

DADOS
tarefas

RESTRIÇÕES

SOLUÇÃO DO PROJETO
ESPAÇO DE INFORMAÇÕES

PROJETOS

REQUISITOS

RECURSOS

TAREFAS

INVESTIGAÇÃO PARALELA	PRESERVAÇÃO ESTRATÉGICA PLANEJAMENTO
SOLUÇÃO INVESTIGAÇÃO	MANUTENÇÃO E OPERAÇÕES PROTOCOLOS
TRIAGEM INVESTIGAÇÃO	RESPOSTA A INCIDENTES PROTOCOLOS
ATUALIZAR INTEGRAÇÃO	PRÓXIMA ITERATIVA ESPECIFICAÇÃO

Eficácia na
Investigação
Ordenar
Categoria
Reconhecimento

URGÊNCIA
TRIAGEM

QUESTÃO
CRIAÇÃO DE INSTÂNCIA

SINAL DE ESTRUTURAÇÃO INTERNA
ESTRUTURA DE SINALIZAÇÃO EXTERNA

CONFIGURAÇÃO ATUAL DE TRANSPORTE

DESEJÁVEL | POSSÍVEL | VIÁVEL | FEEDBACK

SERVIÇOS

estruturas de resposta urgente
SUPORTE DE VIDA

sustentando estruturas responsivas
SUPORTE TECNOLÓGICO

estruturas estrategicamente responsivas
APOIO EXPLORATÓRIO

TECNOLOGIAS

COMPORTAMENTOS

O SISTEMA DE HABITAT

Figura 66. *Elementos de decisão no modelo de comunidade do mundo real que levam a serviços, tecnologias e comportamentos que atendem aos requisitos de realização humana.*
TÍTULO: *model-decision-overview-real-world-community-information-resolution-system*

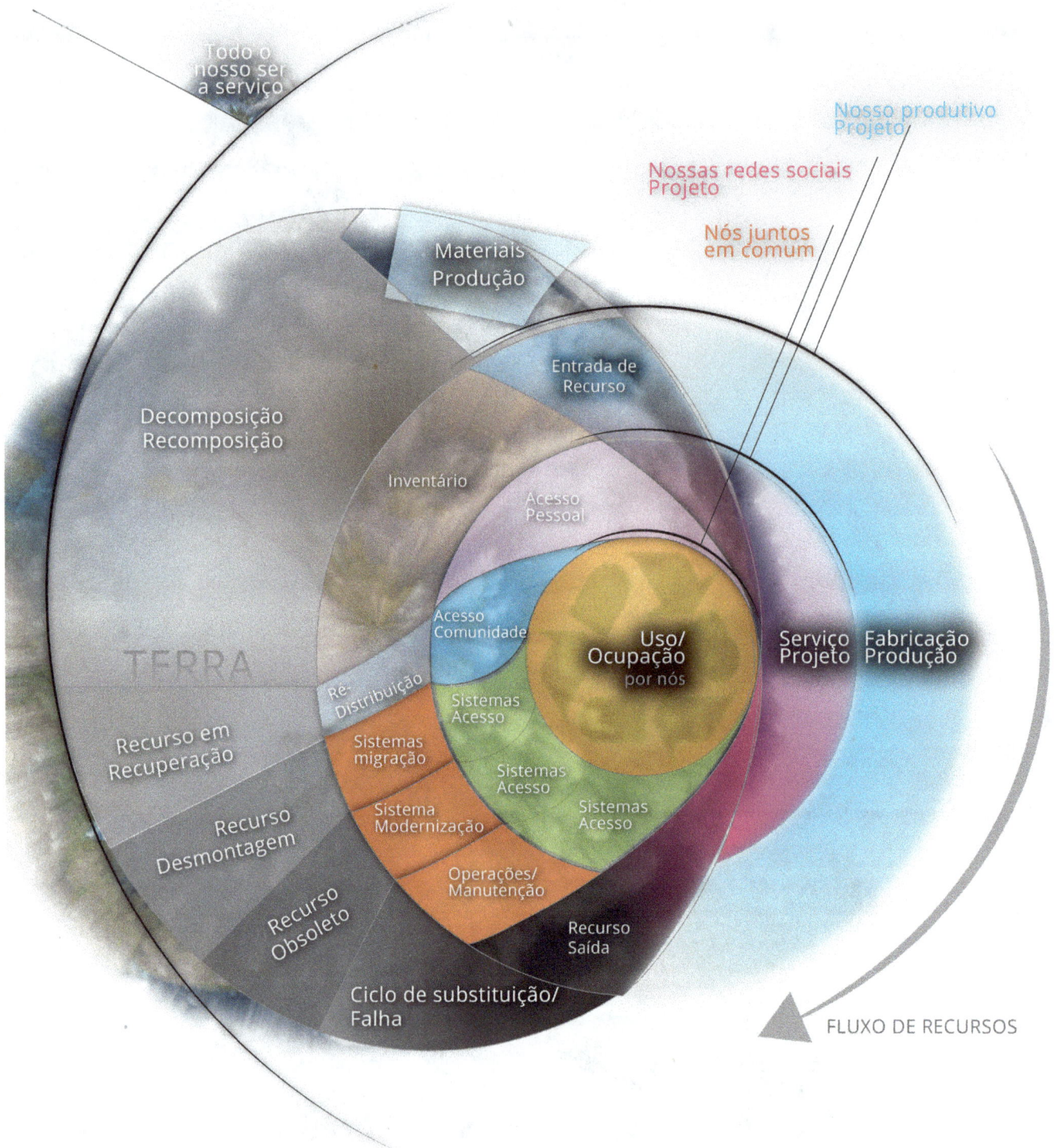

Figura 67. *A alocação de recursos para diferentes processos para atender aos requisitos do usuário e protocolos de decisão.*
TÍTULO: *model-decision-overview-service-design-usage*

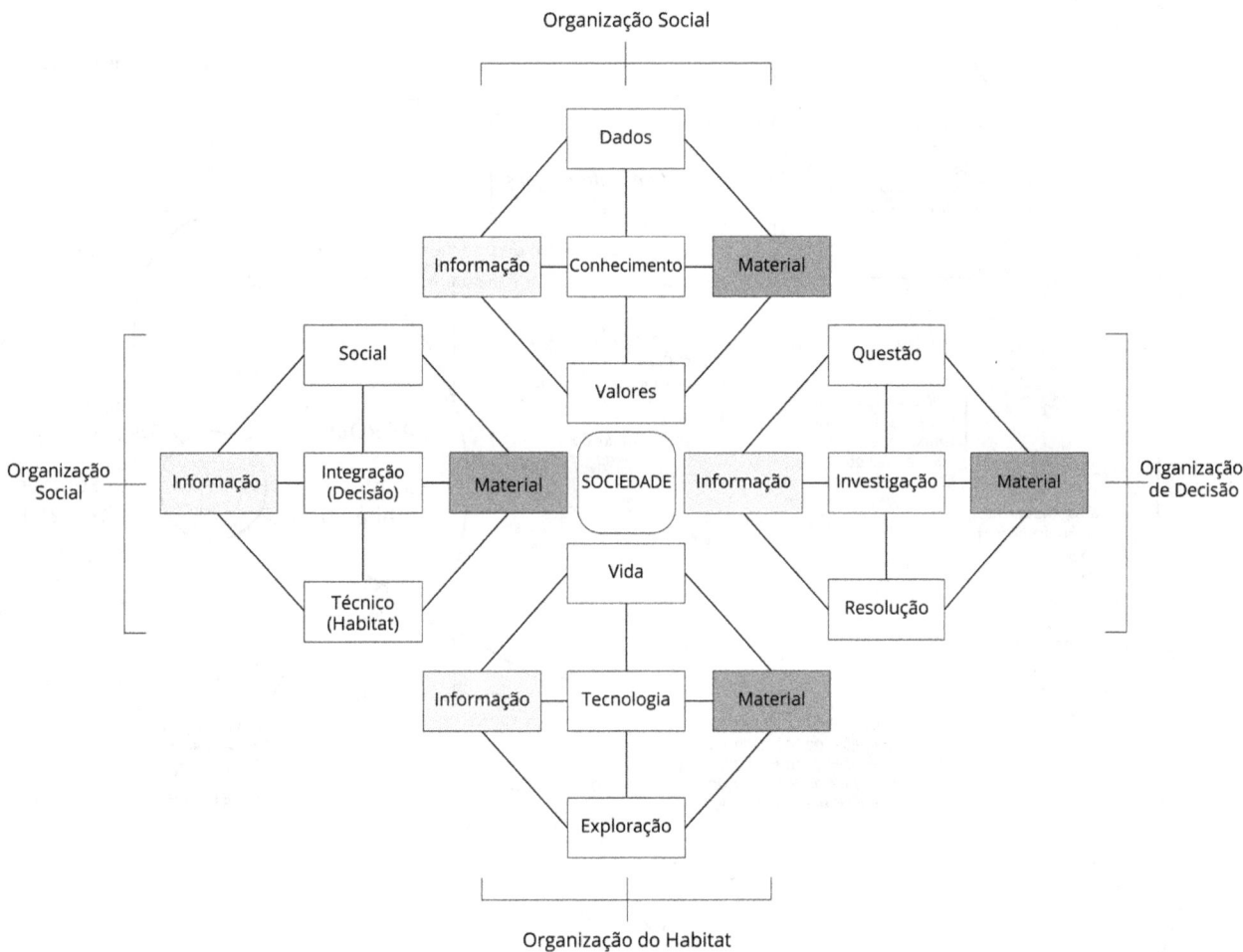

Figura 68. *Modelo mostra um conjunto simplificado de organizações que influenciam a composição da sociedade.*
TÍTULO: *model-overview-societal-organization-information-material-social-decision-habitat*

MODELO DE ANÁLISE DE TAREFAS DE CONSTRUÇÃO SO
*Fechamento do Estado-Mercado em uma sociedade do tipo com
baseado em padrões unificados de operação e sistemas de serviço
requer pelo menos os seguintes elementos e tarefas de alto r*

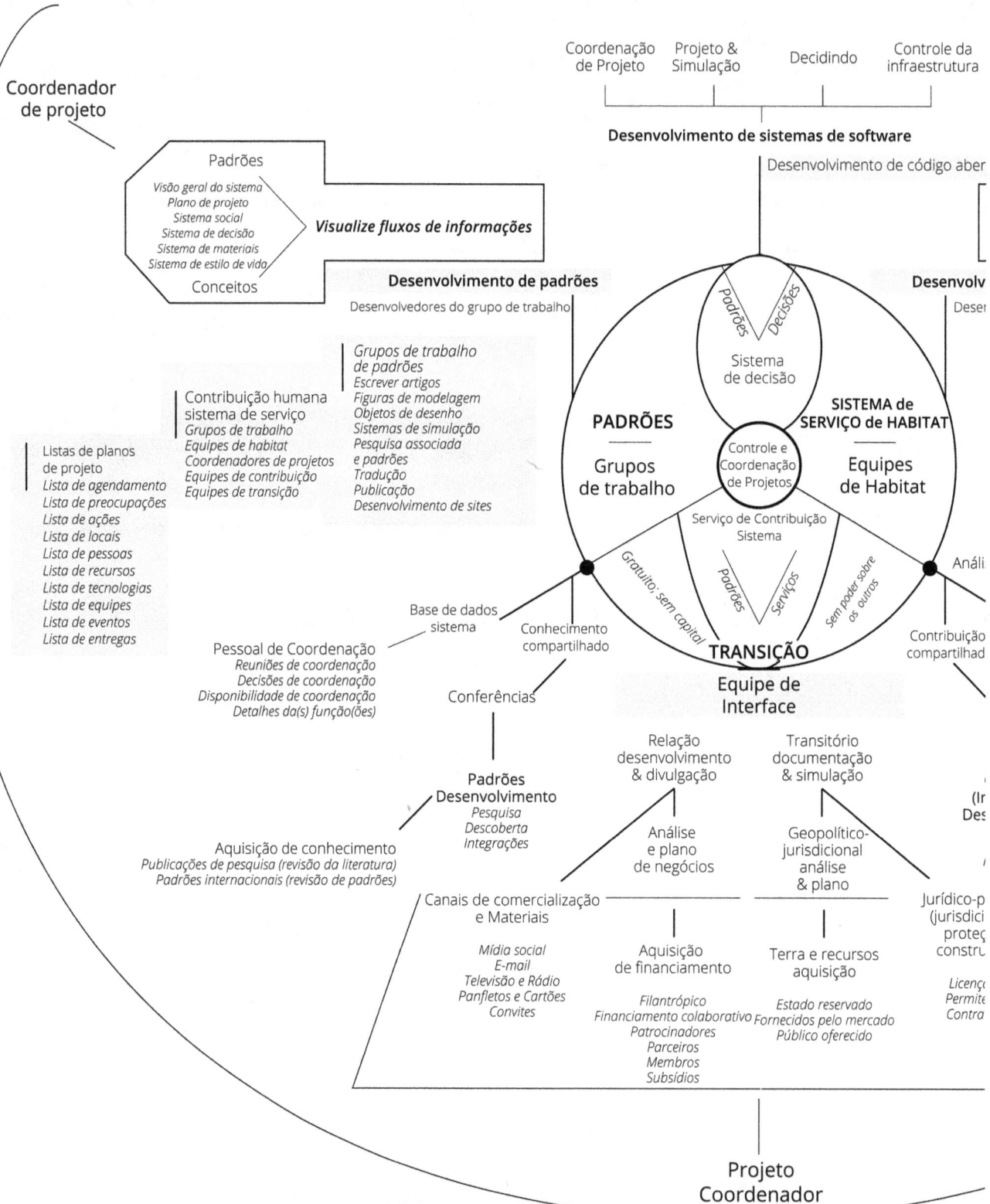

)CIAL
unitário
de habitat
nível

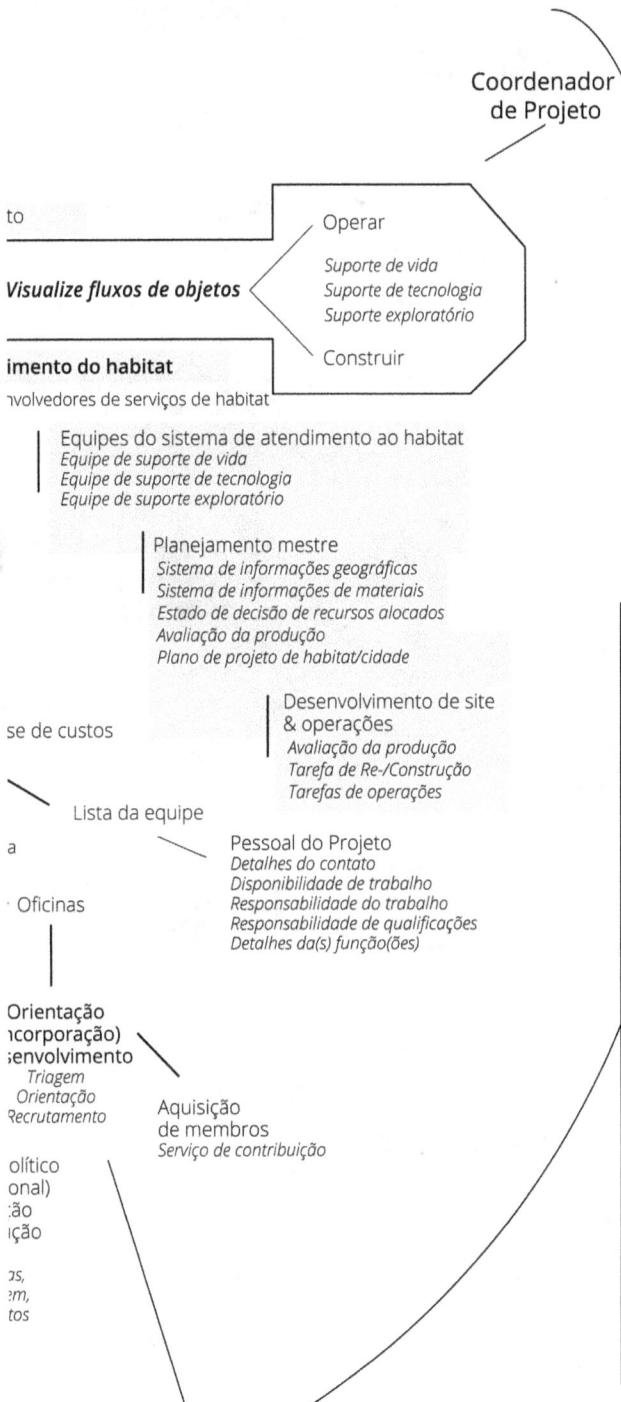

Coordenador
de Projeto

Operar

Suporte de vida
Suporte de tecnologia
Suporte exploratório

Visualize fluxos de objetos

Construir

to

imento do habitat
nvolvedores de serviços de habitat

Equipes do sistema de atendimento ao habitat
Equipe de suporte de vida
Equipe de suporte de tecnologia
Equipe de suporte exploratório

Planejamento mestre
Sistema de informações geográficas
Sistema de informações de materiais
Estado de decisão de recursos alocados
Avaliação da produção
Plano de projeto de habitat/cidade

se de custos

Desenvolvimento de site
& operações
Avaliação da produção
Tarefa de Re-/Construção
Tarefas de operações

Lista da equipe

a

Pessoal do Projeto
Detalhes do contato
Disponibilidade de trabalho
Responsabilidade do trabalho
Responsabilidade de qualificações
Detalhes da(s) função(ões)

Oficinas

Orientação
corporação)
senvolvimento
Triagem
Orientação
Recrutamento

Aquisição
de membros
Serviço de contribuição

olítico
onal)
ão
ição

s,
m,
tos

Figura 70. *Este modelo retrata a execução do projeto baseada em contribuições por equipes que desenvolvem um conjunto de padrões sociais, que desenvolvem um sistema operacional de serviço de habitat, além de facilitar a transição de outro tipo de sociedade para a comunidade. Este modelo mostra algumas das tarefas necessárias para completar toda a operação de um projeto de coordenação da sociedade através da comunidade.*
TÍTULO: *model-project-execution-contribution-control-tasksv*

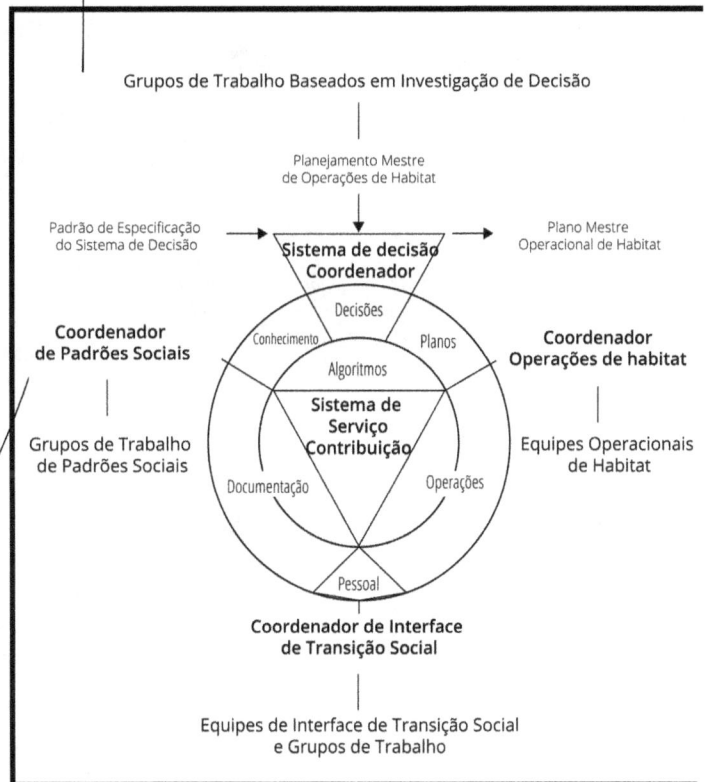

Grupos de Trabalho Baseados em Investigação de Decisão

Planejamento Mestre
de Operações de Habitat

Padrão de Especificação
do Sistema de Decisão

**Sistema de decisão
Coordenador**

Plano Mestre
Operacional de Habitat

Decisões

Conhecimento

Planos

Algorítmos

**Coordenador
de Padrões Sociais**

**Sistema de
Serviço
Contribuição**

**Coordenador
Operações de habitat**

Grupos de Trabalho
de Padrões Sociais

Documentação

Operações

Equipes Operacionais
de Habitat

Pessoal

**Coordenador de Interface
de Transição Social**

Equipes de Interface de Transição Social
e Grupos de Trabalho

Figura 69. *O modelo mostra o sistema de serviço de contribuição de coordenadas onde a contribuição para o habitat, para os padrões e para a transição é coordenada por um sistema de serviço de contribuição.*
TÍTULO: *model-project-execution-contribution-transition-service-systems*

O MODELO DE SISTEMAS DE INFORMAÇÃO DA COMUN

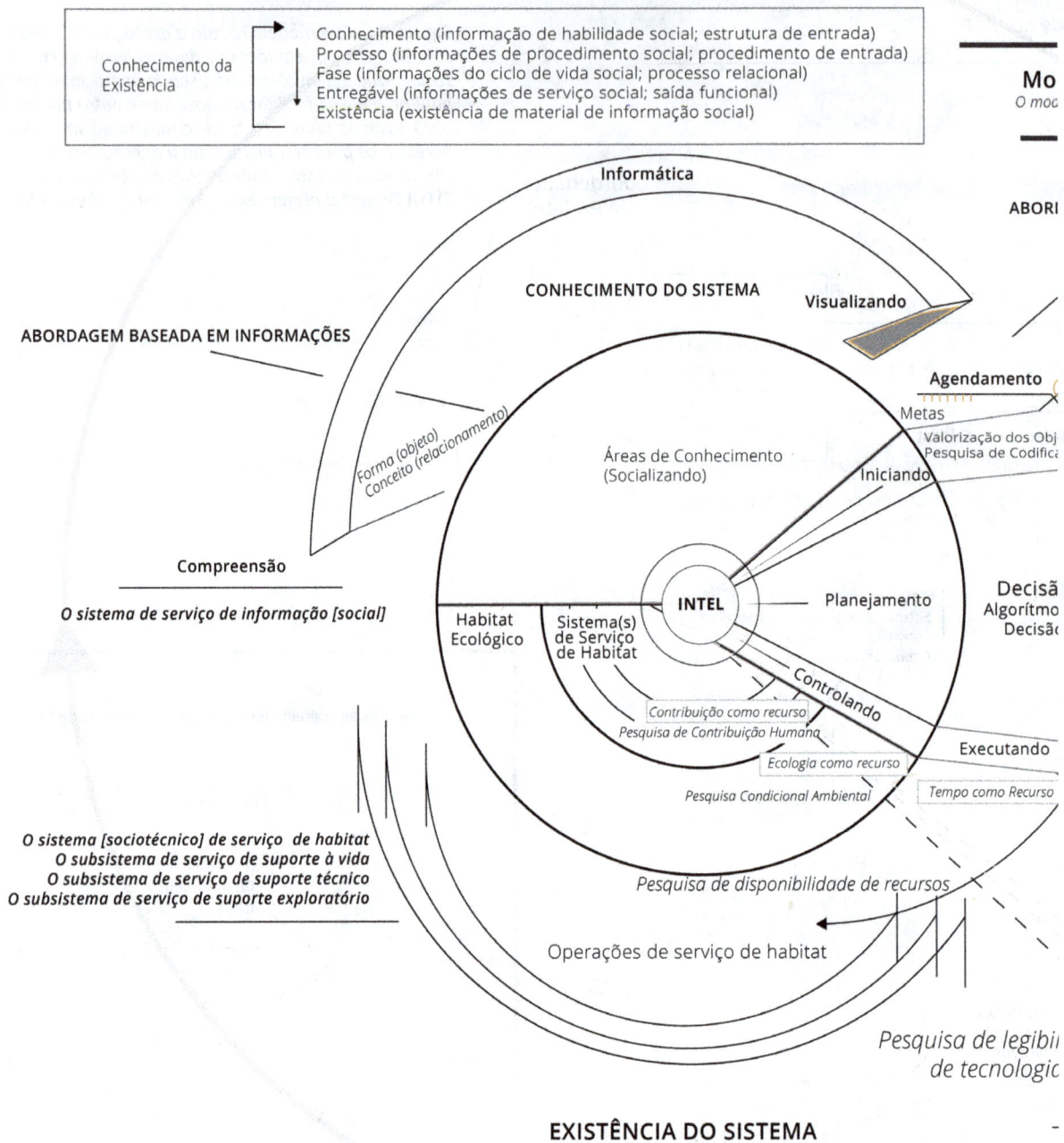

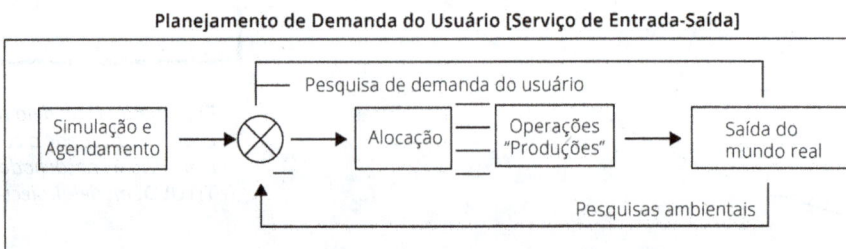

Conhecimento da Existência

Conhecimento (informação de habilidade social; estrutura de entrada)
Processo (informações de procedimento social; procedimento de entrada)
Fase (informações do ciclo de vida social; processo relacional)
Entregável (informações de serviço social; saída funcional)
Existência (existência de material de informação social)

Mo
O moa

ABORI

Informática

CONHECIMENTO DO SISTEMA

Visualizando

ABORDAGEM BASEADA EM INFORMAÇÕES

Agendamento

Metas
Valorização dos Obj
Pesquisa de Codifica

Forma (objeto)
Conceito (relacionamento)

Áreas de Conhecimento
(Socializando)

Iniciando

Compreensão

O sistema de serviço de informação [social]

Habitat
Ecológico

Sistema(s)
de Serviço
de Habitat

INTEL

Planejamento

Decisã
Algorítmo
Decisã

Controlando

Contribuição como recurso
Pesquisa de Contribuição Humana

Executando

Ecologia como recurso

Tempo como Recurso

Pesquisa Condicional Ambiental

O sistema [sociotécnico] de serviço de habitat
O subsistema de serviço de suporte à vida
O subsistema de serviço de suporte técnico
O subsistema de serviço de suporte exploratório

Pesquisa de disponibilidade de recursos

Operações de serviço de habitat

Pesquisa de legibi
de tecnologic

EXISTÊNCIA DO SISTEMA

Planejamento de Demanda do Usuário [Serviço de Entrada-Saída]

Pesquisa de demanda do usuário

Simulação e Agendamento → ⊗ → Alocação — Operações "Produções" → Saída do mundo real

Pesquisas ambientais

IDADE DO MUNDO REAL EM FUNCIONAMENTO

delo de Abordagem de Engenharia de Projeto de Informação Social
lelo de informação da comunidade do mundo real com sistemas de abordagem de projeto e engenharia aplicados

DAGEM BASEADA EM PROJETO

Servindo
Levantamento de Requisitos Comum Humano [Organismo Social]

Estrutura de controle

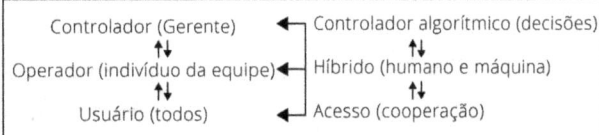

Controlador (Gerente) ⬅	Controlador algorítmico (decisões)
↑↓	↑↓
Operador (indivíduo da equipe) ⬅	Híbrido (humano e máquina)
↑↓	↑↓
Usuário (todos) ⬅	Acesso (cooperação)

Coordenação **Em processamento**

Responsabilidade
Disponibilidade

Iniciando
Instanciação de informações [do projeto]

Localização
Transferibilidade

Design e Estatística
Especificação de
Modelagem

O sistema de serviço de decisão [técnico] **PROCESSO DO SISTEMA**

Usabilidade
Interoperabilidade

Monitoramento

Conhecimento como recurso

Processo como recurso

"Acordo" como protocolo de consulta de solução social *Design de decisão social
Consulta de seleção de solução*

Simulando
Processando o conhecimento
como o mundo real

Alocando recursos [ao projeto]

Resolvendo [produto]

Construindo [produto]

Montagem e Integração em serviço

Avaliação do serviço

Encerramento [projeto]

Desintegração do serviço [projeto]

lidade

Tabela de entrada e saída para cada Sistema de Servi;o de Habitat

A localização dos objetos [em serviço de habitat] são apontadas [como composições posicionais de recursos]

**ABORDAGEM BASEADA
EM ENGENHARIA**

Pesquisa (exploração/descoberta)
Projeto (solução/acordo)
Integrar (inicialização/construção)
Operar e melhorar (operações e atualizações)
Reparação (danos inesperados e manutenção)
Desintegrar (desconstrução)

Controle de Interface do Desenvolvimento Social

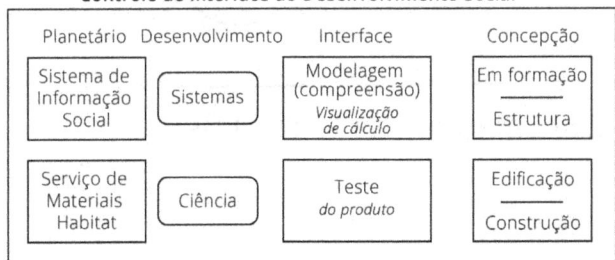

Planetário	Desenvolvimento	Interface	Concepção
Sistema de Informação Social	Sistemas	Modelagem (compreensão) *Visualização de cálculo*	Em formação / Estrutura
Serviço de Materiais Habitat	Ciência	Teste *do produto*	Edificação / Construção

Figura 71. *Desdobramento de alto nível do modelo de sistemas de informação da comunidade do mundo real.*
TITLE: *model-overview-real-world-community-information-system-view-projects-engineering-breakdown*

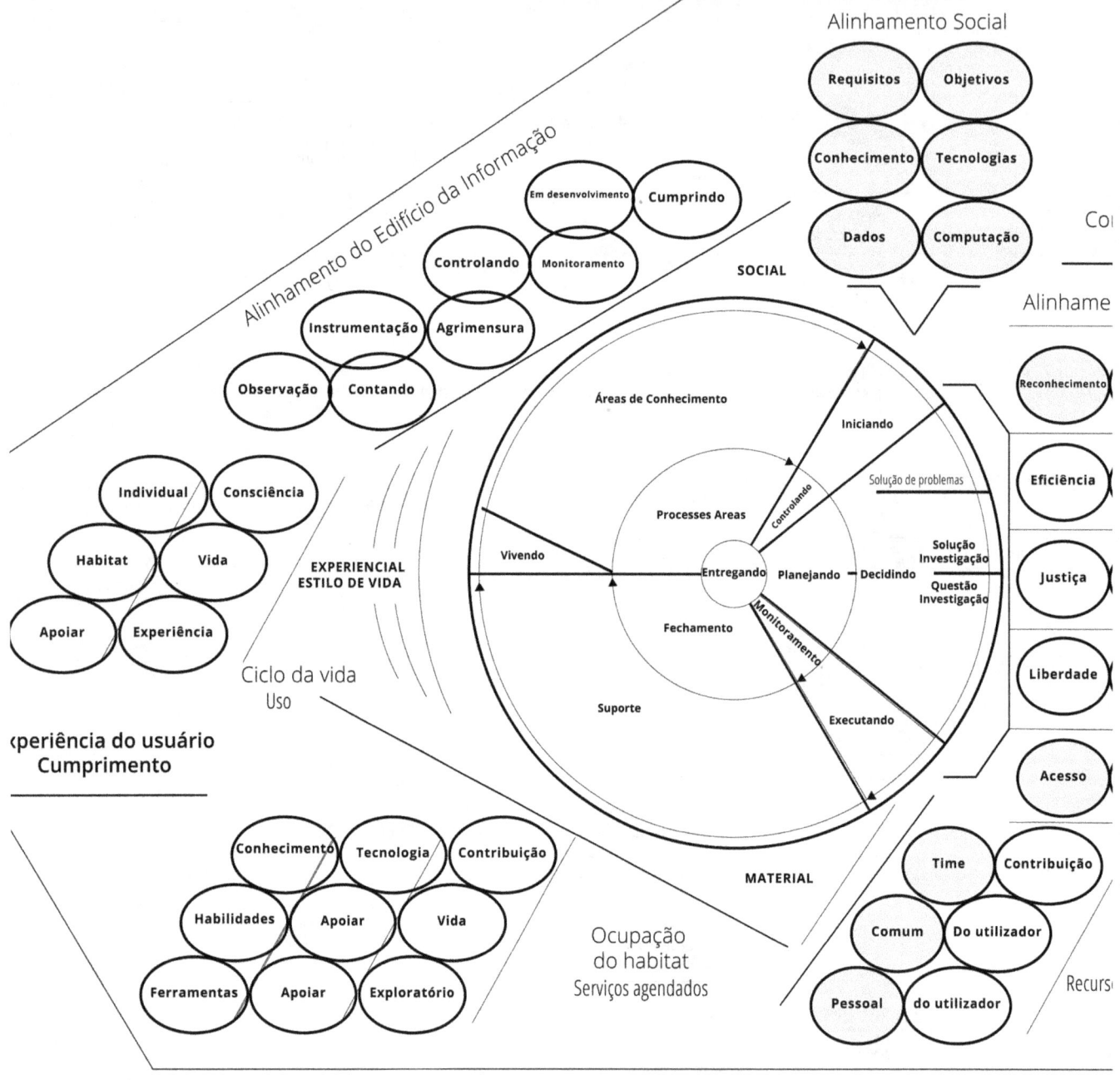

Categorização de Informações Sociais

Protocolo de consu

"Protocolo do Sister

Alinhamento Social

Requisitos — Objetivos
Conhecimento — Tecnologias
Dados — Computação

Alinhamento do Edifício da Informação

Em desenvolvimento — Cumprindo
Controlando — Monitoramento
Instrumentação — Agrimensura
Observação — Contando

SOCIAL

Individual — Consciência
Habitat — Vida
Apoiar — Experiência

EXPERIENCIAL
ESTILO DE VIDA

Ciclo da vida
Uso

Áreas de Conhecimento
Iniciando
Controlando
Solução de problemas
Processes Areas
Vivendo
Entregando
Planejando — Decidindo
Solução Investigação
Questão Investigação
Fechamento
Monitoramento
Suporte
Executando

Reconhecimento
Eficiência
Justiça
Liberdade
Acesso

xperiência do usuário
Cumprimento

Conhecimento — Tecnologia — Contribuição
Habilidades — Apoiar — Vida
Ferramentas — Apoiar — Exploratório

Ocupação
do habitat
Serviços agendados

MATERIAL

Time — Contribuição
Comum — Do utilizador
Pessoal — do utilizador

Recurs

Configuração Operacional de Materiais

ılta de solução de problemas de questões globais

ma de Decisão Global"

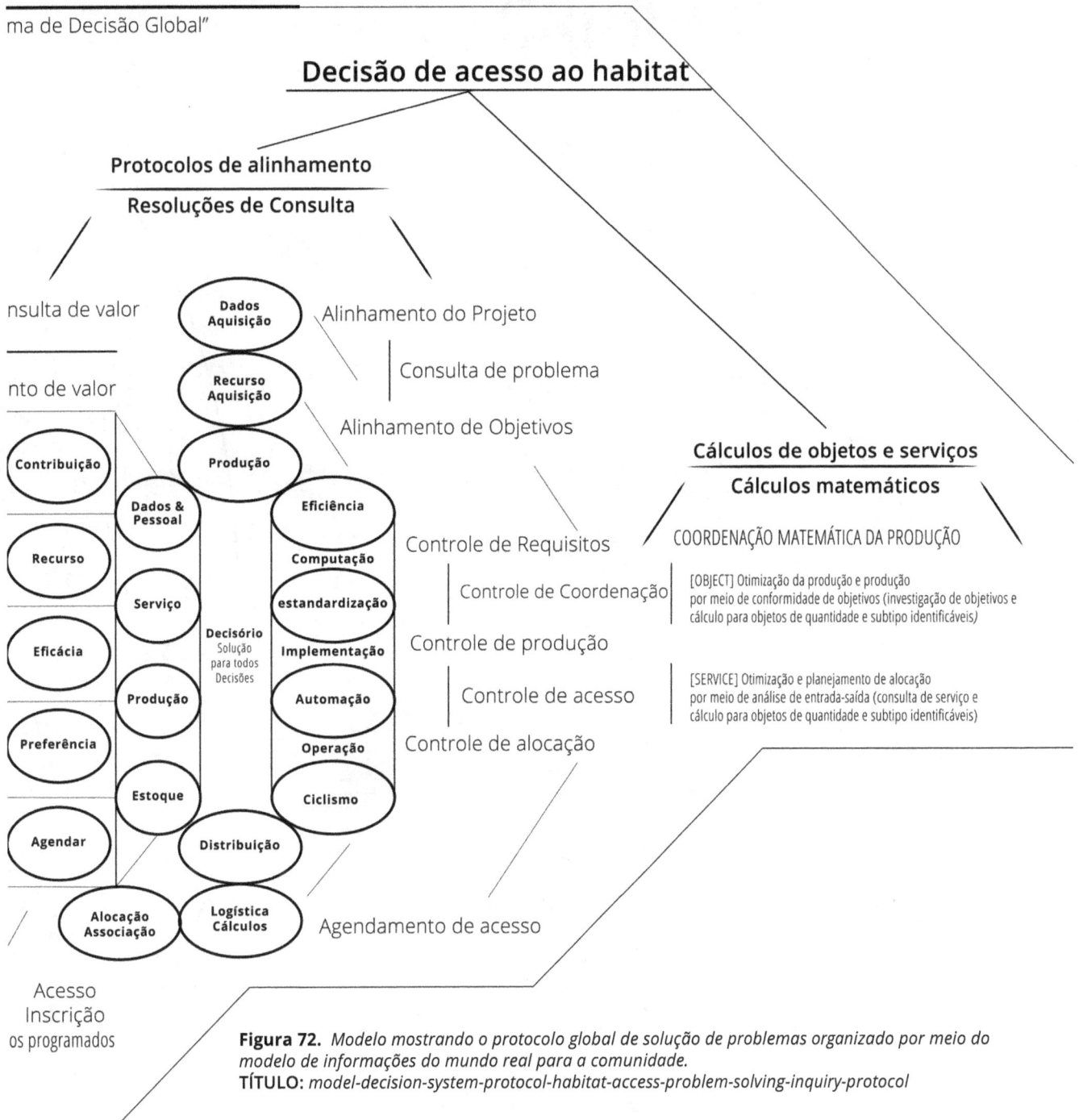

Decisão de acesso ao habitat

Protocolos de alinhamento
Resoluções de Consulta

nsulta de valor

nto de valor

Dados Aquisição

Recurso Aquisição

Produção

Contribuição

Dados & Pessoal

Recurso

Serviço

Eficácia

Eficiência

Computação

estandardização

Implementação

Decisório
Solução para todos Decisões

Produção

Automação

Preferência

Operação

Estoque

Ciclismo

Agendar

Distribuição

Alocação Associação

Logística Cálculos

Alinhamento do Projeto

Consulta de problema

Alinhamento de Objetivos

Controle de Requisitos

Controle de Coordenação

Controle de produção

Controle de acesso

Controle de alocação

Agendamento de acesso

Cálculos de objetos e serviços
Cálculos matemáticos

COORDENAÇÃO MATEMÁTICA DA PRODUÇÃO

[OBJECT] Otimização da produção e produção por meio de conformidade de objetivos (investigação de objetivos e cálculo para objetos de quantidade e subtipo identificáveis)

[SERVICE] Otimização e planejamento de alocação por meio de análise de entrada-saída (consulta de serviço e cálculo para objetos de quantidade e subtipo identificáveis)

Acesso
Inscrição
os programados

Figura 72. *Modelo mostrando o protocolo global de solução de problemas organizado por meio do modelo de informações do mundo real para a comunidade.*
TÍTULO: *model-decision-system-protocol-habitat-access-problem-solving-inquiry-protocol*

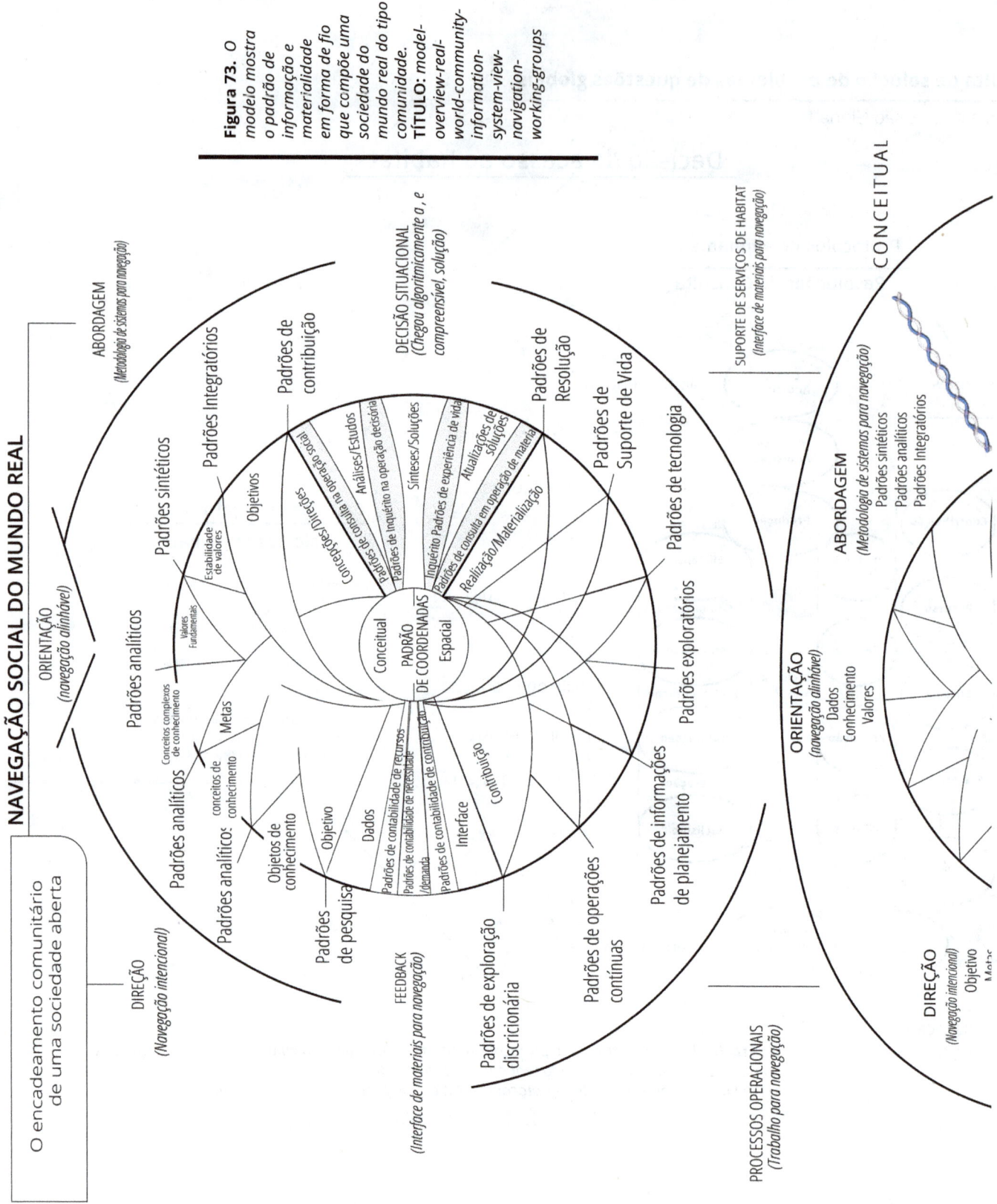

Figura 73. O modelo mostra o padrão de informação e materialidade em forma de fio que compõe uma sociedade do mundo real do tipo comunidade. **TÍTULO:** *model-overview-real-world-community-information-system-view-navigation-working-groups*

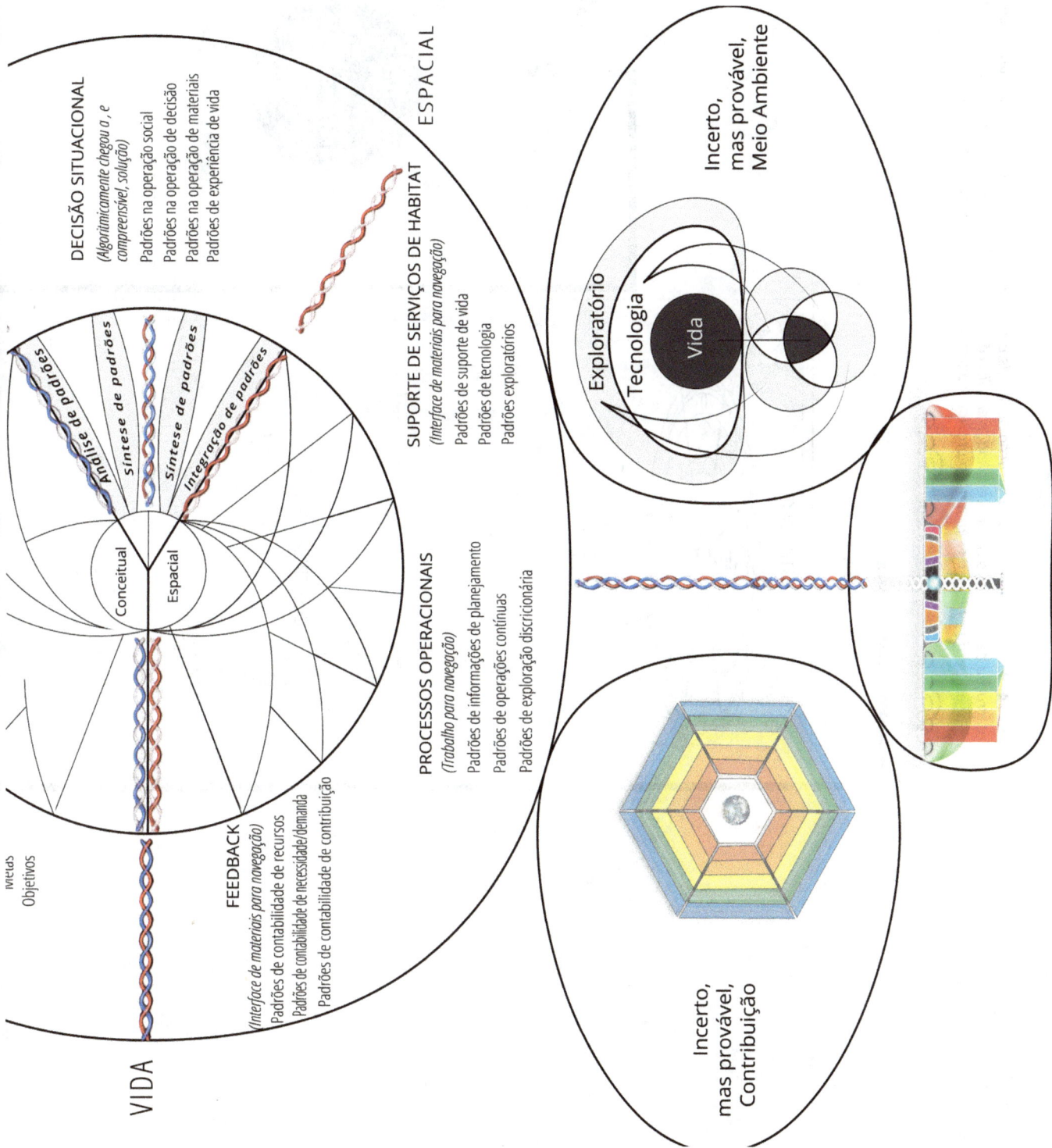

DECISÃO SITUACIONAL
(Algoritmicamente chegou a , e compreensível, solução)
Padrões na operação social
Padrões na operação de decisão
Padrões na operação de materiais
Padrões de experiência de vida

ESPACIAL

SUPORTE DE SERVIÇOS DE HABITAT
(Interface de materiais para navegação)
Padrões de suporte de vida
Padrões de tecnologia
Padrões exploratórios

PROCESSOS OPERACIONAIS
(Trabalho para navegação)
Padrões de informações de planejamento
Padrões de operações contínuas
Padrões de exploração discricionária

Análise de padrões
Síntese de padrões
Síntese de padrões
Integração de padrões

Conceitual
Espacial

Metas
Objetivos

FEEDBACK
(Interface de materiais para navegação)
Padrões de contabilidade de recursos
Padrões de contabilidade de necessidade/demanda
Padrões de contabilidade de contribuição

VIDA

Exploratório
Tecnologia
Vida

Incerto,
mas provável,
Meio Ambiente

Incerto,
mas provável,
Contribuição

Figura 74. Modelo mostrando a construção de um sistema social do tipo comunidade do mundo real por meio da integração de informações e materialidade em direção à comunidade humana. O modelo começa no canto superior esquerdo e desce a coluna até a próxima coluna e, em seguida, para baixo e próximo ao gráfico inferior direito.

TÍTULO: model-decision-overview-service-design-usage

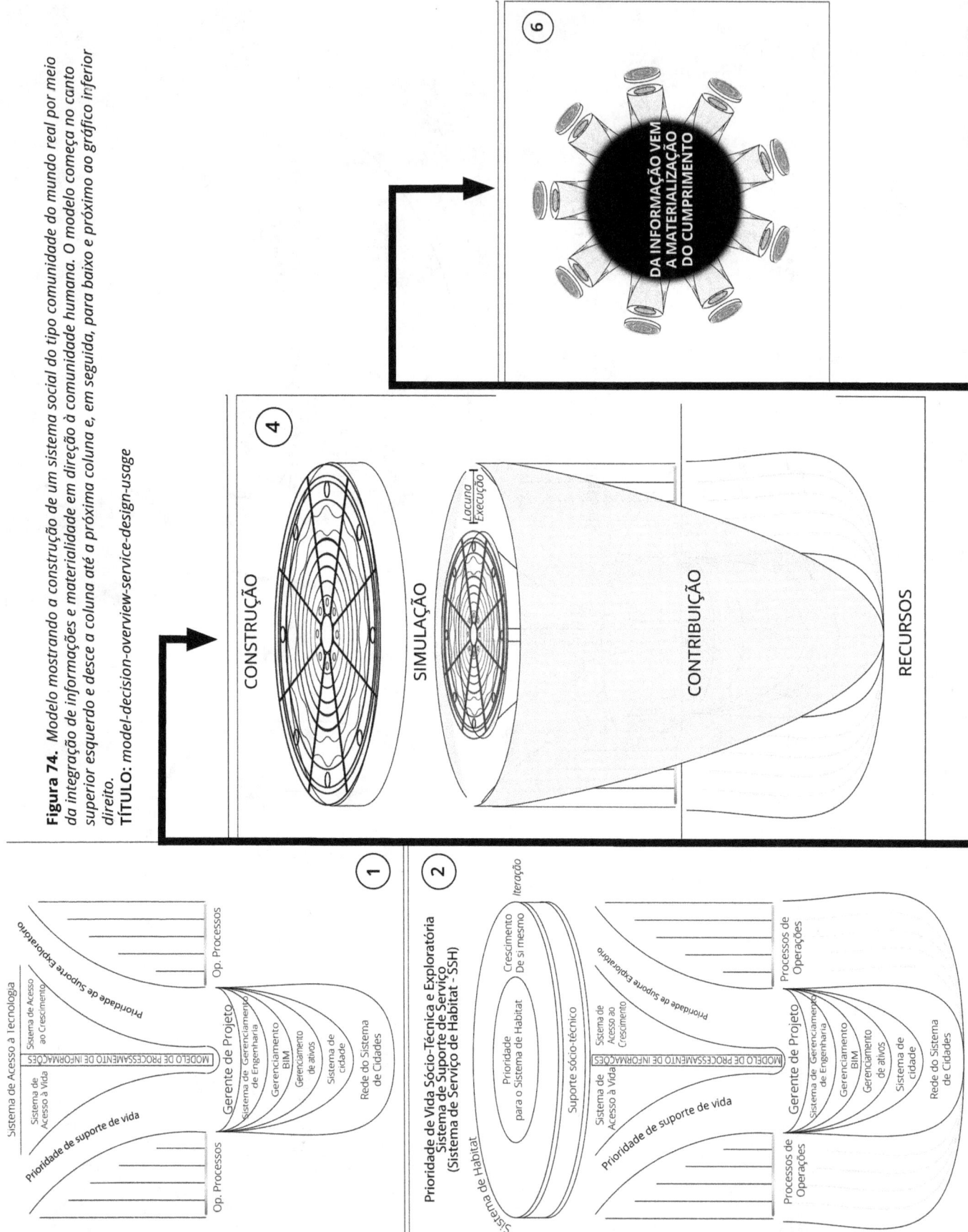

(7)

BASE DE REDE DO
SISTEMA DA CIDADE

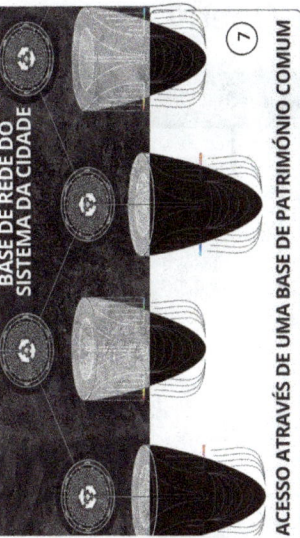

ACESSO ATRAVÉS DE UMA BASE DE PATRIMÔNIO COMUM

**Um Sistema de Informação Social
do Tipo 'Comunidade'**

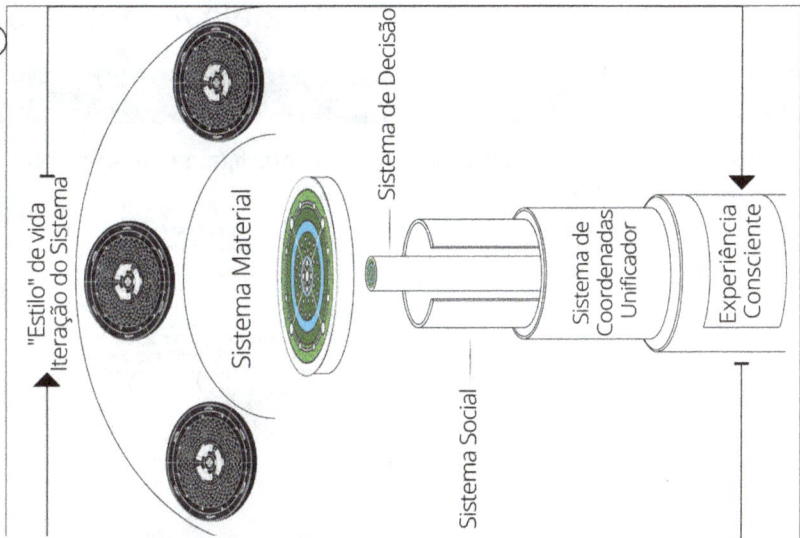

(8)

"Estilo" de vida
Iteração do Sistema

Sistema Material

Sistema de Decisão

Sistema de
Coordenadas
Unificador

Experiência
Consciente

Sistema Social

(5)

SIMULAÇÃO SOCIAL
REDE DE CONSTRUÇÃO DE RECURSOS

SISTEMA DE
INFORMAÇÃO
UNIFICADO

**CONFIGURAÇÕES
DE CIDADE PERSONALIZADAS**

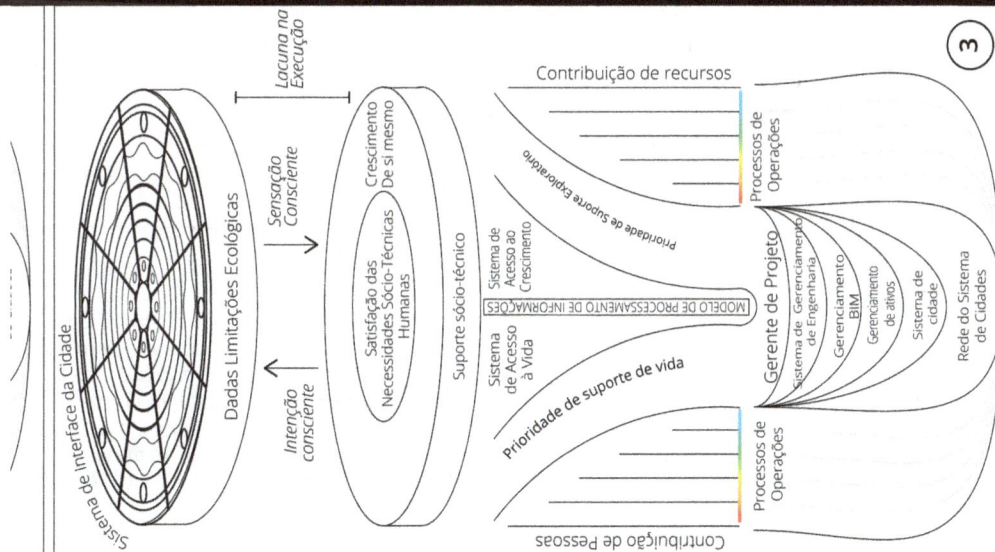

(3)

Lacuna na
Execução

Contribuição de recursos

Crescimento
De si mesmo

Sensação
Consciente

Satisfação das
Necessidades Sócio-Técnicas
Humanas

Suporte sócio-técnico

Sistema de
Acesso ao
Crescimento

Processos de
Operações

Prioridade de suporte Exploratório

Gerente de Projeto

Sistema de Gerenciamento
de Engenharia

Gerenciamento
BIM

Gerenciamento
de ativos

Sistema de
cidade

Rede do Sistema
de Cidades

MODELO DE PROCESSAMENTO DE INFORMAÇÕES

Sistema
de Acesso
à Vida

Dadas Limitações Ecológicas

Intenção
consciente

Sistema de Interface da Cidade

Prioridade de suporte de vida

Processos de
Operações

Contribuição de Pessoas

Modelo Axiomático para Operação Harmonios

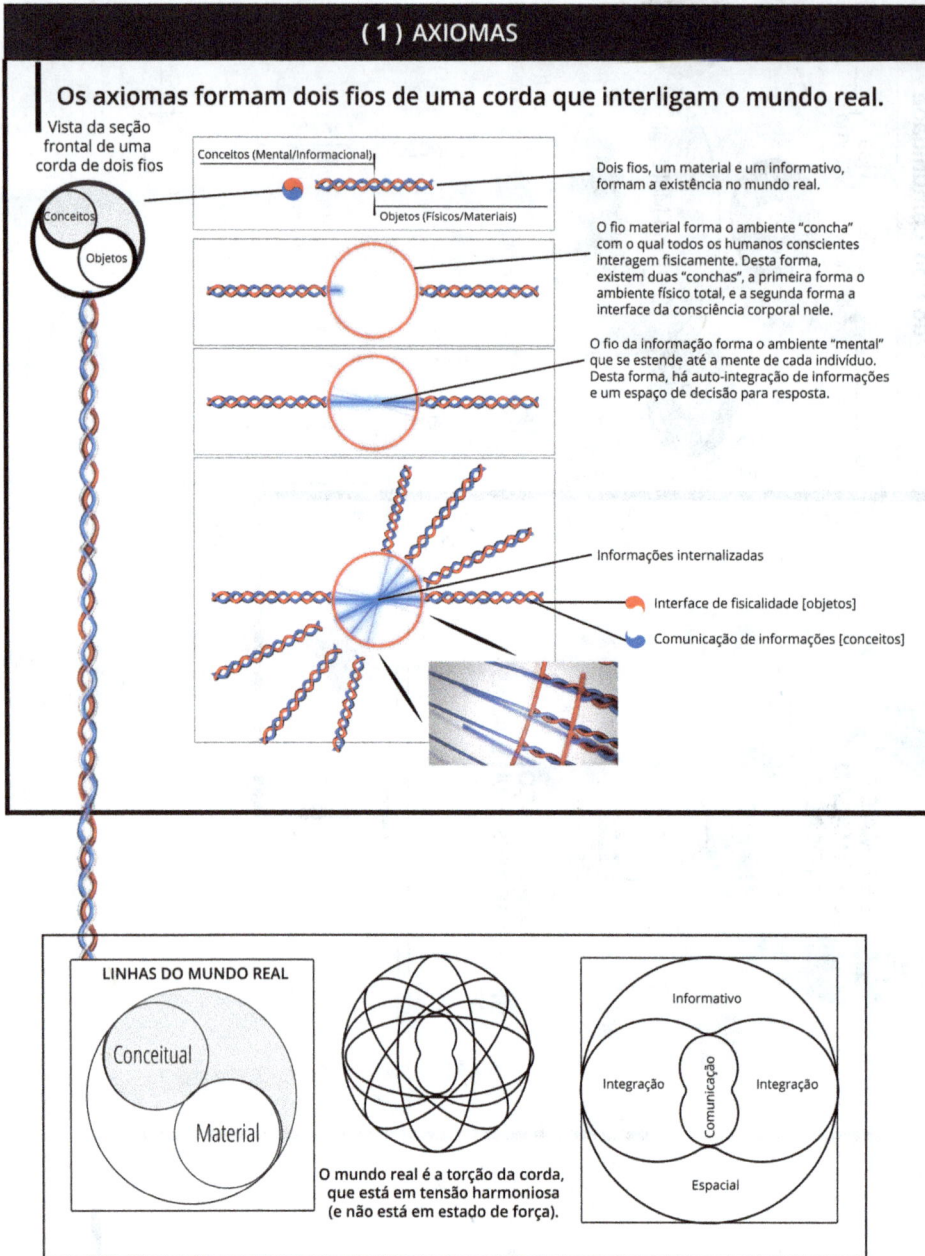

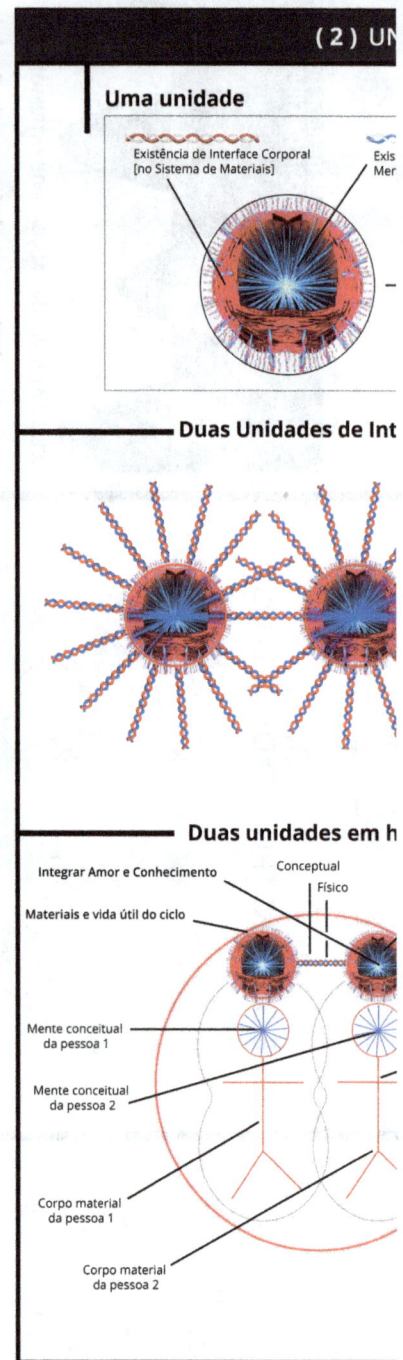

(1) AXIOMAS

Os axiomas formam dois fios de uma corda que interligam o mundo real.

Vista da seção frontal de uma corda de dois fios

Conceitos

Objetos

Conceitos (Mental/Informacional)

Objetos (Físicos/Materiais)

Dois fios, um material e um informativo, formam a existência no mundo real.

O fio material forma o ambiente "concha" com o qual todos os humanos conscientes interagem fisicamente. Desta forma, existem duas "conchas", a primeira forma o ambiente físico total, e a segunda forma a interface da consciência corporal nele.

O fio da informação forma o ambiente "mental" que se estende até a mente de cada indivíduo. Desta forma, há auto-integração de informações e um espaço de decisão para resposta.

Informações internalizadas

Interface de fisicalidade [objetos]

Comunicação de informações [conceitos]

LINHAS DO MUNDO REAL

Conceitual

Material

O mundo real é a torção da corda, que está em tensão harmoniosa (e não está em estado de força).

Informativo

Integração

Comunicação

Integração

Espacial

(2) UN

Uma unidade

Existência de Interface Corporal [no Sistema de Materiais]

Exis
Mer

Duas Unidades de Int

Duas unidades em h

Integrar Amor e Conhecimento

Conceptual

Físico

Materiais e vida útil do ciclo

Mente conceitual da pessoa 1

Mente conceitual da pessoa 2

Corpo material da pessoa 1

Corpo material da pessoa 2

Figura 75. *O modelo axiomático da corda mostra a composição do mundo real onde a consciência tem uma experiência humana formada por um fio conceitual simultâneo e um fio material. A analogia da corda aplicada à sociedade: Os dois fios da corda social (conceitual e material) são o que compõem os indivíduos em qualquer extremidade consciente. Os próprios indivíduos são feitos desses fios – um corpo físico e uma mente conceitual. Esses fios mais tarde saem do indivíduo, enroscam-se e vão para outro indivíduo que é feito dos mesmos fios. Esse padrão se estende omnidirecionalmente. Todo o universo da consciência humana é um fio de malha fechada. A analogia da corda aplicada à física: Os dois fios da corda são o que compõem os átomos em cada extremidade. Os átomos são feitos dos fios. Esses fios mais tarde saem do átomo, enrolam-se e vão para outro átomo, que é feito dos mesmos fios. Então, do outro lado, temos os mesmos dois fios saindo, enroscando-se e depois saindo para outro átomo, e outro... Todo o universo é simplesmente átomos interligados por dois fios retorcidos. O universo inteiro é um fio de malha fechada.*
TÍTULO: *model-overview-integration-thread-rope-unit-informational-physical*

a de uma Sociedade do Tipo Comunitário do Mundo Real

NIDADES

Existência de Processamento
ntal [no Sistema Informacional]

Um ser humano individual consciente:
Humano individual com fio informativo
formando a consciência mental e fio
físico formando uma interface corporal
física que interage com o ambiente físico
circundante.

terconexão

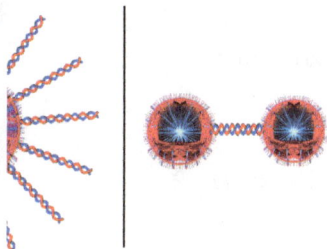

harmonia

Informações conceituadas
em um modelo mental

A materialidade física como habitat planetário.

Materialidade física como interfaces corporais.

A materialidade física como
sistema de serviço do habitat.

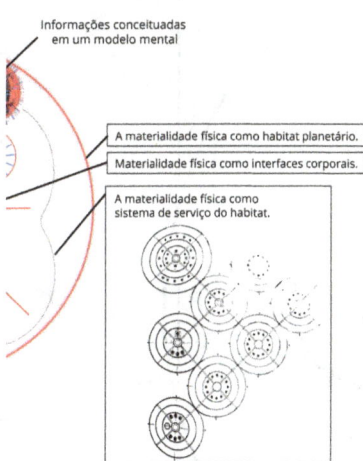

(3) RELACIONAMENTOS

Unidades de Interconexão na Comunidade

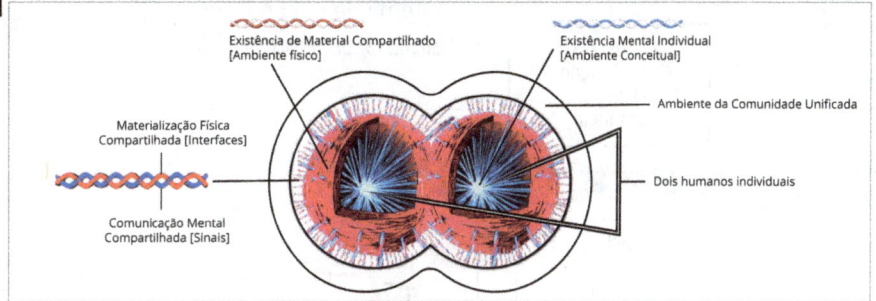

Existência de Material Compartilhado
[Ambiente físico]

Existência Mental Individual
[Ambiente Conceitual]

Materialização Física
Compartilhada [Interfaces]

Ambiente da Comunidade Unificada

Comunicação Mental
Compartilhada [Sinais]

Dois humanos individuais

Unidades de Interconexão no Mercado-Estado

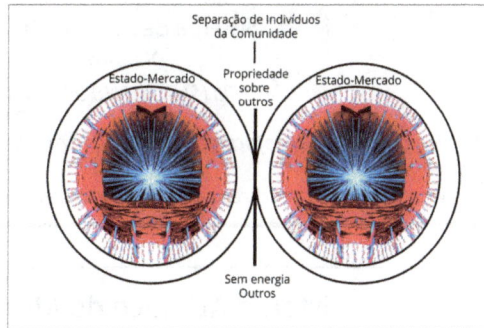

Separação de Indivíduos
da Comunidade

Estado-Mercado

Propriedade
sobre
outros

Estado-Mercado

Sem energia
Outros

Unidades de Interconexão Combinadas

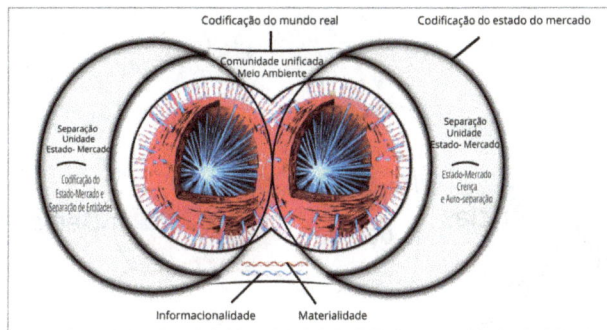

Codificação do mundo real

Codificação do estado do mercado

Comunidade unificada
Meio Ambiente

Separação
Unidade
Estado- Mercado

Separação
Unidade
Estado- Mercado

Codificação do
Estado-Mercado e
Separação de Entidades

Estado-Mercado
Crença
e Auto-separação

Informacionalidade

Materialidade

O modelo de Corda Roscada de uma Sociedade Comunitária

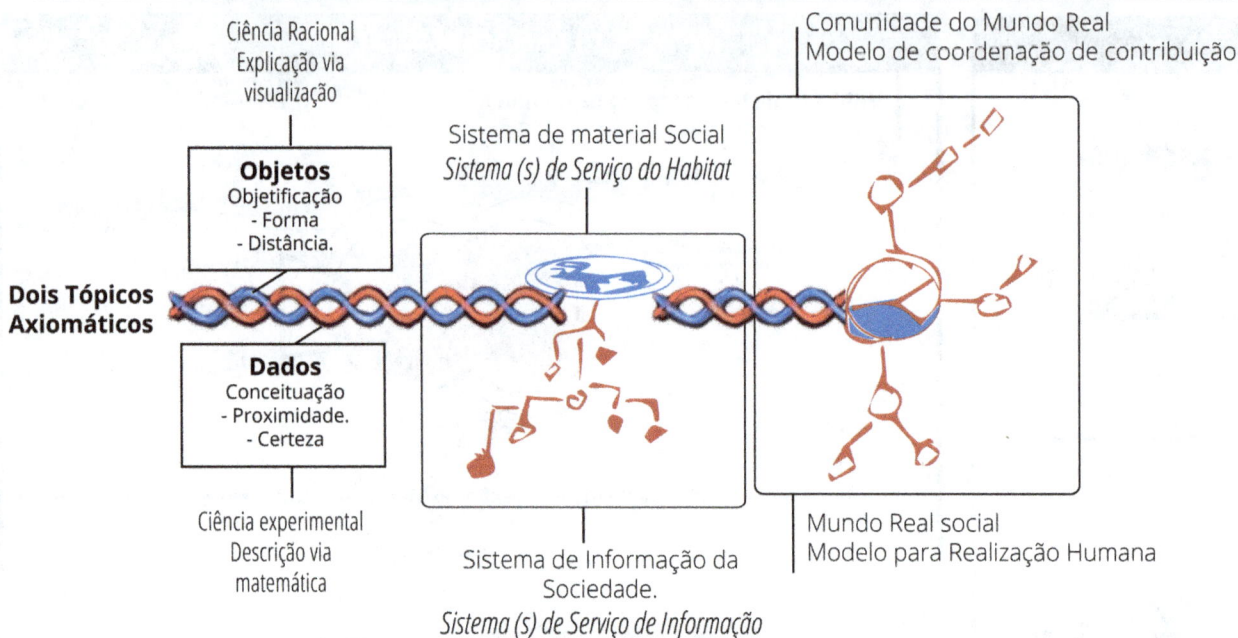

Figura 77. *Dois fios axiomáticos, um de informação e outro de materialidade, compõem a formação de um sistema societário baseado no mundo real.*
TÍTULO: *model-overview-integration-thread-rope-community-society-simplified*

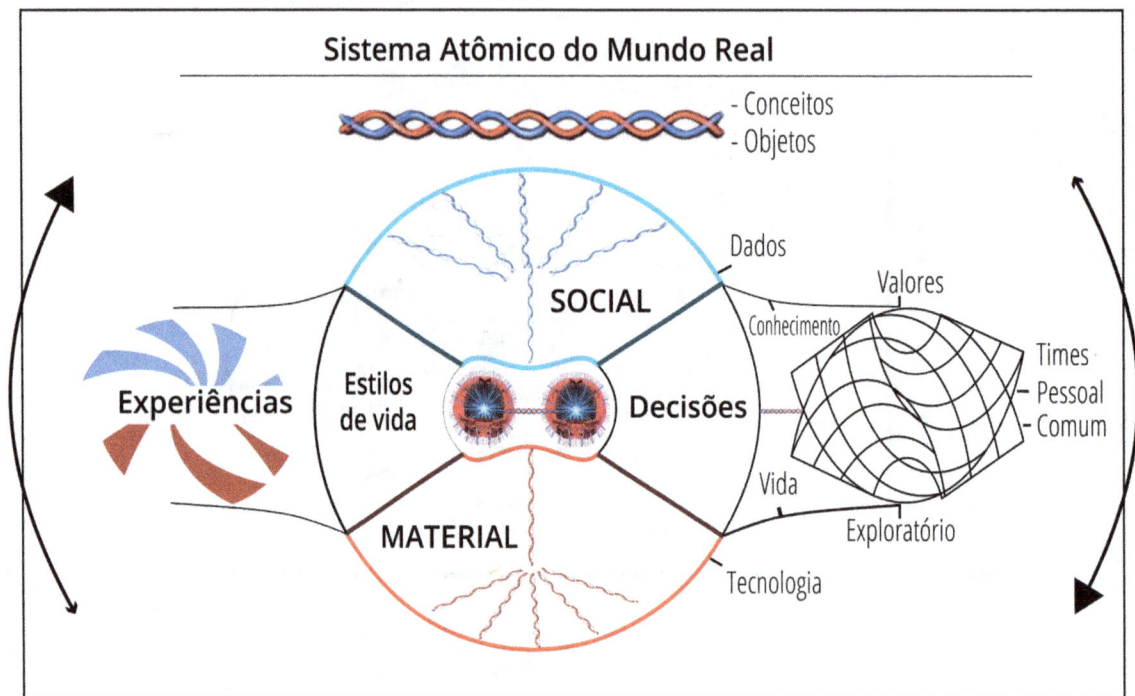

Visualização do mundo atômico [real] socialmente consciente
como um sistema de informação do mundo [real].

Figura 76. *Modelo mostrando um ambiente de mundo atômico [real] unificado onde as concepções e materializações são orientadas para a vida em comunidade através de uma contabilidade dos subsistemas do mundo [real] primário de cada sociedade.*
TÍTULO: *model-overview-integration-rope-real-world-community-world-concept-object*

Duas unidades em harmonia

Interconexão através de uma corda com um elemento conceitual e espacial.

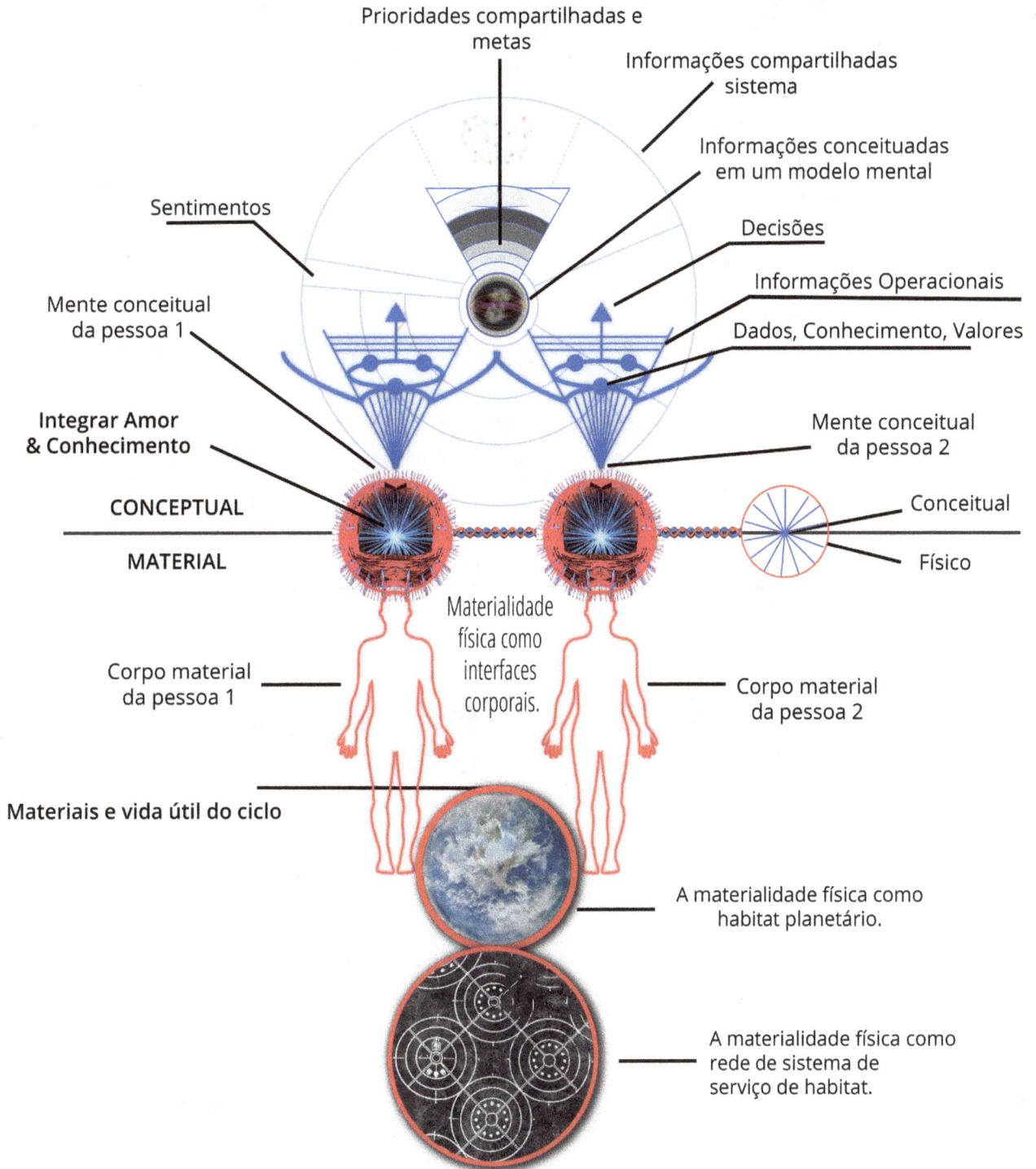

Figura 78. *Dois seres humanos conscientes estão interconectados pela conceitualização que forma os modelos mentais em suas mentes e pela fisicalização que formou seus corpos dentro de um mundo material/físico.*
TÍTULO: *model-overview-integration-thread-rope-harmony-unit-conceptual-object*

Figura 79. *Modelo mostrando como um espaço de decisão é resolvido para produzir soluções para os desafios conceituais e espaciais humanos.*
TÍTULO: *model-decision-overview-societal-information-system-solution-project*

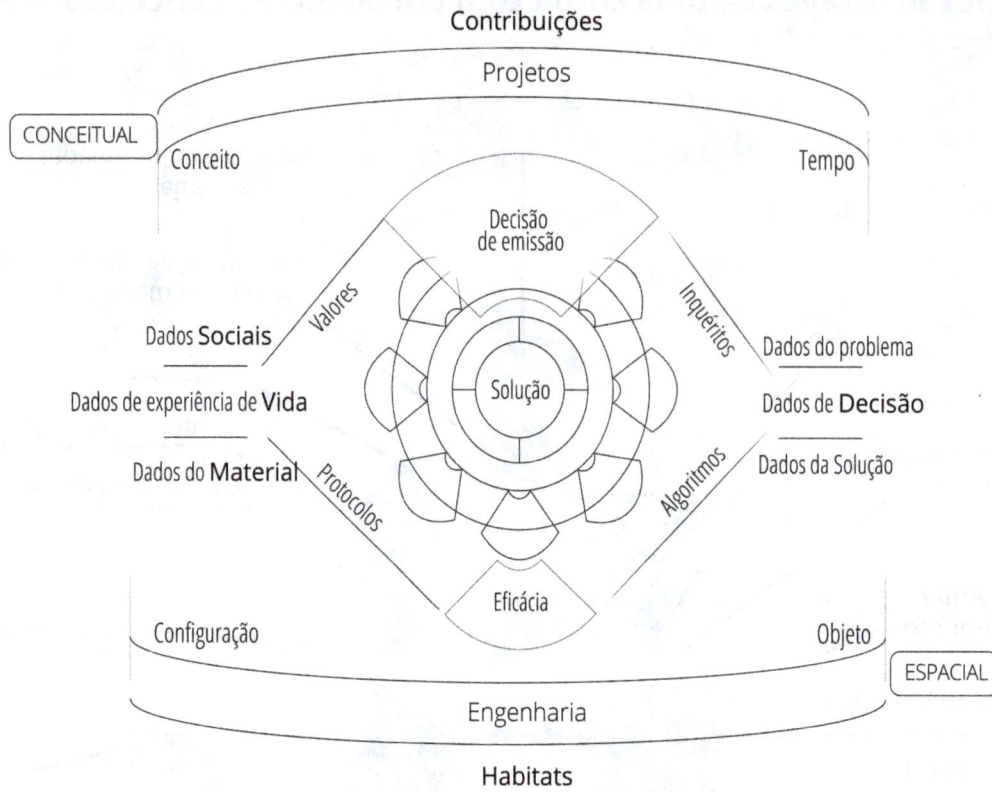

Três Visões do Mesmo Processo de Reconfiguração de Material

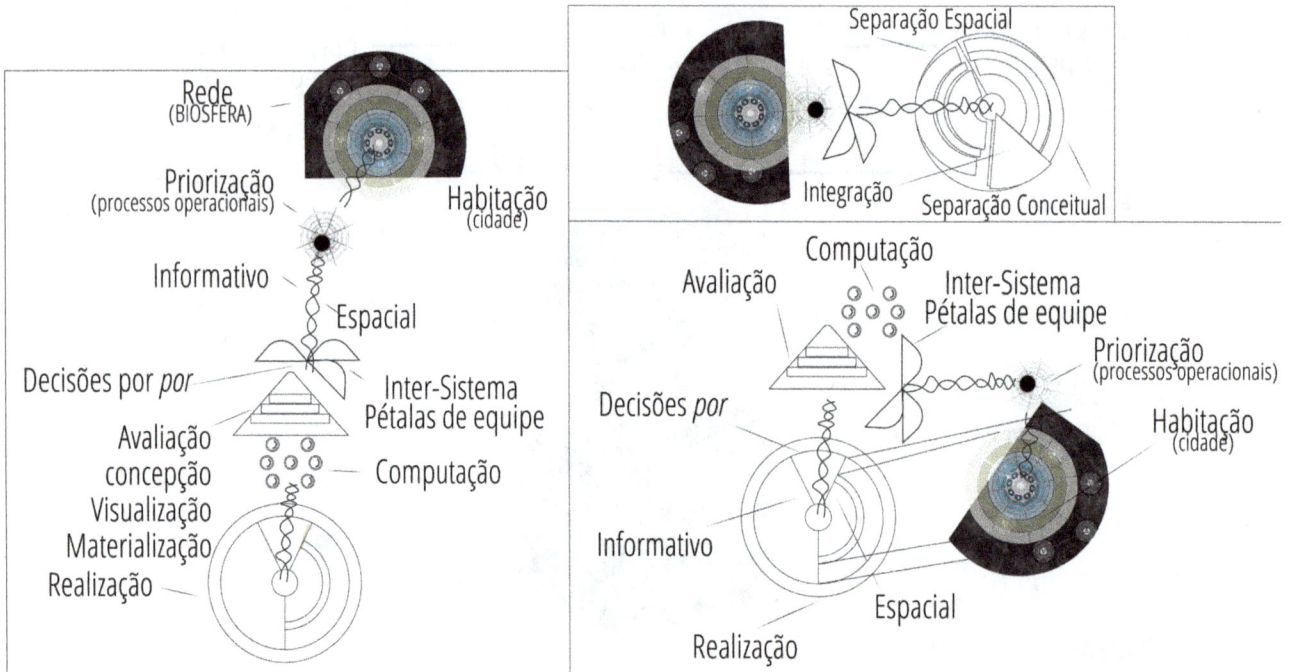

Figura 80. *Diferentes visões representando o mesmo processo pelo qual a informação é "codificada" no mundo real através da reconfiguração de objetos do mundo real.*
TÍTULO: *model-overview-community-real-world-information-system-material-decision-integration*

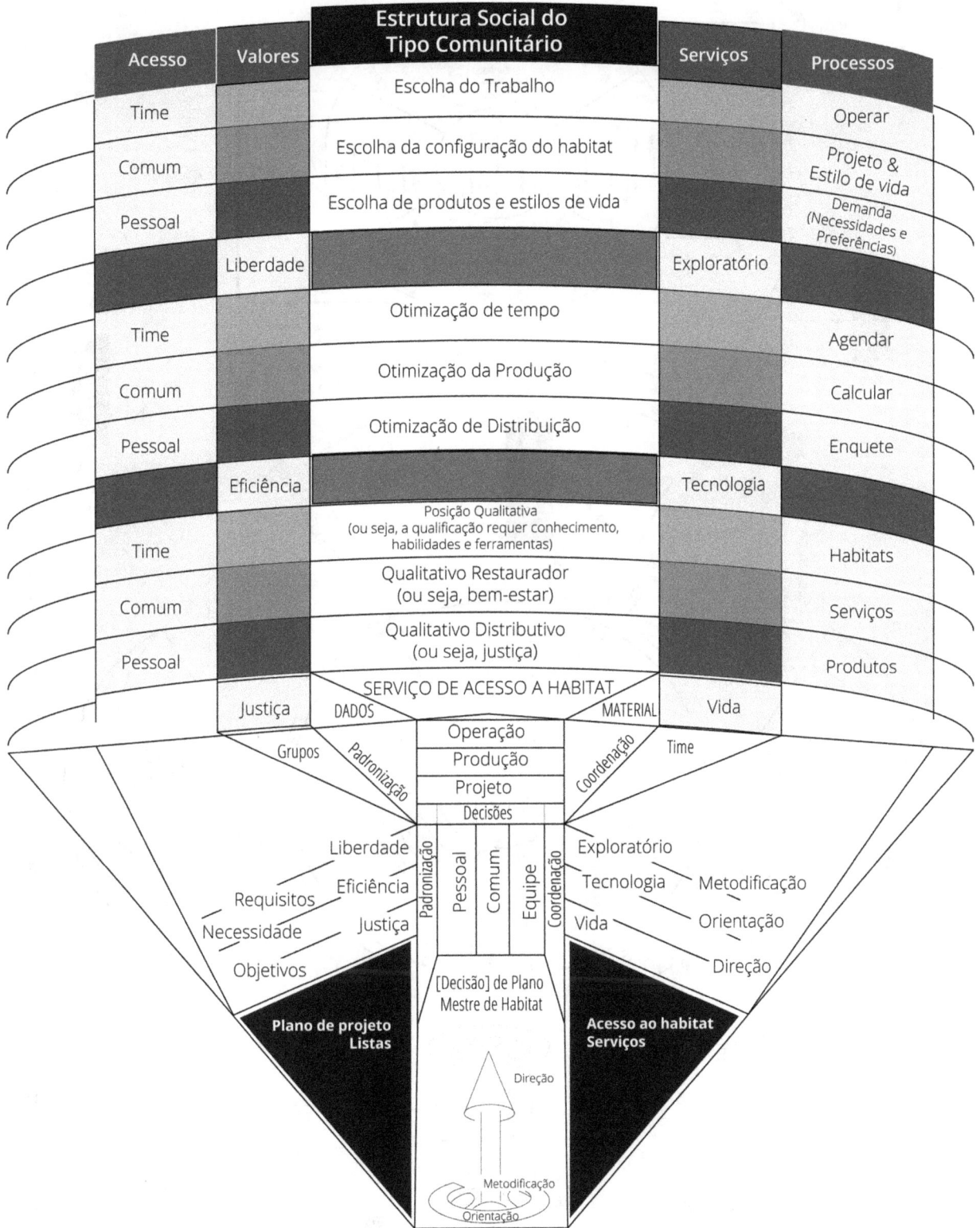

Figura 81. *A execução de um conjunto de listas de planos de projeto e categorias de serviços de acesso ao habitat que se integram em ambientes de acesso ao habitat reconfiguráveis. Aqui, existem três camadas de tabelas que emergem para cima da operação executada de listas e serviços. Cada linha de valor e serviço de suporte está associada às três próximas linhas acima (começando com cinza escuro, cinza médio e depois cinza claro. A primeira camada é a de justiça (valor) e vida (serviços), a segunda é de eficiência (valor) e tecnologia (serviços), e o terceiro é de liberdade (valor) e exploratório (serviços). Juntos, essa integração matricial facilita a priorização abrangente e a produção de ambientes material-recurso configuráveis dinamicamente.*
TÍTULO: *model-overview-integration-project-plan-lists-habitat-access-services*

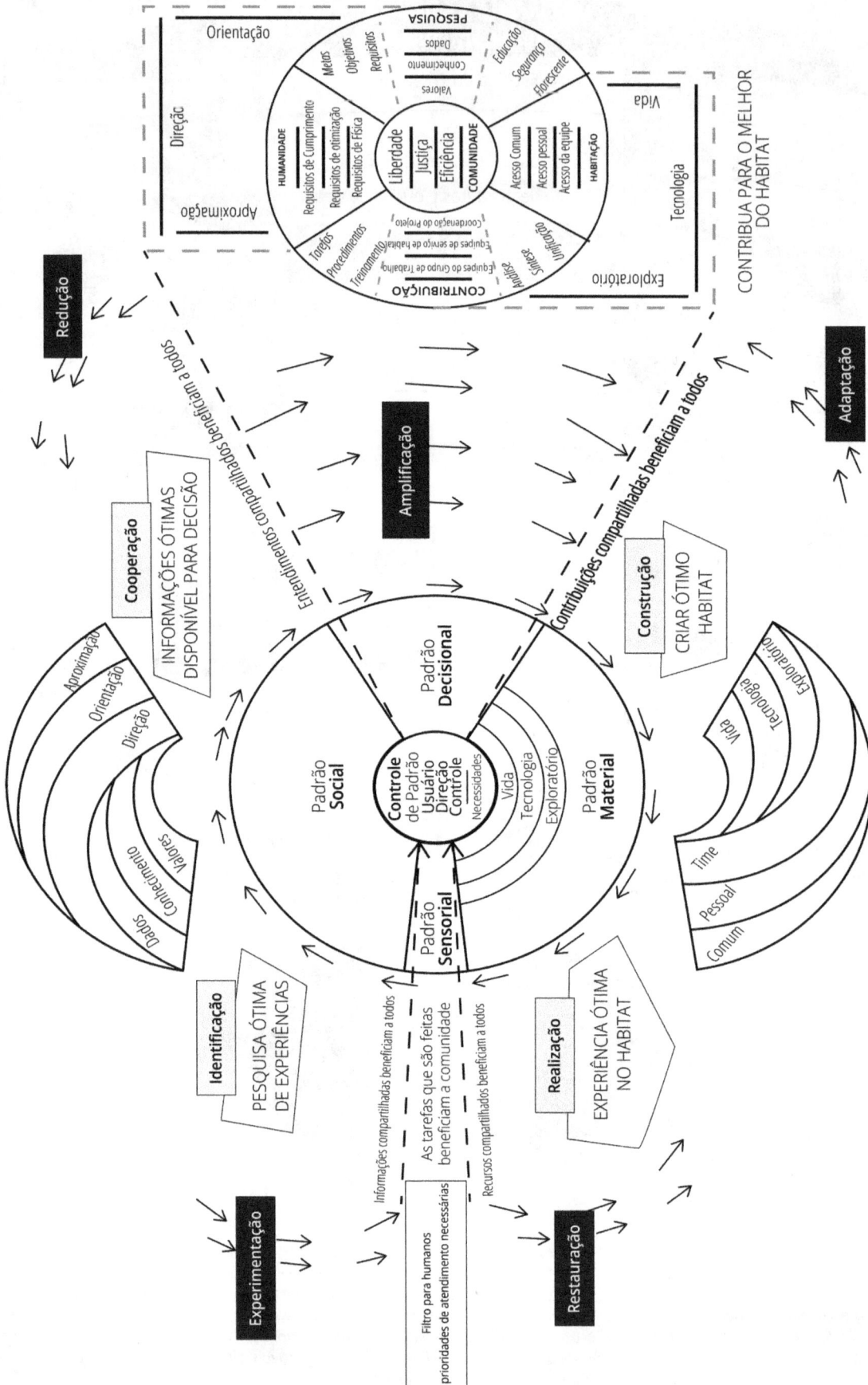

Figura 82. *Padrão cibernético de sistemas de informação da comunidade do mundo real para o fluxo de operações sociais.*
TÍTULO: *model-overview-community-real-world-information-system-standard*

Modelo de Transição Social:
Do Estado-Mercado à Comunidade no Nível Social

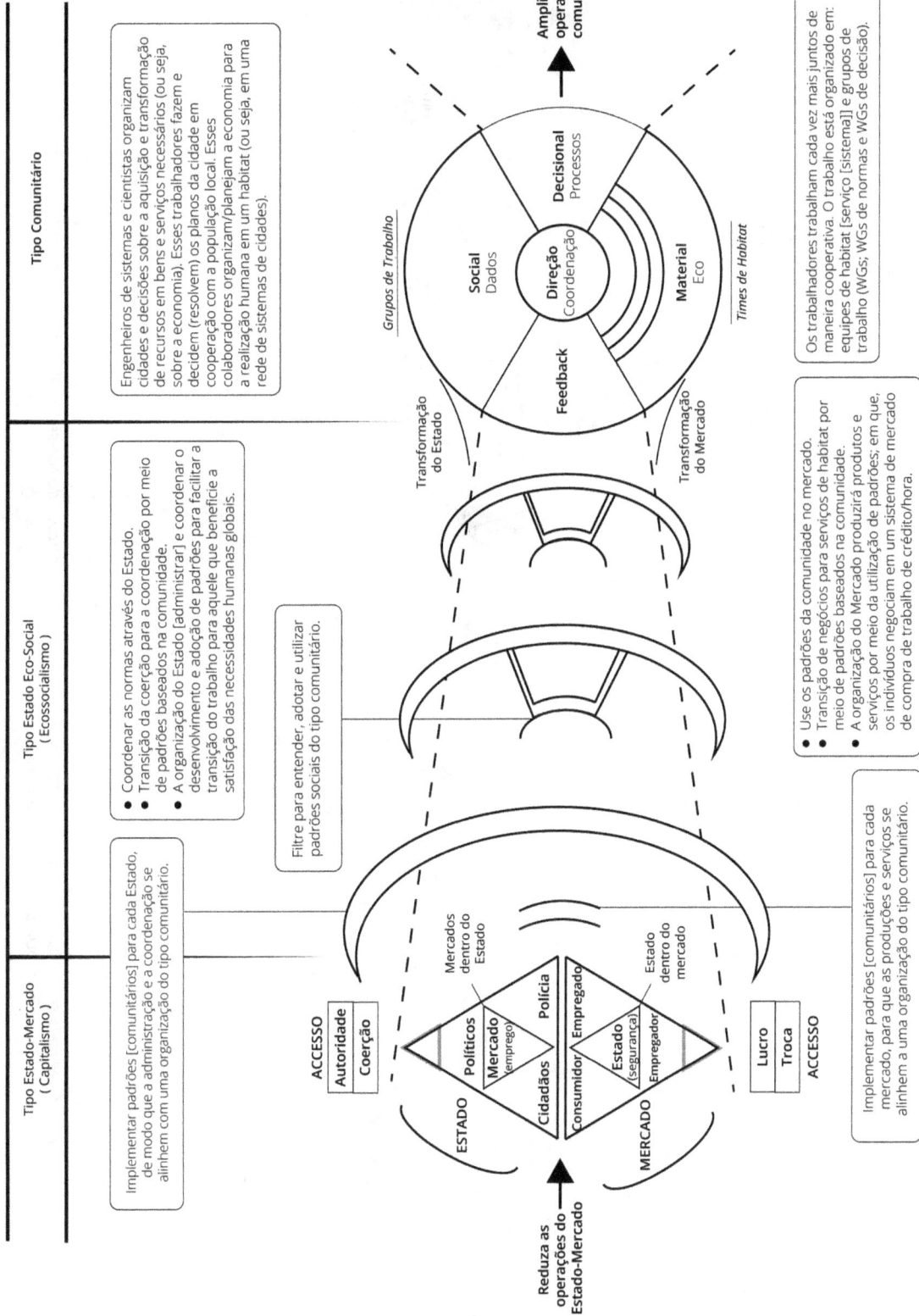

Tipo Estado-Mercado (Capitalismo)	Tipo Estado Eco-Social (Ecossocialismo)	Tipo Comunitário

Implementar padrões [comunitários] para cada Estado, de modo que a administração e a coordenação se alinhem com uma organização do tipo comunitário.

- Coordenar as normas através do Estado.
- Transição da coerção para a coordenação por meio de padrões baseados na comunidade.
- A organização do Estado [administrar] e coordenar o desenvolvimento e adoção de padrões para facilitar a transição do trabalho para aquele que beneficie a satisfação das necessidades humanas globais.

Engenheiros de sistemas e cientistas organizam cidades e decisões sobre a aquisição e transformação de recursos em bens e serviços necessários (ou seja, sobre a economia). Esses trabalhadores fazem e decidem (resolvem) os planos da cidade em cooperação com a população local. Esses colaboradores organizam/planejam a economia para a realização humana em um habitat (ou seja, em uma rede de sistemas de cidades).

Filtre para entender, adotar e utilizar padrões sociais do tipo comunitário.

Implementar padrões [comunitários] para cada mercado, para que as produções e serviços se alinhem a uma organização do tipo comunitário.

- Use os padrões da comunidade no mercado.
- Transição de negócios para serviços de habitat por meio de padrões baseados na comunidade.
- A organização do Mercado produzirá produtos e serviços por meio da utilização de padrões; em que, os indivíduos negociam em um sistema de mercado de compra de crédito/hora.

Os trabalhadores trabalham cada vez mais juntos em maneira cooperativa. O trabalho está organizado em: equipes de habitat [serviço [sistema]] e grupos de trabalho (WGs; WGs de normas e WGs de decisão).

Amplie as operações da comunidade

Reduza as operações do Estado-Mercado

Grupos de Trabalho

Times de Habitat

Social — Dados

Decisional — Processos

Direção — Coordenação

Material — Eco

Feedback

Transformação do Estado

Transformação do Mercado

ACCESSO — Autoridade — Coerção

ESTADO

Políticos — Mercado (emprego) — Policia — Cidadãos

Mercados dentro do Estado

Consumidor — Estado (segurança) — Empregador — Empregado

Estado dentro do mercado

MERCADO

Lucro — Troca — ACCESSO

Figura 83. *Transição simplificada do Estado-Mercado para a Comunidade através de um Estado Ecossocialista.*
TíTULO: *model-overview-societal-transition-market-state-reduction-filtration-amplification*

Modelo de Transição Social

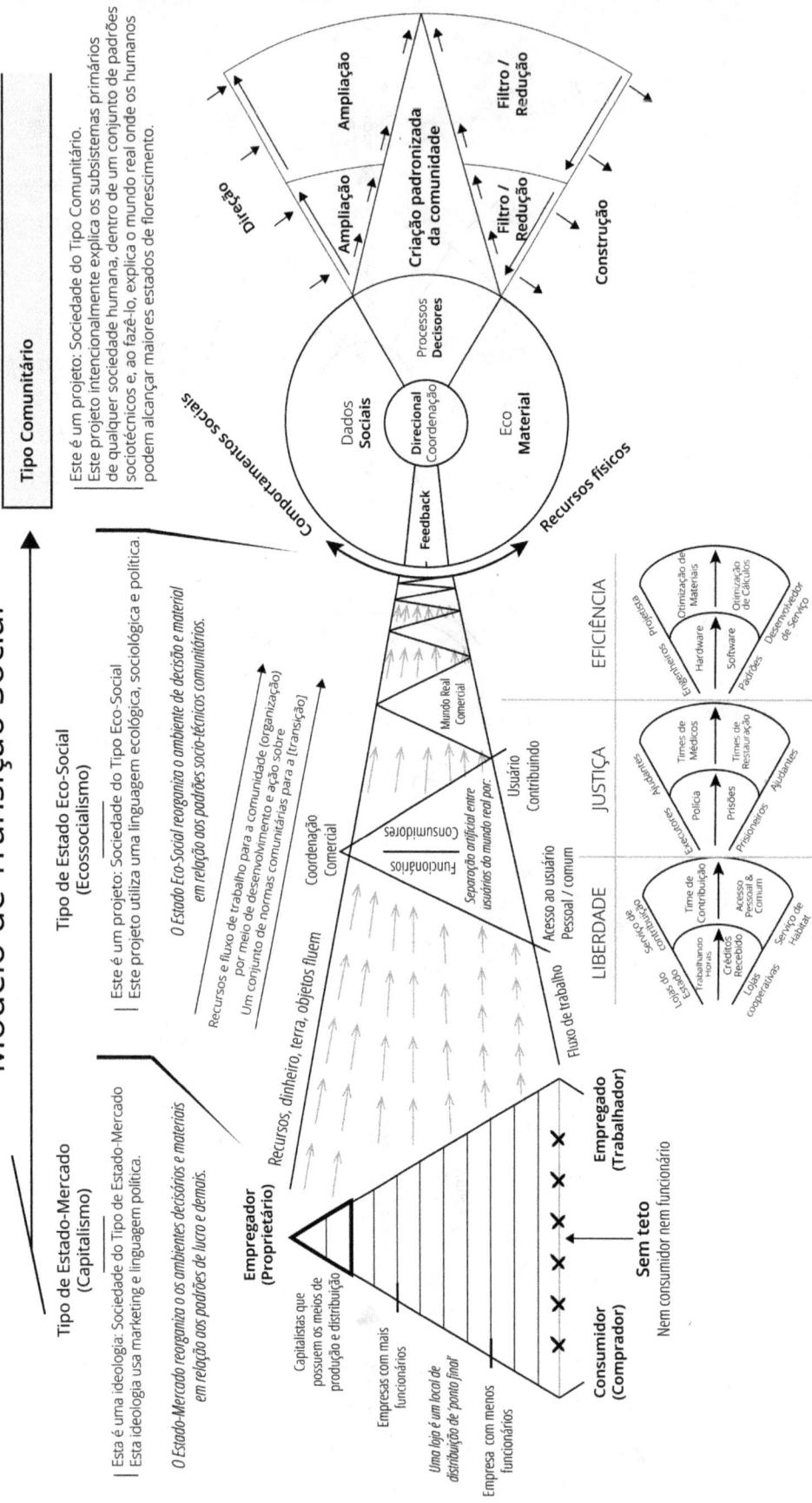

Tipo Comunitário

Este é um projeto: Sociedade do Tipo Comunitário.
Este projeto intencionalmente explica os subsistemas primários de qualquer sociedade humana, dentro de um conjunto de padrões sociotécnicos e, ao fazê-lo, explica o mundo real onde os humanos podem alcançar maiores estados de florescimento.

Direção

Ampliação

Ampliação

Criação padronizada da comunidade

Filtro / Redução

Filtro / Redução

Construção

Processos Decisores

Dados Sociais

Direcional Coordenação

Eco Material

Comportamentos sociais

Feedback

Recursos físicos

Tipo de Estado Eco-Social (Ecossocialismo)

Este é um projeto: Sociedade do Tipo Eco-Social
Este projeto utiliza uma linguagem ecológica, sociológica e política.

O Estado Eco-Social reorganiza o ambiente de decisão e material em relação aos padrões socio-técnicos comunitários.

Recursos e fluxo de trabalho para a comunidade (organização) por meio de desenvolvimento e ação sobre
Um conjunto de normas comunitárias para a (transição)

Coordenação Comercial

Mundo Real Comercial

Usuário Contribuindo

Separação artificial entre usuários no mundo real por:

Funcionários (Consumidores)

Acesso ao usuário Pessoal / comum

Fluxo de trabalho

Tipo de Estado-Mercado (Capitalismo)

Esta é uma ideologia: Sociedade do Tipo de Estado-Mercado
Esta ideologia usa marketing e linguagem política.

O Estado-Mercado reorganiza os ambientes decisórios e materiais em relação aos padrões de lucro e demais.

Recursos, dinheiro, terra, objetos fluem

Empregador (Proprietário)

Capitalistas que possuem os meios de produção e distribuição

Empresas com mais funcionários

Uma loja é um local de distribuição de ponto final

Empresa com menos funcionários

Empregado (Trabalhador)

Sem teto
Nem consumidor nem funcionário

Consumidor (Comprador)

LIBERDADE

Serviço de Contribuição

Time de Contribuição

Trabalhando Horas

Créditos Recebido

Lojas cooperativas

Acesso Pessoal & Comum

Serviço de Habitat

JUSTIÇA

Executores sociais

Ajudantes

Times de Médicos

Times de Restauração

Polícia

Prisões

Prisioneiros

Ajudantes

EFICIÊNCIA

Engenheiros ambientais

Hardware

Software

Otimização de Materiais

Otimização de Cálculos

Desenvolvedor de Serviço

Figura 84. *Modelo simplificado de transição social do estado de mercado através do eco-socialismo para a comunidade e além.*
TÍTULO: *model-overview-societal-transition-market-state-eco-social-state-community*

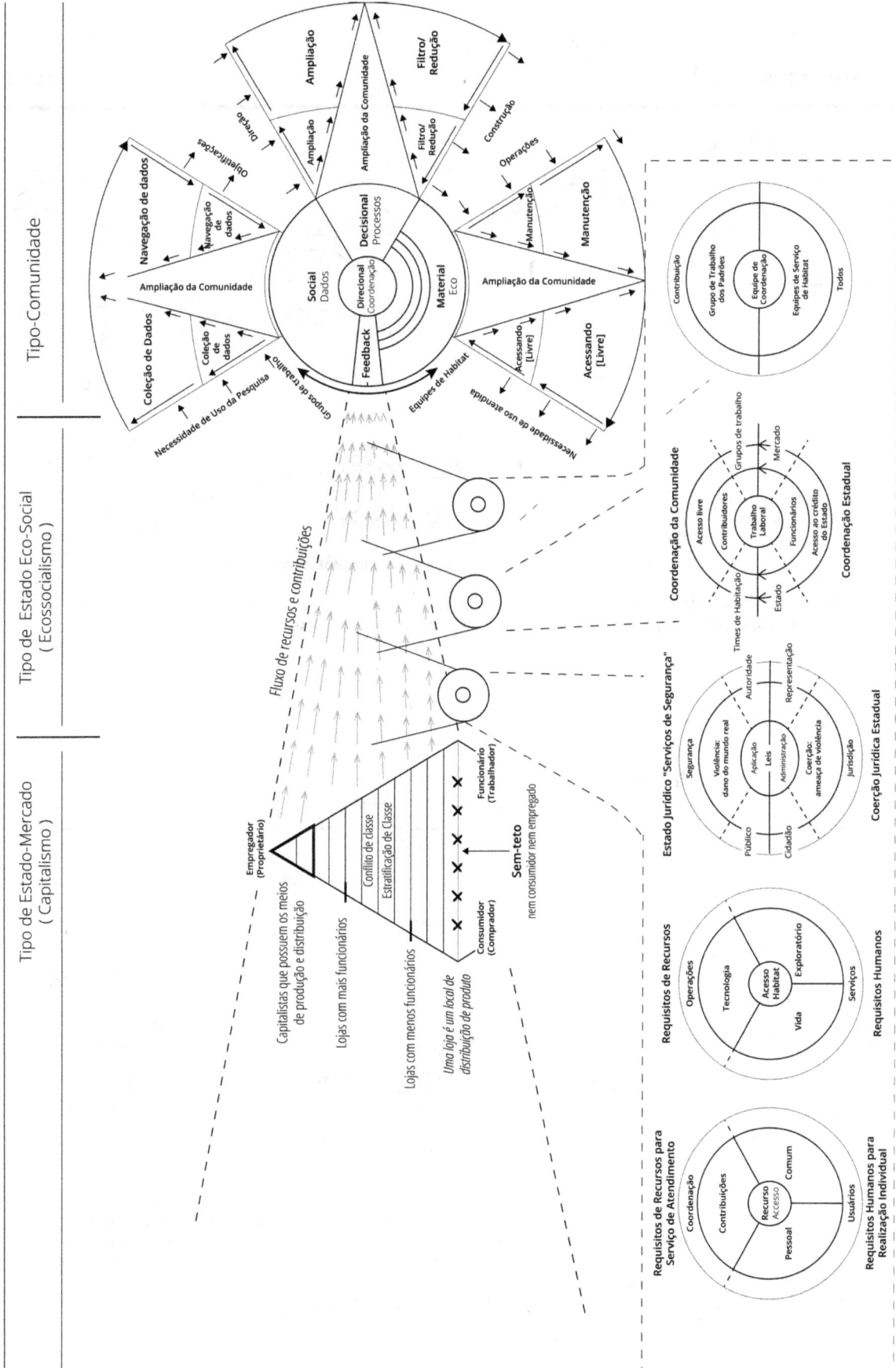

Figura 85. *Modelo simplificado de transição do Estado-mercado para a comunidade.*
TÍTULO: *model-overview-societal-transition-market-state-eco-socialism-community*

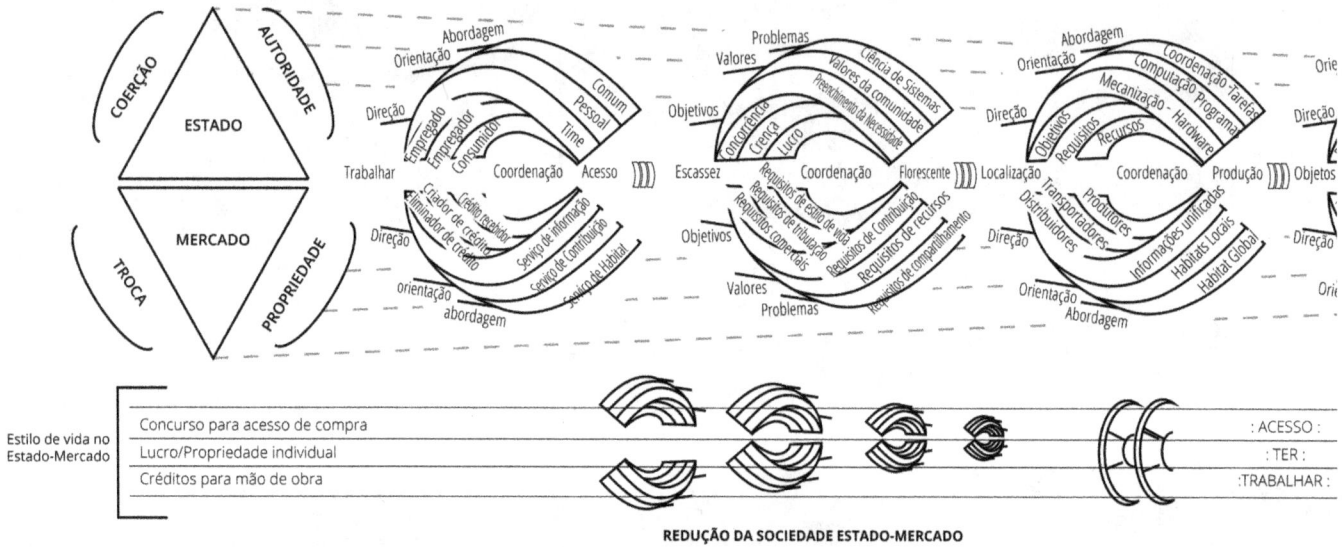

Figura 87. *Processo complexo de transição do Estado-Mercado para a Comunidade na escala social..*
TÍTULO: *model-overview-societal-transition-tri-flow-market-state-community-lifestyle*

Modelo de Transição Social

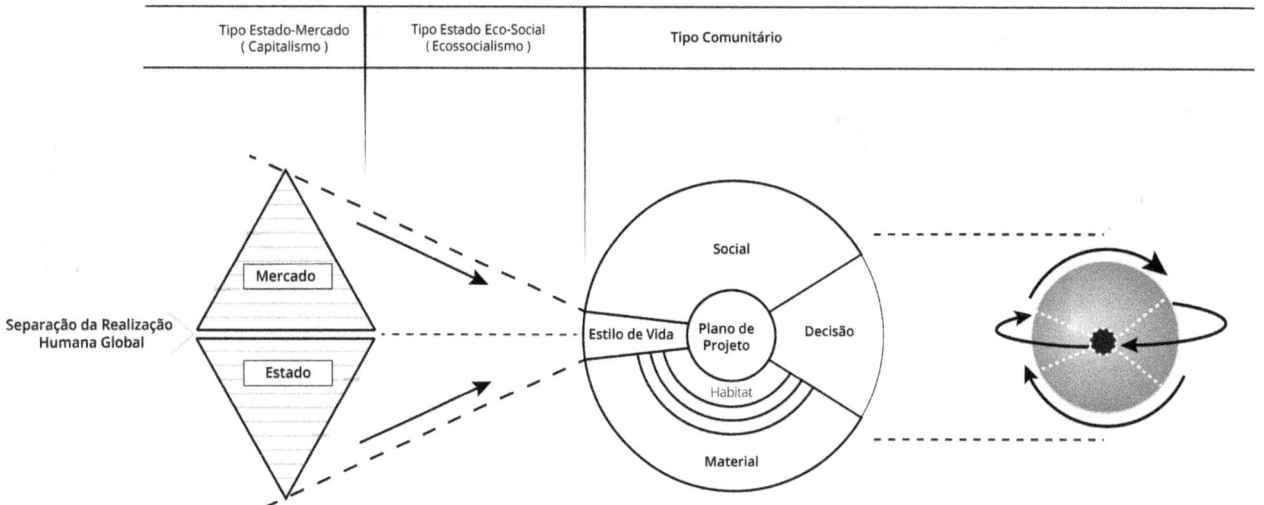

Figura 86. *Modelo de transição simplificado mostrando uma sociedade do tipo Estado-Mercado à esquerda e uma sociedade do tipo comunidade à direita. Entre os dois sistemas está um sistema social do tipo transição que concentra recursos e pessoas em configurações representativas da comunidade. Ele faz isso desenvolvendo um modelo do mundo real, incluindo a satisfação das necessidades humanas globais, que necessariamente funciona para todos.*
TÍTULO: *model-overview-societal-transition-market-state-eco-socialism-community-cybernetic-flow*

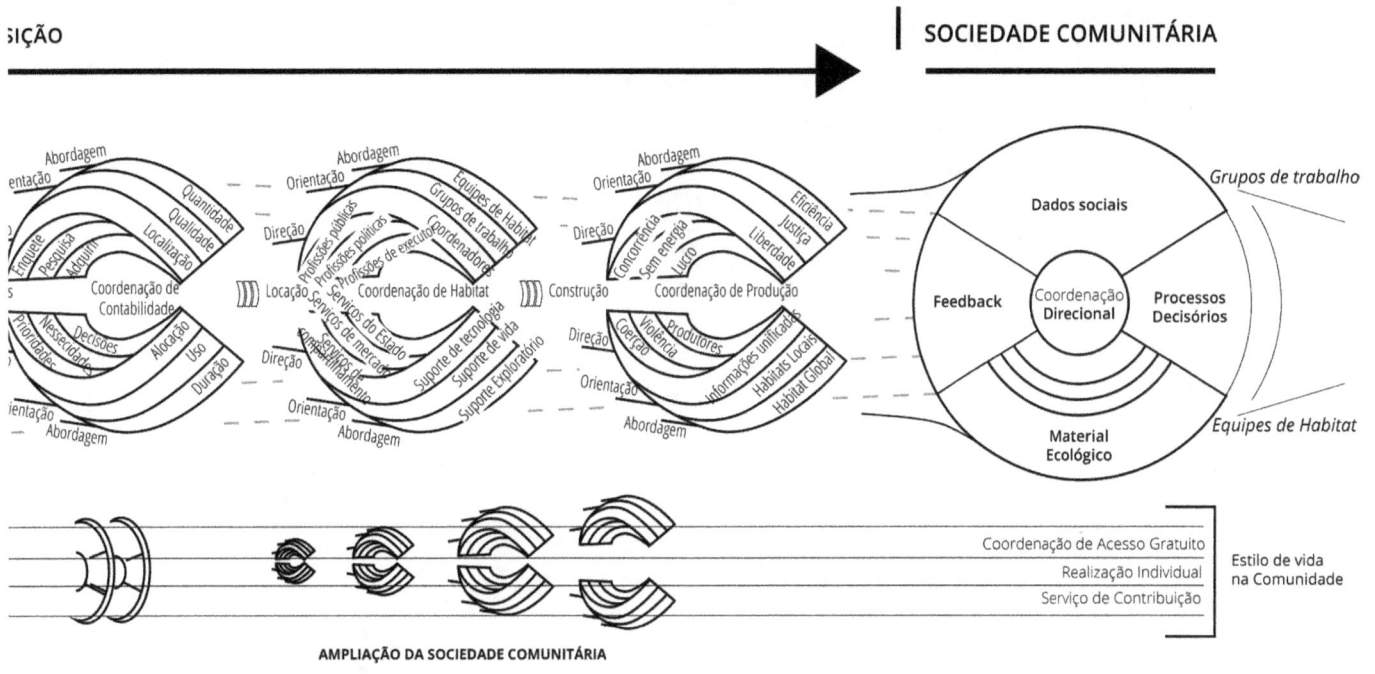

AMPLIAÇÃO DA SOCIEDADE COMUNITÁRIA

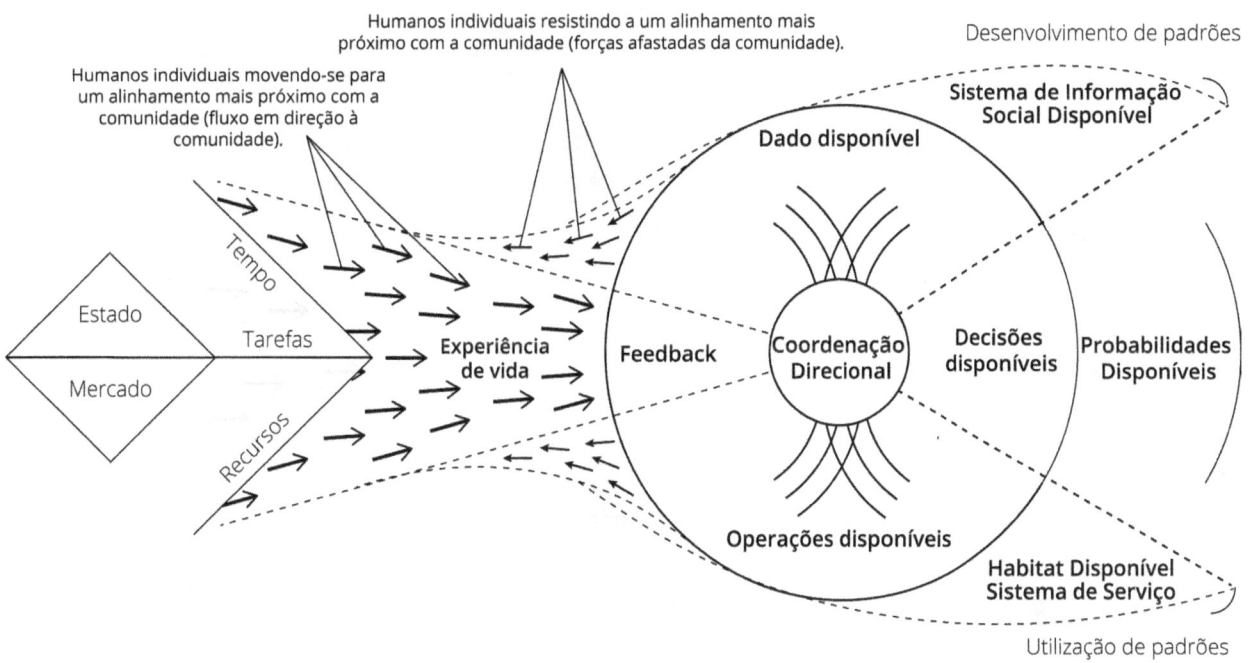

Figura 88. *Transição simplificada para a comunidade onde os indivíduos fluem para a comunidade, resistidos pelas forças do mercado.*
TÍTULO: *model-overview-transition-forces-market-state-community-individuals*

www.ingramcontent.com/pod-product-compliance
Lightning Source LLC
Chambersburg PA
CBHW081155270326
41930CB00014B/3158